地方高校工商管理专业应用型人才培养模式研究

吴志兴 著

辽宁大学出版社
Liaoning University Press

图书在版编目（CIP）数据

地方高校工商管理专业应用型人才培养模式研究／
吴志兴著 . —沈阳：辽宁大学出版社，2020.9
ISBN 978-7-5698-0140-8

Ⅰ . ①地… Ⅱ . ①吴… Ⅲ . ①地方高校－工商行政管
理－人才培养－培养模式－研究－中国 Ⅳ . ① F203.9

中国版本图书馆 CIP 数据核字（2020）第 185256 号

地方高校工商管理专业应用型人才培养模式研究
DIFANG GAOXIAO GONGSHANG GUANLI ZHUANYE YINGYONGXING RENCAI PEIYANG MOSHI YANJIU

出 版 者：辽宁大学出版社有限责任公司
　　　　　（地址：沈阳市皇姑区崇山中路66号　邮政编码：110036）
印 刷 者：沈阳文彩印务有限公司
发 行 者：辽宁大学出版社有限责任公司
幅面尺寸：170mm×240mm
印　　张：16
字　　数：303千字
出版时间：2020 年 9 月第 1 版
印刷时间：2021 年 3 月第 1 次印刷
责任编辑：冯　蕾
封面设计：孙红涛　韩　实
责任校对：齐　悦

书　　号：ISBN 978-7-5698-0140-8
定　　价：59.00元

联系电话：024-86864613
邮购热线：024-86830665
网　　址：http:// press.Inu.edu.cn
电子邮件：lnupress@ vip.163.com

前　言

　　工商管理专业是管理学中的一门重要专业，是一门与社会经济发展密切相关的应用性专业。工商管理专业主要培养具备管理、经济、法律及创新方面的知识和能力，能从事管理、教学及科研方面工作的高级专门人才。近年来，随着市场经济的飞速发展，我国对于工商管理类人才的需求量越来越大，供需之间出现了不平衡的情况。这种情况下，就需要高校为市场提供充足的工商管理合格人才。我国工商管理专业的招生数量日益增多，提高人才培养质量，使其适应企业岗位需求，成为市场经济大背景下重要的人才培养方向。而对地方高校工商管理专业应用型人才培养模式进行研究不仅具有理论意义，还具有实践意义。

　　本书在研究工商管理学科概念、特点、结构体系的相关理论的基础上，阐述了工商管理学科演进历史，研究了应用型工商管理人才的培养模式，包括课程设置体系、人才专业能力、情境教育、人才能力架构、全球名校工商管理人才的培养和工商管理专业学生的就业方向等内容；同时，分析了当前高校工商管理专业人才培养模式的现状。本书还从教学管理、师资建设、课程建设、实验教学和实践教学五个方面对工商管理学院创新人才培养教学管理制度进行了汇编。最后，本书从工商管理专业创新应用型人才培养的课程体系建设、教学内容改革、保障措施制度和实施效果分析四个大的方面，分析研究了如何培养真正适应社会需求的工商管理专业创新应用型人才，力图为地方高校工商管理专业应用型人才的培养提供新的思路。

目 录

第 1 章　工商管理学科概述

1.1　工商管理学科基本概念

1.1.1　管理概念

为了明确工商管理学科的概念，首先要从管理的定义说起。对于什么是管理，有很多种定义。过程学派认为，管理是指通过计划、组织、控制、领导等职能活动，优化配置及充分运用一个组织所拥有的人力、物力、财力、知识力，使之发挥最大效果，以达到组织的目标。决策理论学派认为管理就是决策。基于这样的认识与研究，赫伯特·西蒙（Herbert Simon）在有限理性决策等方面的研究使其获得了诺贝尔经济学奖。有的学派认为管理就是设计一种良好环境，使人在群体里高效率地完成既定目标的一个过程。也有的学派认为，管理就是领导。不论怎样定义，管理的实质是提高组织的协作水平与运作效率的一个过程。

由于在管理主体、管理对象或管理职能上的不同，管理有许多不同种类。例如，在政府活动中有行政管理、税收管理、财政管理等，在工商企业活动中有战略管理、人力资源管理、生产管理等。所谓工商管理，其实就是对企业所能支配和影响的资源进行整合，提高其协作水平和运作效率，以求达到企业目标的过程。

1.1.2　工商管理学科定义

工商管理学科是关于工商管理活动的诸多学科的总结，是研究按照一定的结构而形成的管理科学分支学科。从人才培养的角度，关于这一学科，国际上有很多种定义。[1]

---

[1]　赵纯均.工商管理研究备要——现状、趋势和发展思路 [M].北京：清华大学出版社，2003.

定义之一：（Prepares individuals to plan, organize, and direct the operations of a firm or organization.Includes instruction in management theory, human resources management and behavior, accounting and other quantitative methods, purchasing and logistics, marketing, and business decision-making.）使个人具备企业或组织的计划、组织和运行指导的能力。其包括管理理论、人力资源管理和行为、财务与其他量化手段、采购与后勤、市场营销和企业决策的知识传授。

定义之二：（An instructional program that generally prepares individuals to plan, organize, direct, and control the functions and processes of a firm or organization. Includes instruction in management theory, human resources management and behavior, accounting and other quantitative methods, purchasing and logistics, organization and production, marketing, and business decision-making.）教学计划一般要使个人具备计划、组织、指导和控制与运作企业的能力，其包括管理理论、人力资源管理和行为、财务与其他量化手段、采购与后勤、组织与生产、市场营销与企业决策的课程教学。

定义之三：（Business Administration and Management, general. A summary of groups of instructional programs that prepare individuals to perform managerial, research, and technical support functions related to the commercial and/or non-profit production, buying, and selling of goods and services.）一般指企业管理与经营的总称，又指一组教学计划的总结，其使个人具备与商业和（或）非营利生产、购买或出售商品和服务等有关的管理、研究与技术支持的能力。

上述论述对定义工商管理学科有很重要的参考价值。它们的共同特征如下：

一是都强调了工商管理是为一定的工商企业或实体服务的，而且这样的组织一般都是营利性组织。

二是都明确了工商管理是管理的一部分。事实上，作为科学的管理学，其发展历史上最初的成就主要来自工商管理这一部分。

三是都描述了工商管理所包含的活动内容，如人力资源管理、会计、生产、营销、管理决策、财务等。

经过综合分析，"工商管理"学科的定义不能过窄，也不能过宽。过窄，可能会导致学科间的交叉和融合不畅；过宽，学科的发展会找不到重点。所以，对其定义应该从学科自身的发展规律和发展方向的角度考虑。因此，可以将"工商管理"定义为"营利组织的管理"。营利组织（企业）的经营活动规律和工商企业管理理论与实践是工商管理学科研究的内容。公共管理学与工商管理学相对应，但两者仍有区分。公共管理学研究的对象是非营利组织，而工商管理学研究的对象正好与之相反。

从我国学科发展现状来看，这样定义是比较切合学科发展实际的，工商管理学科已经有了很长足的发展，虽然其水平与世界一流水平还有很大差距，但是我国已经奋起直追了；而非营利组织（公共管理）才刚刚起步，而且变得越来越重要，将成为 GDP（国内生产总值）增长的主要来源，并将吸收更多的就业人口，所以有必要把对这些组织的管理作为管理未来发展的另一个重要分支。另外，营利组织和非营利组织在管理对象方面有很大不同，即使它们在管理操作上有很多共通之处。它们的经营目标是不一样的。工商管理主要是以赚钱为目的的盈利，但为了促进社会的稳定，为了满足政治需要，还需要发展一些非营利组织。工商企业的产出可以用定量的方式来具体描述，但公共领域中的产出却无法用定量的形式表现出来。因此，人们不太容易衡量公共事业的发展状况。具体地说，在营利组织中，财务管理（financial management）要强调如何运作资金，使其更好地发挥作用，带来经济的或非经济的效果；而在非营利组织中，要更注重保持财务上的平衡，以及吸引捐助。因此，明确这两个学科的界限，对于两个学科的发展，都是有好处的。

1.2 工商管理学科基本特点

工商管理学科是一门以社会微观经济组织为研究对象，系统地研究其管理活动及决策的一般方法和普遍规律的科学。[①] 由于工商管理学科的研究对象是由人组成的社会微观经济组织，兼具自然属性与社会属性，故工商管理学科各领域的研究同时具有人文属性与社会属性。从学科基础、研究方法和研究内容来看，工商管理学科是以经济学和行为科学等为理论基础，以统计学、运筹学等数理分析方法和案例研究方法为分析手段，以工商企业的公司治理、生产运营、物流配送、组织行为与人力资源、财务与会计、市场调研与销售、管理信息系统与互联网技术应用、技术创新与管理、战略管理、服务管理等职能管理为主要研究领域，探讨和研究工商企业内部产品或服务设计、采购、生产、运营、投资、理财、销售、战略发展等管理决策的形成过程、

---

① 龚新湘.工商管理类专业微观经济学课程的微课教学模式研究[J].当代经济，2015（24）：112-113.

特征和相互关系，以及工商企业作为一个整体与外部环境之间的相互关系，并从中归纳和总结出旨在提高工商企业经营管理效率和社会效益的管理原理、管理规律及管理方法和技术的一门科学。因此，对工商管理学科的特点，总结如下。

1.2.1　综合性

工商管理学是一门综合性的学科，工商管理活动包括的范围非常广，涉及的知识面也非常宽。为了适应动态变化的外部环境，提高工商企业经营过程的效率和效果，需要解决十分复杂的问题。工商管理学研究内容的复杂性决定了它既涉及普通心理学、生物学、生理学等不具有阶级性的自然科学，又涉及社会学、社会心理学、政治学等具有明显阶级性的社会科学，它正是在这些自然科学和社会科学相互交叉渗透的基础上发展起来的。这也要求从事管理的实践工作者要以广博的知识作为基础。

1.2.2　实践性

工商管理学是一门实践性很强的学科，相对心理学、人类学等学科来说，工商管理学属于应用性学科。理论来自实践，又对实践起着指导作用。工商管理学是从人类长期的实践中总结而成的，用来指导人们的管理工作。这与其他学科相同，但相比之下，它的实践性更强。环境因素和人的因素总是在不断变化，组织的管理模式也不可能一成不变。通过学习工商管理这门课程，根据实际情况在实践中不断运用所学知识，才能不断增长才干和积累经验。

1.2.3　不精确性

工商管理学是一门不精确的学科。数学、物理学等学科，根据规律和所给定的初始条件就可以得出问题的解，是一种精确的科学。而工商管理学则不同，它具有不精确性。一是在工商管理工作中，遇到的因素、要解决的问题，除了资源、时间等可以精确地用数来表示外，有许多因素是不能用数来表示的，即无法精确地度量。现实中有些因素尽管不能度量，但可以按一定的规则来量化。例如，歌手大奖赛，裁判员或评委可以通过对歌手的气质、发声技巧、表演能力等进行打分来分出高低。这些因素被称作可量化因素。但是管理工作中所遇到的一些环境因素及变化，如人的思想情绪、心理变化等都是无法量化的。二是所从事的工商管理工作中有许多因素之间存在明确的关系，可以用函数关系来表示，而更多的关系是无法用函数关系来表示的，有的甚至演绎推理也无法将其表示清楚。例如，一个组织中，全体员工在总经理的领导下工作效率不高，而换了一个总经理后工作效率就明显提高了，那么领导方式和所达到的效果之间就不存在一种明确的函数关系。

1.2.4　软科学性

工商管理学是一门软科学，如同计算机中有硬件、软件一样，一个组织里的人、财、物等有形的资源就是硬件，管理则为软件，管理学则为软科学。在组织里，工商管理学除了要运用其他学科的知识作用于无生命的物上，更重要的是要充分发挥组织中最重要的资源——人力资源的作用，通过管理，充分调动组织成员的积极性，更好地利用各种资源，获得经济效益和社会效益。

1.3　工商管理学科结构体系

1.3.1　工商管理学科划分

国际精英商学院协会（the Association to Advance Collegiate School of Business，AACSB）在研究商学院的师资供求时，将商学院的教授归属为 14 个学科，它们是会计（accounting）、战略（corporate strategy/business policy/business and society）、经济学（economics）、财务（finance）、人力资源管理（human resource management）、保险（insurance）、国际经营（international business）、组织行为（management/organization behavior）、营销（marketing）、信息管理（Management Information Systems/Computer Information Systems，MIS/CIS）、运作管理（operations management/production）、运筹学（operations research/management science/decision science）、房地产管理（real estate management）和其他学科或综合性学科（other/miscellaneous）。这个分类，除了运筹学以外，将经济学的范围明确到管理经济学，那么大体上就是所说的工商管理学科。在一个对商学院绩效进行的全面研究中，有研究人员将这些学科归为 8 个学科群，即会计、财务、保险、国际商务和房地产、管理科学、管理、管理信息系统、营销及生产／运作管理。他们通过仔细挑选程序，选择了各个学科最顶尖的期刊作为研究各学院学科表现的基础。这些学科和相应的期刊见表 1-1。我们认为，这个划分比较符合工商管理学科实际的发展，特别是各学科都比较独立地形成了自己的学科体系、研究方法、学会和期刊。

表 1-1　工商管理学科划分

学科和期刊	师资数量
会计（accounting）： *Accounting Review* *Journal of Accounting and Economics* *Journal of Accounting Research*	3336
财务（finance）： *Journal of Finance* *Journal of Financial Economics*	2409
保险、国际商务和房地产（insurance，international business，and real estate）： *Journal of Risk and Insurance* *Journal of International Business Studies* *Real Estate Economics*	584
管理科学（management science）： *Management Science* *Operations Research*	752
管理（management）： *Administrative Science Quarterly* *Academy of Management Journal* *Academy of Management Review* *Strategic Management Journal*	3457
管理信息系统（management information systems）： *Information Systems Research* *MIS Quarterly*	1627
营销（marketing）： *Journal of Consumer Research* *Journal of Marketing* *Journal of Marketing Research*	2432
生产／运作管理（production/operations management）： *Journal of Operations Management*	877

注：（1）"师资数量"是指 AACSB 认可的商学院在这一领域的教师数量。
（2）"管理"包括管理学、战略、人力资源管理和组织行为。

1.3.2 工商管理期刊目录

美国《金融时报》（*Financial Times*）列出了工商管理领域的 40 份顶级期刊，从中可以大体看出工商管理学所包含的学科类型。

（1）经济学类。此类期刊中包含 3 种顶尖级的经济学类期刊。排名第一的是美国经济学会主办的《美国经济评论》（*The American Economic Review，AER*）。该刊是最负盛名的综合类经济学期刊，主要发表观点创新、浅显易懂的论文，每年的 6 月刊都将刊载当年诺贝尔经济学奖获得者的演讲，这也成为其具有绝对权威性的一个标志。紧跟其后的是计量经济学会主办的《经济计量学》（*Econometrica，ECON*），其主要发表数学性更强的论文。排名第三的《政治经济学》（*Journal of Political Economics，JPE*）由芝加哥大学主办，是一份有着百年历史的经济类双月刊，20 世纪 80 年代以前，它一直是经济学期刊的"老大"。

（2）金融学类。财务学术期刊《金融杂志》（*Journal of Finance，JF*）、《金融经济学》（*Journal of Finance Economics，JFE*）和《金融研究评论》（*Review of Financial Studies，RFS*）是上百种财务学类国际期刊中最权威的 3 种期刊。

（3）会计学类。会计学术界普遍认可的三大顶级期刊《会计研究》（*Journal of Accounting Research，JAR*）、《会计评论》（*The Accounting Review，AR*）和《会计与经济学》（*Journal of Accounting and Economics，JAE*）都列于其中。

（4）商业经营类。前身为《美国小企业期刊》（*Journal of Small Business*，1975 年创刊）的《创业：理论与实践》（*Entrepreneurship Theory and Practice，ETP*，1988 年使用现名）、《商业道德规范》（*Journal of Business Ethics，JBE*）、《商业风险》（*Journal of Business Venturing，JBV*）、《国际工商研究期刊》（*Journal of International Business Studies，JIBS*），属于商业经营管理类期刊。

（5）市场营销类。此类期刊包括《市场研究期刊》（*Journal of Marketing Research，JMR*）和《顾客研究期刊》（*Journal of Consumer Research，JCR*）。

（6）组织行为学类。《组织科学》（*Organization Science，OS*）、《组织行为与决策过程》（*Organizational Behavior and Human Decision Processes，OBHDP*）、《小型企业管理期刊》（*Journal of Small Business Management，JSBM*）是与组织行为学直接相关的代表性期刊。

（7）应用心理学类。《应用心理学》（*Journal of Applied Psychology，JAP*）是与组织行为学相关的最具代表性的心理学类期刊。

（8）人力资源管理类。《人力资源管理》（*Human Resource Management，HRM*）、《国际人力资源管理杂志》（*International Journal of Human Resource Management，IJHRM*）是与组织行为学相关的人力资源管理类期刊。

（9）管理信息系统类。《管理信息系统季刊》（*MIS Quarterly，MISQ*）、《信息系统研究》（*Information Systems Research，ISR*）都列于信息管理和信息系统学科排名前 19 位代表期刊中。

（10）管理科学（狭义）类。《运筹学管理期刊》（*Journal of Operations Management，JOM*）、《管理科学》（*Management Science，MS*）、《运筹学研究》（*Operational Research，OR*）及《美国统计学会期刊》（*Journal of the American Statistical Association，JASA*）都属于管理科学（狭义）学科。

（11）战略管理类。《战略管理期刊》（*Strategic Management Journal，SMJ*）和《长期规划》（*Long Range Planning，LRP*）是战略管理学科的重要期刊。

（12）综合性管理类。此类期刊可以细分为理论综合性管理类期刊和实证综合性管理类期刊。其中，理论综合性管理类包括《美国管理学会期刊》（*Academy of Management Journal，AMJ*）、《美国管理学会评论》（*Academy of Management Review，AMR*）、《行政管理季刊》（*Administrative Science Quarterly，ASQ*）、《管理国际评论》（*Management International Review，MIR*）；实证综合性管理类期刊包括《管理执行学报》（*Academy of Management Executive，AME*）、《哈佛商业评论》（*Harvard Business Review，HBR*）、《加利福尼亚管理评论》）（*California Management Review，CMR*）、《斯隆管理评论》（*Sloan Managenient Review，SMR*）。

1.3.3　工商管理学科结构体系的构成

结合国内外各方面的研究成果和实践，综合考虑国际上的一般发展规律和我国的具体情况，我们将工商管理学科结构体系分成 4 个类别的多个子学科。

（1）职能管理领域（学科）

职能管理领域可以说是工商管理学科中发展得较为成熟的领域，一般工商企业中都由这些相关领域的专门部门来负责相关的工作。在企业中，财务管理、人力资源管理、营销管理、会计、运作管理、信息管理等都属于职能管理领域。该领域中的各种专业内容都是院校在培养工商管理硕士和进行在职培训的时候的必备课程，都需要学生进行综合学习。以会计学为例，它的发展以 1955 年为分界点。在 1955 年以前，会计学发展长期停滞在借贷平衡及会计准则的运用的阶段，财务金融学的发展长期停滞在办理银行手续的阶段。到了 1955 年，MM 理论的出现打破了这一现状。默顿·米勒（Merton Miller）和弗兰科·莫迪格利安尼（Franco Modigliani）"革命性地改变了公司理财的理论及实践，将公司理财从一个松散的工作程序及规则，改变为股东寻求最大股本价值的精细巧妙的法则"。职能管理领域学科中的知识都能直接应用到实践中。工商企业非常重视这些职能管理领域的内容，同时职能管理领域中的研究也都较为成熟，有属于自身严谨的逻辑框架。另外，它们的运作也非常成熟。运作管理的前身是生产与运作管理（Operation and Production Management），随着经济的发展，运作管理涉及的工作内容大大扩张，因而运作管理的覆盖面也逐渐扩大，成为企业重视的一个专门领域。

除此之外，人力资源管理部门也是企业的重点部门。当前，人力资源管理的理论已经愈发成熟，获得了更多属于自己学科的知识成果。可以说，人力资源管理与企业命运息息相关。人力资源管理的理论来源很多，如薪酬管理，就脱胎于经济学和金融财务学；再比如工作分析，就来自人机工程学的理论。但是对于国际一流商学院来说，人力资源管理更多地面向实践活动。因此，这些商学院很少会培养人力资源管理博士。

（2）基础管理领域（学科）

基础管理领域（学科），包括组织行为学和管理经济学。组织行为学发端于心理学，具备自己的独特方法与思维习惯。管理经济学是微观经济学在工商企业中的应用，其核心内容仍为经济学范畴，但因其与工商企业紧密相关，故仍列于此。虽然组织行为学的成熟稍逊于管理经济学，然而这两个学科依然是被承认的"科学"。但是，工商企业中却没有这样的负责部门，因为它们是基础性的工作，每一个管理者甚至具体工作人员在工作中都要经常碰到这样的问题。

（3）综合性领域（学科）

综合性领域即战略管理。库恩在 1962 年发表了"范式"学说，之后的热烈讨论，催生了战略作为一个新学科的出现，学者们开始第一次定义了关于战略研究独特的范式。但是关于这个领域的研究方法却依然没有一致的意见。争论的焦点是战略研究的根本基础到底在于长期的计划、内部竞争优势，还是环境分析。由于这种方法上和理论上的局限性，越来越多的博士培养项目开始用非实证的、非线性的、主观性的方式。虽然战略无比重要，但是工商企业一般没有这样的部门，而一般是由最高管理者直接进行管理的。哈佛商学院战略方向的博士生培养，不是以哲学博士的名义，而是以工商管理博士的名义进行的。

（4）应用领域

应用领域，包括项目管理、房地产管理、电子商务、医疗管理等。实际上，上面所列举的职能管理领域、基础管理领域和综合性领域的各个学科都属于应用领域。之所以单独再列出一个应用领域，是因为这些领域严格地讲不能称为"学科"，因为它们所应用的知识内容来自职能学科、基础学科和综合学科，并将这些领域中的知识具体应用到某一特定的领域中。同时，这些领域也是发展最快、最容易受到实践影响的领域。我们将这些学科的关系用图1-1来表示。

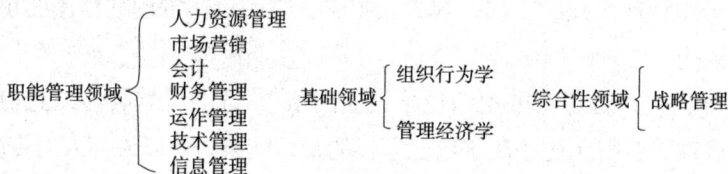

图1-1 工商管理学科的结构体系

应用领域包括旅游管理、医疗管理、项目管理、房地产管理、电子商务、国际工商管理、风险管理、创业管理、赛事及休闲管理等。

1.3.4 工商管理类学科类目

根据我国教育部最新颁布的全国本科专业分类目录及专业代码，管理学下设工商管理类等9个一级学科，工商管理类下设以下二级学科。

（1）会计学

会计学是在商品生产的条件下，研究如何对再生产过程中的价值活动进行计量、记录和预测；在取得以财务信息（指标）为主的经济信息的基础上，监督、控制价值活动，促使再生产过程不断提高经济效益的一门经济管理学科。它是人们对会计实践活动加以系统化和条理化而形成的一套完整的会计理论和方法体系。本质上，会计是一个经济信息系统，这也是国际会计界较为一致的看法，其主要特征是将工商企业经济活动的各种数据转化为货币化的会计信息（价值信息）。

（2）财务管理

财务管理是在一定的整体目标下，对资产的购置（投资）、资本的融通（筹资）和经营中的现金流量（营运资金）以及利润分配进行的管理。财务管理是工商企业管理的一个组成部分，它是根据财经法规制度，按照财务管理的原则组织工商企业财务活动，处理财务关系的一项经济管理工作。简单地说，财务管理是组织工商企业财务活动、处理财务关系的一项经济管理工作。

（3）市场营销

市场营销，又称为市场学、市场行销或行销学，简称"营销"，是指个人或集体通过交易其创造的产品或价值，获得所需之物，实现双赢或多赢的过程。它包含两种含义：一种是动词理解，是指工商企业的具体活动或行为，这时称之为市场营销或市场经营；另一种是名词理解，是指研究工商企业的市场营销活动或行为的学科，这时称之为市场营销学、营销学或市场学等。

（4）国际商务

国际商务是超越了国界产生的围绕工商企业经营的事务性活动，主要是指工商企业从事国际贸易和国际投资过程中产生的跨国经营活动。国际贸易包括货物、服务和知识产权交易；国际投资，主要是指国际直接投资，包括独资、合资和合作经营。

（5）人力资源管理

人力资源管理实际上是存在内在联系的一系列实践性活动。这些活动包括环境的预测和分析、人力资源需求计划的制订、组织所需的人员配置、员工的绩效评估、员工薪酬计划、工作环境的改善、人员的培训和开发以及建立有效的劳动关系等多个方面。相应地，人力资源管理大体上包括与这些实践活动相对应的各个领域。

（6）审计学

审计学，是研究审计产生和发展规律的学科，是对审计实践活动在理论上的概括、反映和科学总结，并用来指导审计实践活动，促进经济发展。它不仅具有很强的理论性，而且还具有实践性和技术性。其理论性主要表现为审计学探讨和研究了审计活动规律及其应用，对审计实践进行了高度概括和科学总结；其实践性主要表现为审计学可以应用于审计实践中，指导审计工作，并有明显的经济和社会效果；其技术性主要表现为审计学吸纳了各种科学成果，为审计活动提供了各种科学技术方法和手段。

（7）资产评估

资产评估，即资产价值形态的评估，是指专门的机构或专门的评估人员遵循法定或公允的标准和程序，运用科学的方法，以货币作为计算权益的统一尺度，对在一定时点上的资产进行评定估算。

（8）物业管理

物业管理，是指受物业所有人的委托，依据物业管理委托合同，对物业的房屋建筑及其设备、市政公用设施、绿化、卫生、交通、治安和环境容貌等管理项目进行维护、修缮和整治，并向物业所有人和使用人提供综合性的有偿服务的一项管理工作。

（9）文化产业管理

文化产业管理，简称文管，属于管理学类专业，设立于2004年。文管专业是为适应国家文化产业快速发展而设立的专业，以培养具有广阔的文化视野和现代产业理念及经营技能的复合型文化管理人才为目标。文管专业分普通文科类和艺术类两种，授予管理学或艺术学学位。目前，我国文化产业人才缺乏，文管专业有很大的发展潜力。

1.4 工商管理学科名家介绍

工商管理学科是管理学科群下的一个二级学科群，它创生于工商企业和工商企业管理实践，而随着科学技术的飞速发展，创新的管理理念也不断涌现，深邃的管理思想澎湃激荡，苗壮的管理理论之树在管理丛林中蓬勃生长。在这一过程中，涌现出许多杰出的代表人物，也创造出许多传世之作。在这里分别介绍国外管理名家和国内管理名家。

1.4.1 国外管理名家简介

（1）弗雷德里克·泰勒

弗雷德里克·泰勒（Frederick Taylor，1856—1915年）是科学管理的创始人，被后人称为"科学管理之父"。虽然泰勒的家庭较为富有，家人是宾夕法尼亚的著名律师，但是他并没有上过大学。他在22岁的时候，直接进入美国一家钢铁公司当工人。由于他的刻苦努力，他不断升职，曾任工头、车间主任、技师，虽然他在职业生涯中取得了一定的成就，但他也逐渐感觉到没有受过系统教育，其在任职过程中遇到的一些困难就无法解决。泰勒认识到了学习的重要性，由于他决定参加业余学习班来接受系统的高等教育。泰勒选择了新泽西州的斯蒂文丝技术学院业余学习班，学习机械工程专业，并于1883年顺利毕业，拿到了学位。第二年，他就以28岁的年龄，升任工厂的总工程师。1890年，泰勒进入一家投资公司，成为总经理，这是一家制造纸板的公司。泰勒在该公司期间，还发明了高速工具钢。这一经历持续到1898年。

1901年开始，泰勒开始做管理咨询工作。他通过咨询、演讲和撰写文章来宣传他的管理理念。泰勒具有极高的领导能力。除了积极参加社会活动，泰勒还一直从事科学研究和发明工作，在 1906 年担任美国机械工程师协会的主席。在科学研究的过程中，他做过许多科学管理的实验，通过实验和丰富的工作经验，他对一些管理原理和方法进行了总结。由于他主要从事的是工厂内部工作，因而他对工厂内部管理的问题研究最深，于 1895 年发表《计件工作制》，于 1903 年发表《车间管理》，于 1911 年发表《科学管理原理》。其中《科学管理原理》这本书是泰勒最著名的著作，它是世界上第一本研究工业生产组织管理的专著，是西方最早的一本科学管理著作。在这本书中，泰勒将自己的管理思想系统地整理为一套科学管理体系，称为"泰勒制"。"泰勒制"的主要内容包括：计件工资制应当有所差别，选择效率最高的工人；工厂应制定具体工作标准；按标准对工人进行培训；管理职能应与执行职能区分开，高级管理层在管理时应当按照例外原则进行。

可以说，泰勒是科学管理理论体系的灵魂，"科学管理之父"当之无愧。当然，除了泰勒，还有很多专家和学者为科学管理理论的研究和发展做出了卓越贡献，如利·劳伦斯·甘特、哈林顿·埃莫森、卡尔·乔治·巴思、卢埃林·库克、莉莲·吉尔布雷斯等，他们都为该理论贡献了自己的力量。

（2）亨利·法约尔

亨利·法约尔（Henry Fayol，1841—1925 年）是欧洲一位杰出的经营管理思想家。他出生于法国一个资产阶级家庭，1860 年从国立采矿学校毕业后进入康门塔里—福亨宝特矿业公司工作。他在 25 岁时就担任了康门塔里矿的经理。6 年后，被提升为一个矿山集团的经理。1888 年，当这家公司处于破产边缘时，他被任命为公司总经理。由于他的管理才能，到法约尔 77 岁退休时，这家公司在财务上已立于不败之地，至今仍是法国中部最大的采矿和冶金集团的一部分。

法约尔一直从事管理工作，对组织管理进行了系统的、独创的研究。1916 年，他发表了《工业管理和一般管理》一书，这是他一生的管理经验和管理思想的总结。他认为，他的管理理论虽然是以大企业为研究对象，但除了可应用于工商企业外，还适用于政府、教会、慈善团体、军事组织及其他各种事业。他的关于管理组织和管理过程的职能划分理论及管理原则的归纳，对后来管理理论研究具有深远影响。所以，法约尔被公认为是第一位概括和阐述一般管理理论的管理学家，被后人称为"管理过程理论之父"。

（3）马克思·韦伯

马克思·韦伯（Max Weber，1864—1920 年）被人们称为"组织管理之父"，是继卡尔·马克思之后最有影响的德国社会科学家。韦伯生于德国，家庭成员具有强大的社会关系，他的父亲担任过普鲁士下院议员、帝国议会议员，家庭十分富裕。18岁时，韦伯开始学习法律，先后进入海德堡大学、柏林大学和格丁根大学学习。除了法律知识，韦伯还对德国的军事制度十分了解，他接受过3次军事训练，在22岁那年参加了波森的军事演习。韦伯的求学和训练生涯，为他日后建立组织理论提供了重大帮助。1889年，韦伯根据他的知识和实践，开始撰写以中世纪商业公司为主题的博士论文。两年后，他开始在柏林大学教授法律课。1894年，由于表现突出，韦伯被聘为海德堡大学的教授。在担任教授的过程中，韦伯开始对新教伦理方面的理论产生了兴趣，开始对其进行研究，并于1905年出版了《新教伦理和资本主义精神》一书。该书对组织理论方面的内容进行了阐述。韦伯在他的另一本书《社会和经济组织理论》中，还提出了行政组织体系理论。他认为，权利是一个组织运行的基础，组织必须运用自己的权利来实现目标。韦伯的思想对世界各国的政治学家和社会学家产生了深远影响，是现代社会学的奠基人。他的研究内容十分广泛，有工业化对组织结构的影响，也有组织的行政管理。他在分析了社会、经济和政治的结构之后，认为社会和历史的因素会引起复杂组织的发展。他的官僚组织理论，十分贴切地描述了传统封建社会向现代工业社会转变的需要，影响极其深远。

（4）乔治·埃尔顿·梅奥

乔治·埃尔顿·梅奥（George Elton Mayo，1880—1949年）是原籍澳大利亚的美国管理学家，是早期的行为科学——人际关系学说的创始人。他出生在澳大利亚的阿德雷德，在阿德雷德大学获得逻辑和哲学硕士学位，1919年在澳大利亚的昆士兰大学任逻辑学、伦理学和哲学讲师，他是澳大利亚心理疗法的创始人。1922年他移居美国，1923—1926年作为宾夕法尼亚大学的研究人员，为洛克菲勒基金会进行工业研究，1926年任哈佛大学工商管理研究院工业研究室的副教授，以后一直在哈佛大学工作至退休。在此期间，他主持了著名的霍桑实验，并敏锐地指出，霍桑实验秘密的关键因素就是"小组精神状态的一种巨大变化"。他认为，实验室中的工人成为社会单位，对于受到实验者越来越多的关心而感到高兴，这是一个重要原因。霍桑实验持续了8年多，取得了意想不到的成果。今天的行为科学成为根深叶茂的学科，都是来源于梅奥及霍桑实验对人性的探索。1926年，他进入哈佛大学工商管理学院专事工业研究，以后一直在哈佛大学工作直到退休。同时，他也是美国艺术与科学院院士，其著作有《工业文明的社会问题》《工业文明的人类问题》，以及其他一些著作。梅奥是在管理思想史上有着特殊地位的一位管理学家。

（5）哈罗德·孔茨

哈罗德·孔茨（Harold Koontz，1908—1984 年），美国管理过程学派的主要代表人物之一。他出生于美国俄亥俄州的芬雷，23 岁时进入美国西北大学就读企业管理硕士学位，1935 年获得耶鲁大学哲学博士学位。在求学期间，他还担任过大学助教、美国铁路联合会副主席助理、维沃特飞机公司商业销售部主任等职。博士毕业之后，他开始四处讲授管理学，并在多家跨国公司担任咨询顾问。他还担任过美国管理学会会长并在美国加利福尼亚管理研究院任管理学名誉教授。从 1941 年开始，他开始发表撰写的论文和著作，代表作有《企业的政府控制》《管理学》《管理理论的丛林》《再论管理理论的丛林》等。在《管理理论的丛林》一书中，孔茨指出，对于管理学理论的研究，最早是由具有丰富实践经验的管理者进行的，如泰勒、法约尔、穆尼等。泰勒对于工厂车间一级的管理非常熟悉，而法约尔则从管理一般原理出发对管理经验进行了深刻总结。孔茨认为，1960 年之后的管理学发展，可以说是一片"丛林"，多种理论盘枝错节，缺乏系统性和条理性。于是，他在《管理理论的丛林》一书中将管理学划分为 6 个学派，即社会系统学派、管理过程学派、人类行为学派、经验学派、决策理论学派和数学学派。1980 年，孔茨通过对"丛林"的重新考察，发现"丛林"更加茂盛了。他在《再论管理理论的丛林》中谈到，管理学派由原来的 6 个，发展成 11 个，即决策理论学派、人际关系学派、社会技术系统学派、经验（或条例）学派、权变理论学派、群体行为学派、经营管理（或管理过程、管理职能）学派、社会协作系统学派、系统学派、数学（或管理科学）学派和经理角色学派。

（6）切斯特·巴纳德

切斯特·巴纳德（Chester Barnard，1886—1961 年），是社会系统学派的创始人，他出生于美国的马萨诸塞州，在 1906—1909 年靠哈佛大学的一笔助学金和之前打工挣来的钱读完了哈佛大学的经济学课程，后来因在研究组织和管理性质及理论方面做出了杰出贡献而得到 7 个名誉博士学位。巴纳德于 1909 年进入美国电话电报公司统计部工作，很快成为这方面的专家。在第一次世界大战时，他是美国这一方面的技术顾问，1915 年被提升为美国电话电报公司的商业工程师，1922 年担任美国电话电报公司所属宾夕法尼亚贝尔电话公司的副总经理助理，1926 年任这个公司的总经理，1927年任规模庞大的新泽西州贝尔电话公司总经理，并多年担任这一职务。巴纳德在美国电话电报公司的职业生涯中，前 10 年担任参谋人员职务，以后长期担任直线人员的领导职务，这两方面的经验对他以后创立社会系统学派的理论提供了很大帮助。

巴纳德一生中著作有很多，其中最具代表性的是 1983 年出版的《经理人员的职能》，其被管理学界称为美国管理文献中的经典著作。以下是巴纳德的一些主要著作：《组织实践中的业务原则》（1922 年）、《社会进步中的企业利益》（1929 年）、《为企业服务的大学教育》（1930 年）、《经理人员能力的培养》（1925 年）、《雇主和职业指导》（1936 年）、《关于经济行为中的非理性》（1938 年）、《关于能力理论》（1937 年）、《工业关系中的高级经理人员的职责》（1939 年）、《集体协作》（1940 年）、《经理人员的教育》（1945 年）、《工业研究组织的若干方面》（1947 年）、《科学和组织》（1951年）、《企业道德的基本条件》（1955 年）等。

（7）赫伯特·西蒙

赫伯特·西蒙（Herbert A.Simon, 1916—2001 年）是决策学派的主要代表人物。他是美国的经济学家和社会学家，在管理学、组织行为学、经济学、心理学、政治学、社会学、计算机科学方面都有所造诣。他早年就读于美国芝加哥大学，于1943 年获得博士学位，1949 年以前在芝加哥、伯克利大学任教，1949 年以后则一直在卡耐基梅隆大学任教。他长期讲授计算机科学和心理学等课程，从事过经济计量学研究，还到中国进行过访问和讲学。由于他在决策理论方面做出了巨大贡献，被授予 1978 年度的诺贝尔经济学奖。西蒙主要研究的是生产者的行为，特别是当代公司中决策的组织基础和心理依据。他于 20 世纪 50 年代开始对经营管理科学产生兴趣，并对公司行为理论的研究起了重大作用。这种公司行为理论对简单的利润最大化假设提出挑战，强调了大公司复杂的内部结构，以及其目标的多重性和必须建立令人满意的而不是最优决策模型的理论框架。最后，西蒙又研究大型组织的信息处理问题，认为信息本身及人们处理信息的能力都是有一定限度的，他为大公司的决策人员提供了决策的辅助系统。

（8）理查德·约翰逊、弗里蒙特·卡斯特、詹姆斯·罗森茨韦克

理查德·约翰逊（Richard A.Johnson）、弗里蒙特·卡斯特（Fremont E.Kast）和詹姆斯·罗森茨韦克（James E.Rosenzweig）主要进行的是系统管理理论的研究。他们的共同观点发表在 1963 年的《系统理论和管理》一书中，详细阐述了系统管理理论的基本概论。理查德·约翰逊、弗里蒙特·卡斯特和詹姆斯·罗森茨韦克，毋庸置疑是系统管理理论的代表人物。

1970 年，《组织与管理——系统方法与权变方法》一书又扩充了他们的理论，该书由卡斯特和罗森茨韦克完成。他们认为，现代管理学派应当研究一切重点分系统及其相互关系，把这些分系统作为一个网络来进行研究。他们的研究结果基于当时管理学发展的现状。那时，不同学派研究的都是组织与管理中的有侧重性的分系统，而不

承认其他分系统。例如，管理科学学派重点研究技术分系统，传统组织重点研究结构和管理分系统，人际关系学家重点研究社会心理分系统，这种情况影响了管理学理论整体的发展。

（9）埃尔伍德·斯潘赛·伯法

埃尔伍德·斯潘赛·伯法（Elwood Spencer Buffa）是研究现代化生产管理方法和管理科学的著名管理学家，也是管理科学学派的主要代表人物。伯法在 1949 年成为伊利诺斯大学的一名助教。1953 年，伯法在加利福尼亚大学担任工商管理学院的讲师工作。1963—1964 年，他还曾任教于哈佛大学商学院。1975 年，伯法发表《现代生产管理》一书，对管理学的发展产生了深远影响，被《哈佛商业评论》推荐为经理必读书目。在书中，伯法为人们提供了大量的数学公式和图片，让人们能够轻松读懂书中的内容。伯法的研究，使得管理学理论由定性研究开始走向定量研究，大量科学计算方法被使用在管理学理论研究中。

受伯法的影响，大量的管理科学著作、教科书中都出现了数学模型、线性规划、对策论等内容，如塞缪尔·里奇蒙（Samuel B.Richmond）的《用于管理决策的运筹学》、爱德华·鲍曼（Edward H.Bowman）和罗伯特·费特（Robert B.Fetter）两人合著的《生产管理分析》等。

（10）劳伦斯和洛希

劳伦斯（P.R.Lawance）和洛希（J.W.Lorsch）被称为"现代权变学说的创始者"。1967 年，他们合写了《组织和环境》一书，论述了外部环境和组织结构之间的关系。他们的基本主张如下：按照不同的形势、不同的工商企业类型、不同的目标价值，采取不同的管理方法。他们认为普遍使用的"万能主义"理论与方法是不存在的。

（11）卢桑思

卢桑思（Luthans）是权变学派的主要代表人物。他是美国尼泊拉斯加大学的教授，他在 1973 年发表了《权变管理理论：走出丛林的道路》的文章。1976 年，他又出版了《管理导论：一种权变学说》，系统地介绍了权变管理理论的观点。

卢桑思认为，权变学说是过程学说、计量学说、行为学说和系统学说等发展的结果。从 20 世纪 50 年代开始，过程学说沿着行为学说的人权管理理论和计量学派狭义的运筹学这两条完全不同的路径发展。两者在 20 世纪 50 年代和 60 年代占支配地位。当过程、计量、行为、系统四种学说结合在一起时，就产生了"不同于部分总和的某种东西"，这就是管理的"权变学说"。

（12）弗莱德 E. 菲德勒

弗莱德 E. 菲德勒（Fred E.Fidler）是权变管理理论的创始人。从芝加哥大学毕业后，菲德勒选择了留校任教。他还担任过伊利诺伊州立大学心理学教授和群体效能实验室主任、华盛顿大学心理学和管理学教授和比利时卢万大学客座教授。

菲德勒是当代美国著名的心理学家和管理学家。他从 1951 年起进行长达 15 年的调查，提出了"有效领导的权变模式"。他认为任何领导形态都可能是有效的，关键在于领导者必须与环境相适应。菲德勒从管理心理学和实证环境分析两个方面研究了组织领导问题，提出了"权变领导理论"，使组织领导学从以往的形态学转向动态学。他的主要著作有《让工作适合管理者》（Engineer the Job to Fit the Management，1965 年）、《领导方式与有效的管理》（Leadership and Effective Management，与 M.M.Chemers 合作，1974 年）。

（13）彼得·德鲁克

彼得·德鲁克（Peter F.Drucker）（1909—2005 年）出生于奥地利维也纳，父亲是一位官员，因而他从小受到了良好教育，学习过哲学、法律、经济学等多种学科，十分优秀。1931 年，他在 22 岁就获得了法兰克福大学的法学博士学位。但由于纳粹德国的迫害，他在 24 岁离开了家乡前往英国，在伦敦为银行、保险公司等提供咨询服务。1737 年，他移民美国，担任了一些跨国企业的管理顾问，如 IBM 公司、通用汽车公司等。1945 年，他创办了德鲁克管理咨询公司。他在美国本宁顿学院和纽约大学工商管理研究生院担任过哲学和管理学教授，1972 年之后在纽约大学任教。

他的主要著作有《经济人的目的》（1939 年）、《产业人的未来》（1942 年）、《公司的概念》（1946 年）、《新社会》（1950 年）、《管理实践》（1954 年）、《美国未来的二十年》（1957 年）、《明天的标志》（1959 年）、《效果管理》（1964 年）、《有效的管理者》（1966 年）、《不连续的时代》（1969 年）、《管理——任务、责任、实践》（1974 年）、《动乱时代的管理机》（1980 年）、《创新与企业家精神》（1985 年）等。

（14）亨利·明茨伯格

亨利·明茨伯格（Henry Mintzberg）是经理角色学派的创始人，他于 1961 年在加拿大麦吉尔大学获机械工程学士学位，1962 年获乔治·威廉士大学文学学士学位，1965 年获得美国麻省理工学院管理学硕士学位，1968 年获得该学院斯隆管理学院博士学位。他长期在麦吉尔大学任教，现为该校管理学教授，并担任《一般管理、经济和工业民主》《行政管理》《企业战略》等杂志的编委，还是加拿大皇家学会会员。

1937 年出版的《经理工作的性质》是明茨伯格的主要代表作，也是经理角色学派最早出版的经典著作。该书是以他 1968 年完成的博士论文《工作中的经理——由有结构的观察确定的经理的活动、角色和程序》，以及其他有关的文献为基础完成的。他在该书中做了这样的说明："角色这一概念，是行为科学从舞台的术语中借用到管理学中来的，角色就是属于一定职责或地位的一套有条理的行为。演员、经理和其他人担任的角色是事先规定好的，虽然个人可能以不同的方式来解释这些角色。"

（15）托马斯·彼得斯

托马斯·彼得斯（Thomas J.Peters）出生于 1942 年，巴尔的摩人。他先后求学于康奈尔大学和斯坦福大学，获得了土木工程学士、化学工程学士、MBA 学位和博士学位。1974 年博士毕业后，他进入麦肯锡公司，并在两年后加入了"卓越公司"计划，担任了实践负责人。彼得斯还为华盛顿政府提供过咨询服务。他深入了解美国经济，十分熟悉美国大中小工厂企业的运作，无论是第二产业还是第三产业方面的管理，他都有相应的思想理论。1982 年，他根据自己的实践和经验，与小罗伯特·沃特曼合著撰写了《追求卓越》一书。该书总结了卓越企业成功的 8 条法则，一经上市便引发了巨大关注，被评为"20 世纪最顶级三本商业书籍"之一。1987 年，他又出版了《乱中取胜》一书，书中包含众多经理人需要遵循的主要规则。他还发表了《振兴于混乱之上——管理革命的手册》。彼得斯的思想，促进了世界管理学的发展，让他成为 20 世纪八九十年代美国最负盛名的管理学大师。从另一个角度也可以说，彼得斯的思想也反映了美国当时的管理思想。

具体来讲，他的思想主要包括以下两个方面。第一，人在社会中是具有"两重性"的。一个人，他既作为集体的一员，又作为单独的个体；既需要努力让集体发展，又需要在其中展现出自身的优势和亮点。第二，只要人们认同某种事业是伟大的事业，那么他们就会奋不顾身、不遗余力地去完成它。

（16）迈克尔·波特

迈克尔·波特（Michael E.Porter）出生于 1947 年的美国密歇根州，1969 年于普林斯顿大学机械和航空工程专业毕业，之后进入哈佛大学。1971 年获得了MBA，1973 年获得经济学博士学位，最终在哈佛大学留任，并获得斯德哥尔摩经济学院等 7 所著名大学的荣誉博士学位。波特是竞争战略理论世界公认的权威人士，他的《竞争战略》和《竞争优势》两本书，就是反映他思想的代表著作，为世界竞争战略理论做出了重要贡献。在《竞争战略》一书中，波特提出了三种通用战略——总成本领先战略、差异化战略和专一化战略。波特提出的战略思想，都是在他深入研究工商企业竞争最基本因素（行业机构）的基础上得出的，他的竞争战略理论体系是非常完整的。波特还提出了"价值链"这一实施战略的工具。"价值链"是指连接产品或者供给的系列通道，每一条价值链上都应当有以下5种活动：内部后勤、生产或供给、外部物流及配送、市场营销及售后服务。这5种活动都不是单独存在的，而是构成了一个网络；每一家企业的价值链相互融合，也构成了一个更大价值的网络体系。波特的思想为工商企业在竞争方面提供了充足的理论基础，影响了美国一大批工商企业。

（17）约翰·科特

约翰·科特（John Kotter）是领导学说的主要代表人物，是美国哈佛大学商学院有影响的管理学者。他于1947年出生于美国的圣地亚哥，1968年在麻省理工学院获得电气工程学士学位，1970年在麻省理工学院斯隆管理学院读研究生，1972年在哈佛大学获得哲学博士学位。科特用了20年时间对在哈佛商学院学习过MBA的企业家们进行了跟踪调查，分析得出了许多令人耳目一新的启示，对进入20世纪80年代的管理思想发展有着相当的影响。他的主要著作有《一种变革的力量：领导与管理》（1982年）、《企业文化与绩效》（1992年）、《新规则——如何在今天的企业界取得成功》（1995年）。科特指出："主导当今社会的是无数综合企业组织，培养发展足够的领导兼管理型的人员帮助这些企业是一个巨大的挑战，是我们必须迎接的挑战。"

（18）查尔斯·汉迪

查尔斯·汉迪（Charles Handy）被英国《金融时报》称为"管理哲学家"，被誉为"大洋彼岸的德鲁克"，是欧洲最伟大的管理思想大师。汉迪出生于1932年的爱尔兰，从牛津大学哲学系毕业后，进入了壳牌公司做高级管理，后来又进入美国麻省理工学院斯隆管理学院学习。通过不断的学习和工作经验的积累，汉迪逐渐对组织管理产生了兴趣。因此，他在1967年回到英国，创办了英国首家管理研究生院——伦敦商学院，并成为该学院的全职教授。

汉迪的思想观点主要表明了组织和个人工作方法变革中的发展方向，同时他又因"四种管理文化""组织与人的关系""未来工作形态"的新观念而被世界熟知。汉迪还注重不同文化在管理中的有机融合。他认为，管理者应当以文化促进管理，以管理发展文化，使二者相互补充，相互促进；同时，注重利益与道义的关系。1976年，汉迪出版了《通晓组织》，该书探究了有效管理的核心。汉迪找出了组织中的几十个变量，并一一进行分析，帮助读者了解并理解该如何管理一个组织。除此之外，他还撰写了其他著作，如《非理性的年代》《觉醒的年代》《变动的年代》《管理之神》《疯狂世纪》《突破常规》等。

　　汉迪认为，在实践过程中最容易接触服务业的组织类型将最终胜出，主要有 3 类组织：一是以重要管理人员为核心的组织，二是联邦式结构的组织；三是"3I"[信息（Information）、智慧（Intelligence）和想法（Ideas）] 型组织。

　　（19）彼得·圣吉

　　彼得·圣吉（Peter Senge）是学习型组织理论的主要代表人物。他于 1947 年出生于美国的芝加哥，1970 年毕业于斯坦福大学，获航空及太空工程学士学位，同年进入麻省理工学院斯隆管理学院读研究生，师从著名的系统动力学创始人杰伊·弗莱斯特（Jay Forrester）教授，1978 年获博士学位。在此后的十余年时间里，他同一群工作伙伴及企业界人士一起，孜孜不倦地致力于将系统动力学与组织学习、创造原理、认知科学、群体深度对话与模拟演练游戏融合起来，最终发展出一种人类梦寐以求的组织蓝图——学习型组织。实际上，这就是圣吉在 1990 年出版的名著《第五项修炼》中重点阐述的思想。《第五项修炼》出版后，立即掀起了全球的学习革命。从荷兰、新加坡政府，到 AT&T、英特尔、福特汽车等顶尖工商企业，均纷纷奉行五项修炼，期望能脱胎换骨，再创高峰。为表彰其开拓管理新典范的卓越贡献，世界企业学会（World Business Academy）于 1992 年授予该书最高荣誉奖，即开拓奖（Pathfinder Award），圣吉本人也于同年被美国《商业周刊》（*Business Week*）推崇为当代最杰出的新管理大师之一。为指导工商企业构建学习型组织的具体实践，圣吉会同 60 多位作者又出版了《第五项修炼》的续篇:《第五项修炼：实践篇》。该书共分为两部分，一是思考、演练与超越；二是共创学习新经验。在该书中，圣吉把焦点从观点转变转向具体实践，描绘了组织学习的各种方法和工具、故事和省思、指导方针、练习和参考资料等。该书曾被《财富》（*Fortune*）杂志、《哈佛商业评论》发专文介绍，并荣登美国商业周刊全美财经企管书籍十大畅销书排行榜。除此之外，圣吉还曾发表多篇论文，如《领导学习型组织》（1998 年）、《领导者与学习者的社会》（1997 年）等，阐述他的学习型组织理论，使其成为一名名副其实的学习型组织先生。他现在是麻省理工学院斯隆管理学院组织学习中心的主任，同时也是管理顾问及培训创新协会的创建合伙人。

1.4.2　国内管理名家简介

　　（1）周三多

　　周三多，江苏宜兴人，是南京大学国际商学院的创办者，也是南京大学国际商学院的首任院长。在他的带领下，南京大学国际商学院迅速崛起，成为国内首屈一指的著名商学院。在他任职期间，南京大学成为我国首个在管理学学科实现中外办学的高校。同时，他还推动南京大学开办了新加坡 MBA 班。这也是国内高校首次到境外办学。他还参与了我国 MBA 入学考试的改革，集中全国 26 所 MBA 试点院校管理精英的智慧，经过多次研究探索，于 1996 年制订出了中国第一个 MBA 入学考试改革方案。之后，国家成立了由周三多担任主任的 MBA 入学考试研究中心，并在 1997 年成功组织和实施了第一次 MBA 全国联考。

周三多领衔编著的《管理学》成为全国高校管理学专业采用的最广泛的教材，历经多次改版印刷。在这本教材中，周三多将中国的管理学内容构建在了国外管理学发展的基础上，实现了国际管理学的中国化。他用大量篇幅详细阐述了系统原理、责任原理、效益原理和人本原理等管理学基本原理，并详细进行了论述。他构建的有特色的管理学结构体系，得到了广泛的认同和赞赏，《管理学》一书的销售长盛不衰。

周三多还曾担任过全国 MBA 教育指导委员会第一届委员、全国 MBA 入学考试研究中心主任，现任南京大学商学院企业管理系教授、博士生导师，为我国各界培养了大批管理人才。

（2）赵曙明

赵曙明，江苏省南通市海安县人，南京大学商学院名誉院长、教授、博士生导师，兼任澳门科技大学研究生院院长、亚太人力资源研究协会主席、澳门特别行政区政府人力资源开发委员会委员、江苏省人力资源学会会长、江苏省企业管理协会会长、企业家协会副会长。他 1977 年毕业于南京大学英文专业；1981 年留学美国，1983 年获教育学硕士学位；1987 年再度赴美攻读博士学位，1990 年获美国加州克莱蒙特研究生大学高等教育与人力资源管理学博士学位；1990—1991 年在佛罗里达大西洋大学商学院从事人力资源管理博士后研究。

赵署明在人力资源管理及工商企业跨国经营的研究方面颇有造诣，出版了《人力资源管理研究》（管理科学文库）、《跨国公司人力资源管理》、《中国企业人力资源战略管理》等 20 余本著作，撰写了 180 多篇论文。他是最早将西方人力资源管理理论引进中国，并将西方人力资源理论与中国实践相结合的学者之一。他多次主持国家自然科学基金、教育部科研基金项目，深入中国工商企业进行大量调查研究，提出一系列适合中国工商企业人力资源管理的理论。

（3）席酉民

席酉民，陕西人，1977 年国家恢复高考后考入陕西机械学院物理师资班，1982

年取得物理学学士学位；之后，考入西安交通大学，1984 年取得系统工程硕士学位，1987 年又获中国大陆第一个管理工程博士学位。席酉民 1993 年成为中国管理工程领域最年轻的博士生导师。

席酉民曾担任过西安交通大学党委常委、副校长，西安交通大学航空航天学院院长，西安交通大学城市学院创立院长；目前担任西安交通大学管理学教授、陕西 MBA 学院常务副院长、西交利物浦大学执行校长和英国利物浦大学副校长。他的研究范围很广，涉及企业决策与决策支持理论、战略管理及政策分析、和谐管理理论、管理行为与企业理论、大型工程规划等。

席酉民还担任全国 MBA 教育指导委员会委员、教育部工商管理教育指导委员会主任委员、国家自然科学基金委员会管理学部咨询委员会委员、国务院学位委员会管理科学与工程学科评议组召集人、中国企业现代化研究会副会长、中国管理现代化研究会副理事长、《管理学家》（实践版、学术版）主编及多家学术期刊编委等。

（4）陈春花

陈春花，广东湛江人，于华南工学院（现华南理工大学）无线电技术专业本科毕业，后求学于北京师范大学哲学专业和新加坡国立大学工商管理专业，获得了工商管理硕士。之后，他在爱尔兰欧洲大学海外部获工商管理博士学位，2005 年在南京大学商学院获得企业管理博士后学位。

陈春花担任多个高校的教授，如新华都商学院、华南理工大学工商管理学院、新加坡国立大学等。她还是北京大学国家发展研究院 BiMBA 商学院院长、广州市政府决策咨询专家。陈春花主要研究组织行为学、企业文化管理，对中国企业成长模式和管理理论与实践价值进行了研究和挖掘，撰写过 20 多本著作。她的代表作是 2004 年中信出版社出版的《领先之道》，阐述了我国工商企业的领先模型。她在《中国企业的下一个机会：成为价值型企业》一书中的研究，推动了我国工商企业的发展。此外，她还出版了很多专著和教材，有《企业文化塑造》《科研团队管理》《高成长企业组织与文化创新》《争夺价值链》《企业文化管理》《中国行政组织文化》《管理沟通》《品牌战略管理》等。

陈春花担任过山东六和集团总裁，还担任过众多知名企业的管理咨询顾问，如南方航空、康佳集团、南方电网、深圳航空、TCL 集团、顺德信用合作社、美的家电、科龙集团、广东电信等。

（5）陈荣秋

陈荣秋，湖北武汉人，华中科技大学教授、博士生导师，原华中科技大学管理学院院长。1967 年毕业于清华大学动力机械系热力发电专业，1981 年毕业于清华大学经济管理学院管理工程系，是国内第一批获得管理工程硕士学位的研究生。陈荣秋教授先后担任国家自然科学基金委员会管理科学部第一、第二届咨询委员会委员，第六、第七、第九、十届学科评审组成员，国家高技术研究发展计划（863 计划）"基础理论与方法"专题专家、"集成化管理与决策信息系统"专题专家，教育部本科管理类专业教学指导委员会委员，全国工商管理硕士教育指导委员会委员，"中国科学技术指标研究会"第二届理事会副理事长，中国运筹学会排序专业委员会副主任，《管理科学学报》第一、第二届编辑委员会委员，《管理科学文库》编委，华中科技大学校务委员会副主席，华中科技大学校学术委员会副主任，华中科技大学校学位委员会委员。

陈荣秋教授长期从事计算机辅助生产管理和管理学理论的教学和研究，主要为硕士研究生和博士研究生讲授"生产管理学""现代生产管理理论与方法""排序理论与方法"等课程，为 MBA 讲授"领导学"和"策略管理"。陈荣秋教授研究领域主要涉及生产作业排序、计算机集成制造系统和现代生产管理技术（敏捷制造等）3 个方面。他主持过 5 项"863 计划"研究课题的研究任务和 2 项开发课题的任务，以及 4 项国家自然科学基金课题、2 项教育部博士点基金课题和多项横向课题的研究工作。一些课题的研究成果已达到国际先进水平。由于在"863 计划"研究中成绩突出，于 1993 年被自动化领域专家委员会授予先进个人奖。由于在企业范围集成制造的应用和发展中的领导作用和取得的优异成绩，他在 1999 年成为国际计算机和自动化系统学会／制造工程师协会授予的"1999 大学领先奖"获得者之一。陈荣秋教授主持了国家自然科学基金重点项目"基于时间竞争的运作管理新技术和新方法研究"。他编著了国内第一本关于排序的专著——《排序的理论与方法》。该书被国内同行多次引用，得到国内著名生产管理专家的高度评价，对推动我国排序研究起到了重要作用。他还编著了面向 21世纪课程教材及九五国家级重点教材《生产与运作管理》，该书在国内产生了重要影响。除此之外，陈荣秋教授在国内外重要期刊和会刊上发表论文 200 余篇。

（6）蔡洪滨

蔡洪滨，江西景德镇人，1988 年就读于武汉大学数学专业，1991 年考入北京大学，获得经济学硕士学位，1997 年，进入斯坦福大学学习，获得了统计学硕士和经济学博士学位。蔡洪斌是香港大学经济及工商管理学院院长，发起并组织了留美中国金融学会并担任首任会长，是《经济学与金融年刊》（Annals of Economics and Finance）、《经济分析与策略期刊》（B.E.Journals in Economic Analysis and

Policies）和《理论经济学期刊》（B.E.Journals in Theoretic at Economics）的编委，同时为 30 多家学术期刊（包括经济学所有顶尖学术期刊）及美国国家科学基金、加拿大社会人文研究委员会和中国香港研究资助委员会做匿名审稿人，被美国30 多所大学邀请做学术报告，于 2006 年担任北京大学光华管理学院应用经济系主任。2010 年 12 月，蔡洪滨当选北京大学光华管理学院院长。蔡洪滨老师长期致力于博弈论、企业理论、公司金融和新政治经济学等领域的研究，研究兴趣非常广泛。他的研究成果在理论上有很多创新，得到了国际同行的认可。他已在国际顶尖经济和金融学术刊物，如《美国经济评论》《金融经济学期刊》等刊物上发表了 10 余篇文章。他对经济学研究持续的投入，正体现出一名学者对追求知识的热情和执着。

（7）芮明杰

芮明杰，江苏宜兴人，1977 年国家恢复高考后考入华东师范大学数学系，获得理学学士学位；1983 年考入复旦大学科学管理系工业经济专业攻读硕士学位，并在毕业后留校任教。芮明杰在企业发展、产业经济学、管理创新和公司理论等方面都有所建树。他现任复旦大学管理学院产业经济学系主任、校学术委员会委员、管理学院学位评定委员会主席、企业管理、产业经济专业教授、博士生导师，国家重点学科产业经济学学科带头人，复旦大学工商管理博士后流动站站长，并兼任中国工业经济研究开发促进会副理事长，中国企业管理研究会常务理事、中国国民经济管理学会常务理事、上海管理科学学会副理事长、上海领导科学学会副会长等职务，并受聘成为多家股份公司独立董事，大集团、大银行的顾问或咨询专家。

芮明杰获得过全国高校人文社会科学优秀成果管理学一等奖、上海市哲学社会科学优秀成果一等奖等荣誉称号。他在中共上海市委常委学习会上做的《关于国有资产监督管理委员会的定位与职能》的报告，获得了各级领导的一致好评。芮明杰撰写了多部著作，如《新经济、新企业、新管理》《公司核心竞争力形成过程中的组织学习方式研究》《现代企业持续发展理论与策略》《浦东新区高科技产业竞争力研究》等；发表了多篇注明论文，如《高技术企业知识创新模式研究对野中郁次郎知识创造模型的修正与扩展》。

（8）张瑞敏

张瑞敏，山东莱州人，海尔集团董事局主席、首席执行官，创建了全球白色家电第一品牌——海尔。张瑞敏是世界知名企业家，他的管理模式受到了全世界管理界的关注。1984 年，张瑞敏出任海尔的前身——青岛电冰箱总厂厂长。面对濒临倒闭的工厂，张瑞敏果断施策，制定了海尔第一个发展战略——名牌战略，他决定要为消费者提供最高质量的产品。1985年，张瑞敏带头砸毁了76台不合格冰箱，砸醒了所有员工的质量意识。张瑞敏提出了差异化战略。他认为，单靠引进先进设备和技术不足以同其他企业竞争，而应当以提高员工素质来提升企业竞争力。之后，在张瑞敏的带领下，在全体海尔人的共同努力下，在1988年，海尔获得了中国电冰箱史上第一枚质量金牌。这枚金牌决定了海尔在市场中的重要地位。在几十年的发展中，海尔从一个亏损企业发展成为全球营业额2661亿元（2018年）的国际知名企业。2019年，海尔成为《财富》"2019年最受赞赏的中国公司"，在胡润研究院发布的《2019胡润中国500强民营企业》中，海尔智家以市值1050亿元位列第61位。

张瑞敏确立了以创新为核心价值观的企业文化，在不同时期，抓住时代机遇，进行战略创新。海尔先后实施过品牌战略、多元化战略、国际化战略、互联网战略等。张瑞敏认为，要想推动企业健康可持续发展，必须始终坚持以用户为中心这一理念。他创造了"日事日毕、日清日高"的OEC管理法、每个人都面向市场的市场链管理和互联网时代"人单合一双赢"的模式，他的管理战略也被世界其他企业借鉴。除了经营，张瑞敏还积极践行企业社会责任，投身慈善事业。1995年，海尔集团率先捐资38万元援建了第一所海尔希望小学——莱西市院上镇海尔希望小学。在之后的几十年，海尔不断启动多种帮扶项目持续投入希望工程。在2019年，海尔获得了"希望工程30年突出贡献者"的荣誉称号。

（9）曾仕强

曾仕强，出生于福建，长于台湾地区，是中国式管理大师，全球华人中国式管理第一人，被称为"中国式管理之父"，现任中国台湾智慧大学校长、中国台湾交通大学教授、中国台湾兴国管理学院校长。

曾仕强学历：英国牛津大学管理哲学荣誉博士、英国莱斯特大学管理哲学博士、美国杜鲁门大学行政管理硕士、中国台湾师范大学教育学学士。他著有《胡雪岩的启示》《易经的奥秘》《家庭教育》《孙子兵法与人力自动化》等。2010年11月15日，"2010第五届中国作家富豪榜"重磅发布，曾仕强以780万元的版税收入，荣登作家富豪榜第5名，引发广泛关注。

曾仕强现为易学企业管理咨询有限公司首席顾问。他曾在在中央电视台《百家讲坛》主讲《我读经典之易经与人生》和《胡雪岩的启示》。2009年10月7日至12日，他携新作《易经的奥秘》重登《百家讲坛》，并得到中国风水协会主席陈帅佛的高度评价。陈帅佛认为：曾仕强校长开创的中国式管理，对咨询业观念的影响是根本性的；曾仕强教授的大师风范，对咨询业行为模式的影响是革命性的；曾仕强教授的演讲风格，对咨询业表达水平的影响是颠覆性的；大智若愚、厚积薄发、化腐朽为神奇是曾仕强教授的三大风格，曾仕强是少数可称为大师级的人物之一，是咨询业当之无愧的风云人物。中国台湾生产力中心调查显示，曾仕强是最受企业界人士欢迎的十大名嘴之一，曾应邀在新加坡、马来西亚、印尼、泰国演讲工商企业管理，在台湾地区主讲千次以上。

（10）王育琨

王育琨，著名管理专家和并购专家，清华大学长三角研究院中国企业家思想研究中心主任，全球并购研究中心学术委员，山东大学经济管理学院、南京航空航天大学经济管理学院特聘教授，多家企业集团顾问，曾任国务院发展研究中心研究员、世界银行顾问、知名企业集团副总裁，著有《传递梦想：奥巴马给世人的 200 个忠告》《解放企业人的心灵》等畅销书。

2009 年，王育琨的一系列公开课和内训，如"信心之旅""危机时期经营管理的本真""心智的力量""地头力训练营"等，得到诸多企业人士的高度赞同。"地头力"正在成为中国工商企业危机中的焦点词汇。十几年做工商企业的经历，给了他一种"以心比心"的研究方式，"常无欲以观其妙，常有欲以观其徼"。他深谙"不悟自心不知企业家之心"，成为以个人修为证悟研究工商企业经营管理的第一人。他首创"开发地头力——经营管理本真"的新理论，已经获得中国一线企业家和国外管理大师的高度认同。日本管理大师洞田信认为，"地头力是世界性语言，是东方兴起与西方衰落的根本"。

王育琨现为《经理人》《数字商业时代》《商务周刊》《亚布力视点》《绿公司》《商界评论》《上海证券报》《广州日报》《济南时报》等多家媒体专栏作家。

第 2 章　工商管理学科演进

2.1　工业革命：管理的问题与发展

2.1.1　工业化前的管理

在历史长河中，工业化是近代出现的一种现象，后来被人们称为"工业革命时期"。这一时期，人类在动力、运输、通信和技术等方面取得了突飞猛进的发展。在工业化前，组织主要是家庭、部落、教会、军队和国家，有些人的确从事小规模的经济活动，但是其规模与工业革命后所出现的情况是无法相比的。不过，当时在指挥军事战役、处理家庭事务、治国施政和教会活动中仍有进行管理的必要性，正是在这些组织中有了早期的管理思想。在研究工业化之前，管理中经常会出现下列两种看法：一是对管理职能持较狭隘的见地；二是社会上盛行的各种文化观点对商业持轻视态度。本节将研究早期文明中初始的管理尝试。

（1）中国

已知的最古老的军事著作是中国孙子（约公元前 6 世纪）的著作。他在著作中谈到把军队分成小单位，在军官中划分军阶，以及利用铜锣、旗帜和烟火联络。他主张在战斗前要深思熟虑和周密计划："多算胜，少算不胜。"前线指挥官和后方参谋之间的关系问题至少在 2500 年前就已经存在了。孙子也为指挥者提供了战略决策的原则：故用兵之法，十则围之，五则攻之，倍则分之，敌则能战之，少则能逃之，不若则能避之。

如果将"兵"替换为"市场"，将"敌"替换为"竞争者"，我们就可以看清现代管理策略的历史基础了。

孔子（公元前 552—前 479 年）可以流芳百世主要是因为他从事的道德教育，其次才是由于他提倡按才能提升官员的制度。在孔子时代，最受人尊敬的是在朝延当官，商人的社会地位仅比囚犯高一点儿。争夺朝廷官职的斗争十分激烈，孔子主张通过实践证明德才兼备的人才可以担任官职。汉朝（公元前 206 年—公元 220 年）按孔子的主张开始实行文官考试，用任人唯贤的办法挑选官员，后来演变为根据考核（成绩评定）提升官员。在孔子之前，中国的官僚机构早在公元前 1000 年就发展成为一个分等级层次的体制。孔子哲学的确同当时的法家主张有矛盾。法家试图通过法制，利用奖惩的办法保证任务的完成，而孔子则主张培养和提高人民的道德品质，以实现合作。此外，其他的证据表明，中国人早在公元元年前就已通晓劳动分工和组织的部门化。如刻在一只碗上的文字表明，这只碗是一家官办工厂制造的，在这家工厂，各个工匠之间的劳动者有着高度的专业化分工。这家工厂分为三个部门，即会计、安全与生产。从这样的人工制品中我们了解到古老的管理实践。

（2）埃及

埃及人修建了许多灌溉系统，作为利用尼罗河每年的洪水进行灌溉的附属工程。他们修建金字塔和运河的工程技术是不可思议的奇迹，远远超过了希腊人和罗马人。采矿和大多数工程项目都是由国家垄断的，因而需要有一个广泛的官僚机构来管理国家事务。劳动力的来源是自由人和奴隶。强大的文化传统迫使自由人从事职业活动，而其他劳动问题则靠镣铐去解决。

有证据表明，埃及人是知道管理者所能监督的人数的限度的。从发掘出来的奴仆雕像中发现：每个监督者大约管理 10 名奴仆。他们的衣着是不同的。监督者穿的是短裙或长袍，而奴仆穿的衣服则需要表明他们干的行业和职业。在管理跨度方面"以十为限"的规律是埃及的实践做法。下面将看到埃及人的这种做法对希伯来人产生的影响。

（3）希伯来人

《旧约全书》是一部有关领导一个民族征服一块土地的著作。希伯来人的伟大领袖既拥有宗教大权也掌管世俗权力，亚伯拉罕、若瑟、摩西和大卫等都是如此。然而，我们在《圣经》中看到的管理思想的种子很可能是埃及人播下的。若瑟被出卖为奴仆后升任为宰相，并获得了宝贵的管理经验。摩西被监禁在埃及期间观察到了埃及"以十为限"的规则。因此，摩西在建立一个比较有秩序的部族管理组织结构的同时，也在管理上运用了"例外原则"。在《圣经》里还可以发现另外一些关于管理的忠告："不先商议，所谋无效；谋士众多，所谋乃成。"有关控制的忠告是"参与者多，严守秘密"。在古代各民族中，都可以发现诸如领导、代表制、管理范围、计划和组织等管理实践。

（4）希腊

古希腊是欧洲文明的摇篮，它的规章制度、艺术、语言、戏剧和文学是我们人类文化的一个重要组成部分，但是希腊的经济哲学是反商业的，贸易和商业被认为有损于希腊理想的尊严。

苏格拉底（公元前469—前399年）认为，公众事业的管理技术和私人事业的管理技术是相通的，区别仅在于量的不同，没有人的作用。懂得如何雇佣人者，才能成为私人事务及公共事务的成功指挥者；而不懂得如何雇佣人者，则会在指挥两者时犯错误。亚里士多德（公元前384—前322年）在他的《政治学》中提出了有关管理和组织的许多见解。例如，论劳动的专业化，论部门分工，论权力集中化、分散化及代表制，论协作，论领导。亚里士多德在他的著作《形而上学》中提出了通过感觉和推理可以了解现实的论点。亚里士多德摒弃了神秘主义，从而成为科学方法之父，并且为文艺复兴和理性时代奠定了思想基础。这种科学的探索精神最终会为科学管理奠定基础。

另一位希腊人色诺芬（约公元前370年）曾经根据亲自经营和管理庄园的实践经验写成了《家庭管理》（又称《经济论》）一书。这是古希腊流传下来的专门论述经济问题的第一部著作。这部著作在管理思想上的主要贡献在于论述了劳动分工的优越性：在有些地方（工厂），一个人仅仅靠缝鞋谋生，另一个人靠剪鞋样谋生，而第三个人靠缝鞋帮，与此同时，还有一个人不干上述任何一样活计，而是把各个部分缝在一起，他们都能谋生。这就是说，一个人专心致志地做一种高度专业化的工作，那么，他肯定能把工作做得最好。

（5）罗马

随着古希腊文化逐渐腐朽与衰落，罗马文化逐渐产生了。罗马人十分节俭，为了获得足够的武器扩充军队，他们制作陶器在外国市场上销售，后来，又开始生产用于出口的纺织品。在这一过程中，为了提高效率保障军事调动和商品分配，罗马人建立了公路体系，这是一种类似工厂的制度。罗马政府为了支持战争，签订了一些合同，而为了履行这些合同，他们采取了类似现代股份制公司的形式，即向公众出售股票。随着罗马帝国的建立，罗马人有了"集权—分权—集权"的实践经验，并在不同阶段建立了相应的管理机构、管理制度和政治体系。公元前510年左右，罗马共和国成立了。罗马共和国中的百人团选出两名执政官，两名执政官都是贵族，负责处理国家政务。另外，每名政务官有12名随从，肩荷棒一束，中插战斧，象征国家最高长官的权力。这种棒被称为"法西斯"，这也是"法西斯"一词的来源，意大利法西斯党也源于此。退任的执政官和氏族族长共同组成了元老院，负责审查和批准法案，决定内外政策，并起到对执政官执政的监督作用。罗马帝国的政治体制对后世影响甚大。

由于长期的军事活动，罗马人都具备了良好的纪律品格，对于权利和分工的执行非常严格，并且具有优秀的管理职能和设计能力。罗马帝国时期的辉煌离不开当时先进的管理制度。正如雷恩所说："罗马人也具备遵守秩序的天赋，而军事独裁政府以铁腕手段统治着整个帝国。"

（6）封建主义与中世纪

文艺复兴时期的作家创造了"中世纪"这个词，用来说明从罗马帝国的衰亡到文艺复兴这段时期发生的事情。在罗马帝国后期，奴隶制在经济上已经变得不合算了，因为养活奴隶的开支大，而奴隶对劳动已经没有任何热情了。奴隶制的废除不是道德进化的结果，而是经济变革的结果。事实证明，雇佣自由人当佃农对土地占有者来说更加合算，因为养活他们的开支较少。在罗马帝国衰亡后，大庄园的出现和政治上的动荡，引起了经济、政治和社会上的混乱，它为封建制度的出现创造了成熟条件。封建主义的基础是农奴，他们是自由人，但是他们比以前的奴隶更依赖于主人。封建制度紧紧地把人束缚在土地上，它规定了严格的阶级界限，创立了一直到工业革命才结束的土地贵族统治时代。它使得教育完全处于停顿状态，使贫穷和无知成为群众的特征，并且在改革时代来临之前完全扼杀了人类的进步。因此，并不奇怪一些历史学家把这个时期称为"黑暗时期"。

（7）商业的复兴

随着封建主义导致的社会动荡，十字军出现了。最终，十字军导致封建主义的领主陆续破产，他们的土地都留给了国王，造成了封建制度的衰落。虽然十字军最后消失了，但是他们的行为促进了中东与欧洲的商业交流。因为他们开辟了新的贸易通道，欧洲人接触到了中东的文化和产品，特别是中东的奢侈品。因此，为了能够交换足够多的中东产品，欧洲羊毛和纺织业也日益发展，人们的生活变得更加世俗化，产生了新的商业精神。欧洲的宗教对人们的约束力有所减弱，城市、行会中的贸易萌芽纷纷诞生，货币和信贷也发展迅速，文艺复兴和宗教改革运动开始了。

生产力的发展，促进了手工业和农业的发展。在这种情况下，市场开始成为解决手工业产品贸易问题的载体。人们可以在市场上与其他人交易，获得自己想要的商品。一开始，人们都是在交通枢纽、渡口、教堂等人群集中的地方自行集中，后来很多地方成为固定集市，行商逐渐变成坐商，商业贸易越来越发达，出现了以手工业和商业为特色的城市。

行会是进行商业贸易最主要的组织，它是由各个行业组成的联盟。行会可以说是现代行业协会的鼻祖，它的存在是为了保护行会中手工业者的利益，最早出现在10世纪的意大利，最初的目的是为了反对封建领主和城市贵族的压迫。随后，英国、法国、德国也出现了商业行会。行会有以下3个特征：第一，行会有其自身的一套制度，其中最值得注意的是人事等级制度。行会规定了一串头衔，即"学徒—帮工—行东"，指的是学徒要想成为行东，就必须在出师之后，进入作坊做一定时间的帮工，获得了足够的经验之后，才有可能升级成为行东。可以看出，当时的行会已经产生了现代管理制度的萌芽。第二，行会对产品质量进行了严格的规定。行会要求手工业者产出的产品，必须严格按照购买者的要求，不能有假冒伪劣。这种方式对产品质量管理做出了最初的探索。第三，行会在一定程度上也成为垄断组织，可以禁止外来人员进入本地，保护本地手工业者不受外部竞争的冲击，能够更好地发展本地手工行业。

城市、行会带来了商业的复兴。从历史上看，欧洲的进步离不开商业的发展，商人在欧洲的经济生活中具有十分重要的地位。可以说，商业的专门化带来了新的世界。商人负责根据买方的需要，购买产品的原料，再将这些原料分包给家庭或者作坊去加工，成品再由商人收购上来，卖给真正需要这些产品的人，而家庭或作坊可以获得一定的加工费用。但随着商业贸易范围的扩大，家庭或者作坊已经不能满足大量的产品需要了。于是，商人就将这些人集中起来，开办了工厂，集中生产专门的产品。这样不仅产出变大，还方便了管理。这就是工厂制度的最初模型。商业的繁荣，还进一步促进了商业组织、银行等机构的发展。

（8）文化的新生

旧的制度与文化已是日薄西山，新的文化呼之欲出。这时，形成了3种力量，它们奠定了新工业时代的文化基础。首先，这一时期，文艺复兴开始，人们对新的科学产生了浓厚的兴趣，开始通过改革打破古老神学对人们的束缚，新教改革和新教伦理开始发展。其次，制宪政府这一概念也同时产生，它代表了个人的权力开始受到政府的保护，并与专制政府形成对立。再次，随着商业的发展，市场经济发展起来，市场伦理也随之产生，这种观念侵犯了重商主义地主贵族的利益，二者开始对抗。这些力量的发展，最终导致了新文化的发展和工业革命的前进，使得人们在经济、政治、社会关系中获得了更大的自由。它们改变了人们的文化标准，改变了人们对工作和利润的看法。

文化的创新不仅为未来的工业化创造了更多条件，也让人们思考应该建立一个什么样的知识体系来对新文化进行管理。这一体系应该是合理的、正式的和系统性的。

对于管理者来说，这一挑战更加严峻，因为他们需要在市场经济的条件下发挥主观能动性，用更好的管理组织方法来面对市场上出现的各种问题。因为市场经济有其独特的特点，它是不断变化着的，所以管理者应当利用新文化建立一套新的适应市场经济发展的知识体系。他们需要用正确的决策方式来进行管理。当然，这种知识体系的建立不是瞬时完成的，而是随着文化的不断演进而逐渐形成的。

2.1.2　工业革命对管理产生的影响

进入 18 世纪后，由于重商主义的作用，商业贸易成为当时英国的主要经济活动，国家与民众的主要经济收入来自商业贸易。工业的进步和贸易的发展彼此联系在一起，它们相互影响、相互促进。也正是商业的发展，促进了英国城市的建立，并引发轰轰烈烈的工业革命。可以说，没有商业活动走在前头，工业的进步几乎没有可能，也就不会发生工业革命，而现代的管理思想也不可能出现。

（1）工业革命的产生

工业革命的产生是与纺织业的发展、圈地运动和蒸汽机的发明紧密联系在一起的。英国的纺织工业是工业革命的源头。而毛纺业的发展，引发了圈地运动，改变了土地所有制，使原有的自然经济遭到严重破坏，从而一举摧毁了小农经济和小生产自给自足的生产方式。圈地运动不仅为大工业的产生扫除了传统习惯的阻力，而且使得许多人失去了自己的家园，成为无业人员，为资本主义工业的生产提供了大量而丰富的劳动力资源。而蒸汽机的发明，为工业革命的爆发点燃了导火线，并成为工业革命的推进器。瓦特也因这项发明而在英国亦即在整个人类闻名世界的伟人中占有重要地位。

就这样，坚冰已经打破，道路已经开通，蒸汽机很快被用于非常广泛的工业领域，在冶金工业中，在面粉厂、沙厂中蒸汽机得到广泛应用，推动了一切工业部门的机械化，工厂纷纷建立起来。蒸汽机是人类生产史上的一次飞跃，它使生产摆脱了人力和自然条件的限制，使人的能力首次得以延伸。这是生产力的一次大解放，是使得工厂制度得以确立的基础。人们将蒸汽机引发工业革命进入的时代称为"蒸汽时代"。

综上所述，英国工业革命的过程基本上包括 3 个方面：纺织机等机器是工具上的革命；蒸汽机是动力上的革命；工厂制度是生产组织方式上的革命。这三种革命按时间来说隶属于同一个时代，并且在商业贸易的带动下相互补充、相互促进、相互推动，使得英国工业革命得以爆发。正如恩格斯所说："分工、动力，特别是蒸汽机的利用，机器的应用，这就是从 18 世纪中叶起工业用来摇撼旧世界基础的三大伟大的杠杆。"

（2）工厂制度对管理所提出的客观要求

为什么工业革命首先发生在英国？很多历史学家都对这一现象进行了分析解读。其中，历史学家阿若德·托因比认为，工业思想和经济思想的革命和创新促使旧英国的毁灭、新英国的诞生。在这期间，詹姆斯·瓦特和亚当·斯密分别扮演了极其重要的角色。这一观点几乎是世界公认的。詹姆斯·瓦特发明了蒸汽机车，它促使英国开始工业革命，并将英国迅速带入世界强国的行列。亚当·斯密是"经济学之父"，他的理论强调自由市场、自由贸易和劳动分工。他带动了经济思想的革命。

工业革命的技术基础来自瓦特的蒸汽机，而当时的科学发展，特别是牛顿力学和热学第一定律、热学第二定律的发现，使得工业革命的基础更加稳固。在经济支撑方面，管理学也开始萌发出新思想。因为现实需求不断增加，管理者也需要更多理论知识的积累和实践经验的掌握，以此来解决现实中出现的问题。这种情况进一步促进了管理学的发展。

第一，企业主和工人的关系发生变化。过去的工厂制度中，工人的个人权益是没有保障的，通常企业主还会雇佣大量童工。随着大企业的形成，资本家在获得足够的资本和设备之后，也需要大量劳动力来完成工厂的工作任务。但是，人员越多，他们的素质越参差不齐。这些工人没有经验、没有技术，也没有受过训练，这就需要资本家投入一定的力量来对工人进行非常严格的培训，让他们尽快成为熟练工人，提高工作效率。这些训练把人完全当作机器看待，随意打骂，随意剥削，工人的人权完全得不到保障。在这种情况下，工人为了争取自身的权益就会反抗。他们通过破坏机器或罢工的方式进行抗议。尽管工厂有最严厉的监督手段，但这些问题还是不断出现。因此，资本家开始思考如何解决这些问题。

第二，缺乏足够的管理人才。各国都是从农业国发展起来的，如何成为一个工业国？各国都没有相关经验，特别是他们都缺乏足够的管理人才。首先，工商企业管理的知识体系还没有形成。当时的工厂中，管理者主要是要学会分辨原料来源和特性，掌握工厂的生产技术，而这些知识内容只限于本行业中，并不具有广泛性。其次，对于一个管理者应当如何进行管理，并没有共同的行动原则。最后，系统深入的管理理论实践体系还没有形成。没有管理理论，更没有管理理论对管理实践的指导。这样，管理者只能用最简单粗暴的方法实施管理，造成与工人之间冲突严重。

第三，对熟练技术工人的需求满足不了经济的发展。随着经济的发展，工厂对于工人技术能力的要求越来越高，但是由于很多工人没有受过教育，之前都是农民或者手工业者，也没有迅速掌握高级技术的能力，因而熟练工人极其缺乏。这时资本家就根据旧工厂制度的经验，实施积极诱劝和消极制裁的方法，意图迫使工人就范。

除了以上 3 点之外，工业革命给工业企业的管理带来了一系列问题，如人员管理问题、控制问题、效率问题、指挥问题等。这些问题使得人们开始思考如何才能提高企业管理效率。因此，这一时期产生了一些早期管理思想。随着经济的发展，这些思想对现代企业管理思想的形成起到了重要作用，最终迎来了科学管理时代的到来。

2.2 管理学进入科学管理时代

2.2.1 秒表的出现——科学管理理论的出现与传播

（1）科学管理理论的出现

科学管理理论的创始人是"科学管理之父"——弗雷德里克·泰勒。他主要研究如何提高单个工人的生产率。

19 世纪末至 20 世纪初，科学技术和社会经济都发生了巨大变化，这对工商企业管理提出了新的要求，也为创造管理理论提供了有利条件。泰勒参加工作后注意到工人们常常"磨洋工"，他们不是尽可能地努力工作，而是蓄意拖延工作进展。毕竟，他们没有动力要工作得更快或更有效率。另外，泰勒还发现由于雇主在工人提高生产后就降低计件单价，使得工人不愿多做工作，实行"有组织的偷懒"，生产效率难以进一步提高。根据自己的经验，泰勒认为，谋求提高生产率、生产出较多的产品是完全可能实现的，关键在于要确定一个工作日的合理工作量。从这一点出发，泰勒于1880 年在米德维尔钢铁公司的一个车间进行了搬运铁块实验、铁砂和煤炭的铲掘实验及金属切削实验。他手持一个秒表，按分钟测量工作任务，这意味着工人可以准确地知道雇主对他们的期望产量，而管理者也可以准确地知道应该生产多少。这也意味着可以制定出更准确的计件工资率，以实行可靠的奖励和惩罚措施。通过上述一系列实验和长期的管理实践，他总结出了一些管理原理和方法，并将它们系统化，形成了"科学管理"。

管理理论的观点如下：第一，管理科学的根本目的是谋求最高工作效率。泰勒认为，最高的工作效率是工厂主和工人共同达到富裕的基础。第二，达到最高工作效率的重要手段是用科学的管理方法代替旧的经验管理。第三，实施科学管理的核心问题，是要求管理者和工人双方在精神上和思想上来一个彻底变革。

根据以上观点，泰勒提出了以下的管理制度：第一，对工人提出科学的操作方法，以便合理利用工时，提高工效。第二，在工资制度上实行差别计件制。第三，对工人进行科学的选择、培训和提高。第四，制定科学的工艺规程，并用文件形式固定下来以利于推广。第五，使管理和劳动分离，把管理工作称为计划职能，把工人的劳动称为执行职能。

科学管理最明显的局限性是认为工人是"经济人"。科学管理重视物质技术因素，忽视人及社会因素。它将工人看成是机器的附属品，是提高劳动生产效率的工具，因而在生产过程中强调严格的服从，没有看到工人的主观能动性及心理社会因素在生产中的作用，认为人们只看重经济利益，根本没有责任心和进取心。对工人的错误认识，必然导致科学管理理论在实践中的局限性。

可以说，管理学的发展和形成离不开科学管理理论的产生。首先，它将科学引入管理领域，并且形成了一套属于自己的系统的科学管理方法。在这期间，个人经验的管理方法和传统的经营管理方法被人们所抛弃。其次，生产效率得到了提高。在资本主义经济时代，生产效率是资本家最重视的内容。在规定时间内生产出更多的产品，这是资本家进行管理的目标。而科学管理理论，采用了科学的管理方法和操作程序，极大地提高了生产效率，推动了生产的发展，因此受到了资本家的欢迎。最后，由于工厂人员众多，有一部分人成了专门从事管理的工作人员，导致了管理职能和执行职能的分离。这为管理理论的发展提供的有利条件。

弗兰克·吉尔布雷斯及其夫人莉莲·吉尔布雷斯是美国工程师，他们在管理方面的研究，为科学管理思想的发展做出了重要贡献。他们研究的对象是建筑行业中的砌砖工人。他们通过对工人砌砖的行动进行分析，得出了哪种姿势砌砖效率更高。通过不断实验，他们得出了一套标准的砌砖手法，让砌砖的效率提高了2倍。后来，他们又研究了其他行业在技术操作中的手部动作，具体步骤如下：首先，拍摄大量工人操作时的手部照片；其次，分析动作的合理性，确定哪些动作能够让工作更有效率、更能省时省力，众多动作如何排序才能更有效率；最后，根据结论制定一套标准操作方法。他们对于动作的研究更加细致广泛，更具说服力，并且他们得出的标准操作程序也十分具有实用性。

美国管理学家、机械工程师甘特，是泰勒在米德维尔钢铁公司和伯利恒钢铁公司的重要合作者。他最重要的贡献是创造了"甘特图"，这是一种用线条表示的计划图。这种图现在常被用来编制进度计划。甘特的另一个贡献是提出了"计件奖励工资制"，即对超额完成定额的工人，除了支付给他日工资，超额部分还以计件方式发给他奖金；对于完不成定额的工人，工厂只支付他日工资。这种制度优于泰勒的"差别计件工资制"，因为这种工资制可以使工人感到收入有保证，劳动积极性因而提高。这说明，工资收入有保证也是一种工作动力。

（2）科学管理的实践应用

科学管理理论并不是脱离实际的，几乎所有管理原理、原则和方法，都是经过实验和认真研究提出的。其内容所涉及的方面都是以前各种管理理论的总结，与所有管理理论一样，都是为了提高生产效率，但它是最成功的。它坚持了竞争原则和以人为本原则。竞争原则体现为给每一个生产过程中的动作建立一个评价标准，并以此作为对工人奖惩的标准，使每个工人都必须达到一个标准并不断超越这个标准，而且超过越多越好。于是，随着标准的不断提高，工人的进取心就永不会停止，生产效率必然也跟着提高；以人为本原则体现为这个理论是适用于每个人的，它不是空泛的教条，是实实在在的，是以工人在实际工作中的较高水平为衡量标准的，既可以使工人不断进取，又不会让他们认为标准太高或太低。以人为本是科学发展的一个趋势，呆板或愚昧最终会被淘汰。

科学管理理论很明显是一个综合概念。它不仅仅是一种思想，一种观念，也是一种具体的操作规程，是对具体操作的指导。首先，以工作的每个元素的科学划分方法代替陈旧的经验管理工作法。其次，员工选拔、培训和开发的科学方法代替先前实行的那种自己选择工作和想怎样就怎样的训练做法；再次，与工人经常沟通以保证其所做的全部工作与科学管理原理相一致。最后，管理者与工人应有基本平等的工作和责任范围，管理者将担负起恰当的责任。而过去，几乎所有的工作和大部分责任都压在工人身上。

20世纪以来，科学管理在美国和欧洲大受欢迎。多年来，科学管理思想仍然发挥着巨大作用。当然，泰勒的科学管理理论也有其一定的局限性，如研究的范围比较小，内容比较少，侧重生产作业管理。另外，泰勒对于现代工商企业的经营管理、市场、营销、财务等都没有涉及。更为重要的是，他对人性假设的局限性，即认为人仅仅是一种经济人，这无疑限制了泰勒的视野和高度。泰勒的科学管理理论有效解决了车间生产效益的问题，未能解决工商企业如何经营与管理的问题。但这些也正是需要泰勒之后的管理大师们创建新的管理理论来加以补充的地方。

2.2.2 组织行政管理理论的出现

在泰勒与他的追随者们逐渐把科学管理理论塑造成形的同时，欧洲古典组织——

行政管理理论的奠基者、开创者亨利·法约尔和马克思·韦伯也在形成他们的理论。

前面提到，科学管理主要的管理贡献是在作业管理方面，但同时，对组织管理也有重要贡献，如把计划职能和执行职能分开，实行职能工长制。在这个领域中，古典组织理论比科学管理理论有了更全面、更深入的拓展和理论总结。

开创者之一的法约尔是一位工程师，他通过自己的管理实践及对管理过程的研究创立了第一个行政管理理论。马克思·韦伯是一位典型的学者，是经济学家，更是社会学家，他为官僚集权组织建立了一个非常完美的模型，从而创立了全新的组织理论。

（1）法约尔的一般管理理论

①工商企业活动类别

法约尔指出，企业无论规模如何、经营内容是什么，都存在 6 种基本职能，即生产、制造、加工等技术活动，资金筹措、运用、控制等财务活动，购买、交换、销售等商业活动，财产的清点、成本核算、统计等会计活动，计划、组织、协调、控制等管理活动，保护员工安全和维护设备运行等安全活动。这 6 种活动共同维持着企业的经营和发展。

法约尔认为，技术活动、财务活动、商业活动、会计活动和安全活动不能代表企业的总体经营计划，不能组织协调好企业内部的各种力量。他认为，管理活动应当是企业中最为重要的内容。管理活动由计划、组织、指挥、协调和控制 5 种要素组成。其关系如图 2-1 所示。

对于管理，法约尔下了一个明确的定义：管理就是实行计划、组织、指挥、协调和控制。

计划，就是探索未来，制订行动计划。

组织，就是建立企业的物质和社会的双重结构，为企业的经营提供所必需的原料、设备、资本、人员。

指挥，就是使每个人都履行其所负的职责，充分发挥其作用，从而使整个组织运转起来。

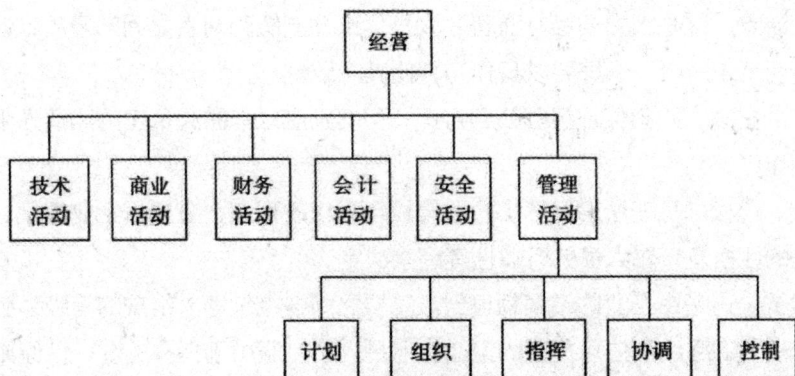
图 2-1 经营和管理要素

协调，就是统一和调和企业各部门及各个员工的活动，指导他们走向一个共同的目标。

控制，核实情况的发展是否同既定的计划、规章、下达的命令相符，以便及时发现错误，采取措施，加以纠正。

②管理的一般原则

法约尔十分重视管理原则的系统化。[①] 他根据自己长期的管理经验，提炼出 14 项管理原则，作为管理教育的内容和工商企业管理的指导方针。他认为，如何使这些原则灵活地适用于各种环境和特殊情况，要依靠管理者的"艺术"。这 14 项原则如下：

分工。分工的目的是提高效率。法约尔认为，分工不仅限于技术工作，也适用于管理工作，其结果是职能的专业化和权力的分散化。

权力与责任。权力与责任互为因果，因为有权力必定就有责任，权力与责任应相一致。同时，法约尔还区分了管理者的职位权力和个人权力，前者来自个人的职位高低，后者由个人品德、智慧等个人特性决定。

纪律。没有纪律，企业就难以发展。建立和维护纪律的最好方法：一是各级要有好的领导；二是企业与员工之间的协议要尽可能明确和公正；三是实行制裁要公正。

统一指挥。这条原则与泰勒的职能正好相反。法约尔认为一个员工的任何行动，都只能接受一个上级的命令。

统一领导。凡具有统一目标的全部活动，只能有一个领导人和一套计划。不要把统一领导与统一指挥相混淆。

个人利益服从整体利益。集体的目标必须包含员工个人的目标。但每个人都不免

---
① 乌玉峰.对法约尔一般管理原则的系统思考[J].沿海企业与科技，2006（3）：33-34.

有私心和缺点。这些因素要经常监督并以身作则才能缓和两者之间的矛盾，使其一致起来。当两者矛盾时，领导要以身作则，使其一致。

员工的报酬。必须保证报酬公平合理。但奖励应以能激起员工的热情为限，否则将会起副作用。

集权。集权本身无所谓好坏。企业集权和分权的程度，应根据企业规模、条件和经理个人的性格及下属人员的可靠性等因素决定。

等级链。这是由企业的最高领导到最基层之间各级领导人组成的等级系列，它显示出执行权力的路线和信息传递的渠道。但是为了克服由于指挥的统一性原则而产生的信息传递的延误，法约尔设计了一种"跳板"（图 2-2）。

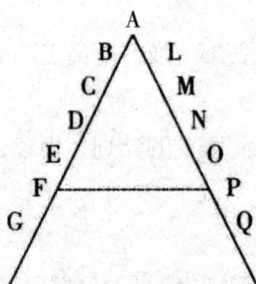

图 2-2　跳板原则

在一个等级制度表现为 G-A-Q 双梯形式的企业，没有 F 与 P 发生的联系，按常规须先从 F 到 A，再到下一点 P，这之间每一级都需要停顿，然后顺着原路，一般是返回出发点。如果通过"天桥"（跳板）直接从 F 到 P，那就简单、迅速和可靠多了。如果 F 的领导 E 和 P 的领导 O 允许他们各自的下属直接联系，等级原则就得到捍卫。法约尔认为，各级人员都应养成使用这种最短通路的习惯。后来人们称这种方式为"法约尔跳板"。

秩序。秩序是指人与物各得其所。职位要适合员工，员工要适合职位。

公平。法约尔把公平解释为亲切、友好和公正。用这样的态度对待已经建立的规则和员工，可以鼓励员工忠诚地履行他们的职责。

人员稳定。长期工作的员工能提高技能和组织效率。如果人事不断变动，工作将不能良好地完成。

首创精神。这是事业壮大的源泉，要激发和支持人员发挥其创造性。

集体精神。法约尔说："分裂敌人的力量是聪明的，但分裂自己的队伍是对企业的严重犯罪。"他认为企业内部应保持团结与和谐的氛围。

（2）韦伯的行政组织理论

①理想的行政组织

韦伯认为，职务和职位是形成理想行政组织的关键，而以传统的世袭方式来管理组织是没有办法发挥足够效用的。管理知识是管理控制的前提条件，也就是说只有采用正确的管理知识，才能使行政组织受到正确的控制。另外，管理者应当有足够的管理能力，在从事管理工作时，必须依据客观事实来进行，而不是主观臆断。

韦伯理想的行政组织具有以下 7 个特点。

第一，有明确的目标。行政组织有明文规定的规章制度，并设有组织目标。组织中的一切成员必须遵守组织的规章制度，必须为了共同的组织目标而努力。

第二，有明确的分工。组织需要把所有的工作进行分工，并确定好每一部分工作的活动目标。将不同的任务目标划分给组织成员，让所有人都为了实现相应的目标而努力工作，最终达到组织的整体目标。每一个职位的权利和义务都在规章制度中做了详细规定。

第三，有职位等级。每一个职位都有其相应的等级，所有等级综合起来形成了一个指挥体系。每一个等级中都有其等级原则，并按照职位高低层层控制，权责分明。

第四，有正式的规章制度。组织的任何内容都是由规章制度规定的。组织结构改变也需要在规章制度中做出更改后才能进行。组织中的所有成员都需要遵守组织的规章制度，按照组织的纪律和程序办事。

第五，人员关系非人格化。在组织中，人员之间的关系应当是指挥和服从的上下级关系，不能受个人感情因素的影响。所有人员都应根据职位所赋予的权利进行沟通，开展工作。

第六，员工的任用、升迁与薪酬都有明文规定。员工的任用有其相应的标准，并且需要通过公开的考试进行选拔，只有符合规定的优秀人才才可以被任用。员工的升迁有其考核制度。员工的工资也有发放标准，发放的标准要按照一定的考核制度确定。在这些过程中，组织也是非人格化的，不以个人的情感为转移。

第七，所有权与管理权分离。组织的管理者并不是组织的所有者，而是所有者通过一定的标准聘用的专门进行管理的职业化团队。所有者通过向管理者发放工资来雇佣他们对组织进行管理。

（2）权力的类型

韦伯认为，有 3 种权力能被社会接受：

①合理的法定的权力（Rational Legal Authority）。它是以"合法性"为依据

的。对这种权力的服从是由于依法建立的一套等级制度，如一个企业、国家机构、军事单位或其他组织。这是对确认的职务或职位的权力的服从。

二是传统的权力（Traditional Authority）。它是以古老传统的不可侵犯性和执行这种权力的人的地位的正统性为依据的。对这种权力的服从是对拥有这种不可侵犯的权力和地位的个人的服从。

三是有超凡魅力的权力（Charismatic Authority）。这种权力是以对个人的崇拜为基础的，被崇拜者具有超凡的魅力。[①]

韦伯认为，任何组织都必须以某种形式的权力为基础，假如缺少某种形式的权力，组织就不能实现其目标。只有权力才能变混乱为秩序。企业必须以理性的法律权力为基础。

③理想的行政组织的管理制度

管理者应当具备一定的领导能力，在进行领导工作时，应当依据客观事实而不是个人主观臆断。这是韦伯对理想行政组织的管理制度的重要观点。他认为，管理代表着控制是由知识和事实决定的。这个组织的最高领导者具备的权力必须具有绝对的主导性，下层所有层级的领导者都需要根据他的命令来进行管理活动。这些下层官员的任命和行使职能都应该在一定的标准框架内进行，这些框架包括以下 10 个方面。

第一，在挑选候选人的时候，是以一定的技术条件为依据的。他们通常具有相应的业务资格证书。他们是被任命而不是被选举。

第二，官员的职责与其人身自由无关，他们的所有职责都不涉及他们的人身自由。

第三，官员的职责都有其确定的职权范围，而且这种职权范围在法律上也做了规定。

第四，官员的职责职务都有明确的职务等级。

第五，官员在职责的任命上具有一定的选择权利。

第六，每一个官员都有其主要的职责，即使有其他的职责，也不应当凌驾在主要职责之上。

第七，管理者是一种职业，他的升迁是由一定的升迁制度规定的。是否升迁由上级根据年资或成就来判断考核。

第八，管理者在行使职权时受到严格的纪律制度规定的约束。

第九，官员在工作中不能滥用职权，同时完全同"行政管理物资分开"。

① 张素梅.对中国社会阶层固化的理性思考[J].邓小平理论研究，2013（2）：17-19.

第十，官员得到的报酬是固定的工资，同时其在退休后享有养老金。这些官员随时可以辞职，但是雇佣他们的人必须在一定的条件下才可以解雇他们。对于工资发放的标准，是根据他们所处职位的等级来确定的。

韦伯认为，在所有的领域里（国家、教会、军队、政党、经济企业、利益集团、协会、基金会等），"现代的"团体形式的发展一般是与官债体制的行政管理的发展和不断增强相一致的。尽管有形形色色的表面上看来是对立的机构，会议制的利益代表机构也好，议会的委员会也好，苏维埃也好，名誉官员或陪审员也好，或者不管什么机构也好，所有持续的工作都是由官员们在办公机关里完成的。官员的整个日常生活都纳入这个框架之内。官员只能在行政管理的"官僚体制化"和"外行化"之间进行选择，而官僚体制化的行政管理优越性的强大手段是专业知识，这是它所固有的特别合理的基本性质。

2.2.3　关于人的探索——管理心理学的创生与成熟

管理心理学（Management Psychology），也可称为组织管理心理学或行为管理学，是一门研究组织中人的行为与心理活动规律的综合性科学。[①]它是应用管理学、行为学、心理学、社会学、生理学、伦理学、人类学等学科的原理，研究组织管理中具体的社会心理现象，以及个体、群体、领导、组织中的心理活动、人际关系和人的积极性的一门边缘科学。管理心理学以组织中的人作为特定的研究对象，重点在于对有共同经营管理目标的人的系统研究，以提高效率，在一定的成本控制条件下，最大限度地调动人们的积极性和创造性。当今的管理心理学都是以人本思想为前提的。它有助于调动人的积极性、改善组织结构和领导绩效，提高工作生活质量，建立健康文明的人际关系，达到提高管理水平和发展生产的目的。

对管理心理学的研究，是从 19 世纪末 20 世纪初开始的。1959 年，美国心理学家海尔（M.Haire）提出把工业心理学划分为人事心理学、人类工程学和工业社会心理学，他的观点得到学术界的公认。工业社会心理学就是我们现在所说的管理心理学。管理心理学是生产斗争的产物，是阶级斗争的产物，也是科学实验的产物。

管理心理学的理论如下。

（1）人性假设管理理论

人性假设管理理论是美国著名心理学家麦格雷戈（D.Mcgregor）的研究方向。

---

① 李宏俊.人性假设理论属于管理心理学的范畴[J].成都大学学报（社会科学版），1992（3）：28-30.

他是麻省理工学院的知名教授。他在对管理中的人性假设问题进行深入探讨之后，得出一个结论：人性本质及人性行为的假设存在于每一项进行的管理决策中。人性问题是管理心理学的重要研究内容，人性问题关乎企业采用什么样的管理方法、如何建立管理结构。可以说，企业管理的方方面面都离不开对人性的分析。

麦格雷戈对人性进行了 3 个方面的假设，具体如下：

第一，管理者的观念和管理理论具有主导作用，领导着管理制度的实施，二者的地位不能混淆，要主次分明。

第二，人力资源管理在管理中起着重要作用。企业应当不断发掘员工的管理才能，重视人才资源的开发，帮助员工认识自身潜力的同时，为企业提供足够的管理人才。

第三，管理者采用的管理理论必须旗帜鲜明，不能随意采用。在进行管理政策的实施时，应结合具体情况。管理者采用的理论假设，将影响未来企业雇佣职业经理人的素质和企业未来的发展。因此，他们必须明确他们认定的假设，以保证企业的长期可持续发展。

（2）人性假设的 X 理论与 Y 理论

①人性假设的 X 理论。[①]

麦克雷戈用 X 理论这一名称归纳了历史上控制导向的传统观点。其人性假设的基本观点如下：大多数人生来懒惰，总想少干一些工作；一般人都没有什么雄心，不喜欢负责任，宁可被别人指挥；多数人的个人目标都是与组织的目标相矛盾的，必须用强制、惩罚的办法，才能迫使他们为达到组织的目标而工作；多数人干工作都是为了满足基本的生理需要和安全需要。因此，只有金钱和地位才能鼓励他们努力工作。人大致可以分为两类——多数人都是符合上述设想的人；另一类是自己鼓励自己、能够克制感情冲动的人，这些人应负起管理的责任。

对人性假设的 X 理论，麦克雷戈既有肯定的一面，同时也有保留态度。他认为，"这是一种平凡大众的基本假定，说得如此坦白露骨，事实上，所谓人类价值的观念，仅仅是口头上的歌颂。所谓严父主义，虽是一句不合潮流的语言，但究其实，绝不是一句已经衰亡的管理哲学"。但是，他又认为，"我们在产业界和其他许多地方却能看到更多显而易见的现象与这项人类本质的看法不符"。

②人性假设的 Y 理论。

Y 理论是将个人目标与组织目标融合的观点。被麦格雷戈称为 Y 理论的人性假

① 张瑞林，李林，王琼．麦格雷戈 X—Y 理论及其应用 [J]．中国工业评论，2015（7）：92-97．

设是：人在工作中消耗体力和智力是极其自然的事，就像游戏和休息一样；促使人朝向组织的目标而努力，外力的控制和惩罚的威胁并非唯一的方法，人为了达到其本身已经承诺的目标，自然会实行自我监督和自我控制；人对目标承诺，是为了目标达成后得到报酬，这种报酬的项目很多，其中最重要的是自我需要和自我实现的满足；只要情况适当，一般人不但能学会承担责任，而且能学会争取责任；以高度的想象力和创造力来解决组织中的问题的能力，不是少数人独有的能力，而是大多数人都拥有的能力；在现代工商企业中，常人的智慧潜能仅有一部分被利用，大部分都未被开发。

　　Y 理论的各项人性假设，是对传统的管理思想和行为习惯的挑战。麦克雷戈认为，与 X 理论比起来，Y 理论的假设与社会科学上既有的各项知识更一致，是一种更具挑战性的新思想。但同时他又指出，Y 理论的各项假定是否正确，毕竟尚未完全证实。而且在他看来，将 Y 理论的假定落到实处，绝不是一件容易的事情。

　　③人性假设的超 Y 理论。

　　鉴于 X 理论和 Y 理论的局限与不足，摩尔斯（J.Morse）和洛斯奇（W.Lorsch）提出了超 Y 理论。这一理论对人性的假设如下：人们到组织中工作的需要和动机是多种多样的，但主要的需要是取得胜任感。胜任感是指组织成员成功地掌握了周围的世界，其中包括所面对的任务而积累起来的满意感；取得胜任感的动机尽管人人都有，但不同的人可用不同的方式来实现，这取决于这种需要与其他需要之间的相互作用；组织目标与个人目标的一致易于导致胜任感，而胜任感即使实现了也仍会有激励作用；所有人都需要胜任感，但由于人的个体差异的存在，因而用什么样的方式取得胜任感是不同的。

　　（3）人性假设

　　在西方长期对人性研究的过程中，雪恩（H.Schein）的观点很具代表性。雪恩是美国著名管理心理学家，在哈佛大学就读成为哈佛大学的心理学博士，在麻省理工学院任组织研究学会主席。在著作《组织心理学》一书中，他详细阐释了关于人性的4 种假设。他的假设对于管理心理学的研究起到了重要作用，具有很大的影响力，展现了西方对于人性研究的发展历程。这 4 种关于人性的假设分别是"经济人""社会人""自我实现人""复杂人"。

　　①"经济人"假设。"经济人"假设，又称"实利人"假设，这种假设起源于享乐主义哲学和亚当·斯密（Adam Smith）关于劳动交换的经济学理论，是早期管理思想的体现。这一假设认为，人的行为动机源于经济诱因，在于追求自身利益最大化。在工商企业中，人的行为的主要目的是追求自身的利益，工作的动机是为了获得

经济报酬。资本家为了获取最大的利润才开设工厂，而工人则是为了获得经济报酬才来工作，只要劳资双方共同努力，大家都可得到好处。

"经济人"假设包括如下基本观点：员工基本上都是受经济性刺激物激励的，不管是什么事，只要向他们提供最大的经济利益，他们就会去干；由于经济刺激在组织的控制之下，所以员工在组织中的地位是被动的，他们的行为是受组织控制的；感情是非理性的，必须加以防犯，否则会干扰人们对自己利益的理性权衡；组织能够而且必须按照能中和并控制住人们感情的方式来设计，特别是那些无法预计的品质。

②"社会人"假设。"社会人"假设认为，人的社会属性是最大需要，人需要在社会中活动，与他人接触，获得与他人的良好关系，能够让别人喜爱自己。这种假设又被称作"社交人"假设。

"社会人"假设有4个特点：第一，自从工业革命以后，人们的关系越来越趋于机械化，缺少了很多人性的意义，因而需要在新时期的人际关系中找回这种人性化的社交关系。第二，企业中的上下级管理关系，很容易控制员工的行为，但员工之间的同级关系，更能形成群体性社交，影响企业发展。第三，管理层能否被下级需要、被下级接受，能否满足管理者的身份感，决定了管理层对员工的控制程度，决定了员工对于管理层决策的反应。第四，人际关系中的地位，让人们产生一种身份感。人们对社交有需求，进而激励人的行为。

③"自我实现人"假设。"自我实现人"的概念是由美国心理学家马斯洛（A.H.Maslow）提出的。雪恩在总结了马斯洛、阿吉里斯、麦克雷戈等人的理论后，提出了"自我实现人"假设，并认为这种假设与麦克雷戈的 Y 理论假设是一致的。

"自我实现人"假设的基本内容如下：当人们的最基本需要得到满足时，就会转而致力于较高层次的需要，寻求自身潜能的发挥和自我价值的实现；一般人都是勤奋的，他们会自主地培养自己的专长和能力，并以较大的灵活性去适应环境；人主要还是靠自己来激励和控制自己的，外部的刺激和控制可能会使人降低到较不成熟的状态；现代工业条件下，一般人的潜力只利用了一部分，如果给予适当的机会，员工们会自愿把他们的个人目标与组织目标结合为一体。

④"复杂人"假设。雪恩在20世纪60年代末至70年代的调查研究中发现，人不只是单纯的"经济人"，也不是完全的"社会人"，更不可能是纯粹的"自我实现人"，而应该是因时、因地、因各种情况而具有不同需要和采取不同反应方式的"复杂人"。

"复杂人"假设的基本内容如下：人的需要是多种多样的，而且这些需要随着人的发展和生活条件的变化而发生改变，每个人的需要都各不相同，需要的层次也因人而异；人在同一时间内有各种需要和动机，它们会发生相互作用并结合为统一的整体，形成错综复杂的动机模式。例如，两个人都想得到高额奖金，但他们的动机可能很不相同。一个可能是要改善家庭的生活条件，另一个可能把高额奖金看成是达到技术熟练的标志；人在组织中的工作和生活条件是不断变化的，因而会不断产生新的需要和动机。这就是说，在人生活的某一特定时期，动机模式的形成是内部需要和外界环境相互作用的结果；一个人在不同单位或同一单位的不同部门工作，会产生不同的需要。

2.3　管理学进入社会人时代

刚性的科学管理并没有达到预期效率提高的程度，人们发现工作条件及人际关系等人性化的因素对提高效率有很大影响，于是从 20 世纪 20—30 年代的梅奥实验开始，大批行为学家走进管理领域。

2.3.1　霍桑实验

（1）霍桑实验的过程

霍桑实验是从 1924 年至 1933 年在美国芝加哥郊外的西方电器公司的霍桑工厂进行的。霍桑工厂有较完善的福利措施和良好的保障制度，但是工人们仍有很强的不满情绪，生产效率很低。为了探明原因，1924 年 11 月，美国国家研究委员会组织了一个包括多方面专家的研究小组进驻霍桑工厂，开始进行实验。当时，许多管理学家和学者认为工作环境的物质条件同工人的健康及生产率之间有明确的因果关系。因此，霍桑实验是根据工人对给予的工作条件做出相应的反应的假设进行的，其目的是研究工作环境的物质条件与产量的关系，以发现提高劳动生产率的途径。

①照明实验。照明实验的目的是研究照明情况对生产效率的影响。专家们选择了两个工作小组，一个为实验组，一个为控制组。实验组的照明度不断变化，控制组的照明度始终不变。通过这个实验，专家组发现照明度的改变不是效率变化的决定性因素，而另有其他因素在起作用。于是他们决定进行第二阶段的实验。梅奥就是在第二阶段才进行实验的。

②继电器装配工小组实验。这一阶段的实验花了约 6 年时间。专家们选择了 6 名女工，把她们安置在继电器装配实验室工作。在实验过程中，研究小组分期改变工

作条件。开始时增加休息次数，延长休息时间，缩短工作时间，供应午餐和茶点，实行 5 天工作制等；接着又逐渐取消这些待遇，恢复原来的工作条件。结果，无论工作条件如何变化，生产量都是增加的，而且工人的劳动积极性有所提高。

梅奥等分析了这两次实验的结果后认为，生产效率的提高不在于上述工作条件的变化，而在于实验小组精神方面的变化。在实验室里没有高压的监督，实验计划事先征得了工人的同意，工人与管理者之间的关系融洽，参加实验者已形成一个有组织的社会集体。这一切大大改变了工人的工作态度，其效果远远超过工作物质条件的改变。

③大规模访谈。在实验的第三阶段，研究小组花了两年的时间对 20000 多名员工进行访问交流。访谈的目的是了解工人对工作、工作环境、监工、公司和使他们烦恼的任何问题的看法及这些看法如何影响生产效率。访谈最重要的发现是，影响生产效率最重要因素是工作中发展起来的人际关系，而不是待遇及工作环境。研究小组还了解到，每个人工作效率的高低，不仅取决于他们自身的情况，而且还与他们所在小组中的其他同事有关，任何一个人的工作效率都要受到同事们的影响。这一结论非常重要。为了进一步进行系统的研究，研究小组决定进行第四阶段的实验。

④电话线圈装配工实验。这次实验选了 14 名线圈装配工在一间单独的观察室中进行。这 14 人被分成三组，相互之间在工作上有高度的联系。工资报酬是按小组刺激计划计算的，以小组的总产量为基础付酬给每个工人，强调他们在工作中要协作。

通过实验，研究者注意到工人们对于"合理的日工作量"有明确的概念，而这个合理的日工作量低于管理当局拟定的产量标准。他们就依据自己制定的这个非正式的产量标准，并运用团体的压力使每个工人遵守这个标准，而工人们都避免挫伤感情并采取各种手段来维持自己在这个非正式团体中的地位。在非正式团体中还有一些不成文的规范，如你不应该干活过多；你不应该干活太少；你不应该向监工报告任何有损于同伴的事；干事不要太认真，你若是个检查员，也不应该像一个检查员那样来行事；不要总想着当头。

（2）霍桑实验的结论

梅奥等分析了在霍桑实验中获得的大量第一手资料，得出了以下结论：

①员工是"社会人"而不是"经济人"。从亚当·斯密到科学管理学派，都把人看作追求最大经济利益而进行活动的"经济人"。梅奥等则认为人不能单独存在，工人是"社会人"，影响人们生产积极性的因素，除了物质方面的因素以外，还有社会和心理方面的因素，如他们追求人与人之间的友谊、安全感、归属感、受人尊敬等，

他们需要归属于某个群体。

②工商企业中存在着非正式组织。所谓正式组织就是具有一定的目标，并且有规章、制度、政策等规定各成员之间的相互关系和职责范围。非正式组织（informal organization）就是成员在共同工作的过程中，由于有共同的情感和爱好而形成的非正式团体。这些团体有自然形成的不成文的规范和惯例，其成员必须遵守。这种非正式组织对于员工行为的决定极为重要，它是影响生产效率的重要因素，领导者要诱导非正式组织向健康的方向发展。

③应提高员工的满足度。提高生产效率的主要途径是提高工人的满足度，员工的满足度越高，其士气就越高，从而生产效率就越高。

2.3.2　从个体行为到组织行为

从第二次世界大战结束至 20 世纪 60 年代，全球经济经历了一个繁荣时期，美国跃居为世界最富裕的国家。这个时期的管理学科特点是注重人的心理研究。与以前不同的是，这种心理研究更多地与组织联系在一起。20 世纪 60 年代初，莱维特为强调社会心理学的重要性，尤其是群体心理学在企业界日益显著的作用，在一篇文章中首先提出"组织心理学"这个名称。此后不久，美国心理协会第 14 分会将工业心理学分会改名为工业和组织心理分会，其目的也是要承担比个体差异测定更广泛的组织问题研究。随着这一学科从个体到群体再到组织研究的演变，其研究机构也发生了变化，从原来各大学的心理学系转入管理学院系，特别是这些学院的研究生部。在研究过程中，这些学院的教师队伍又吸收了社会心理学家、社会学家和人类学家，从这批人中产生出来的研究项目，被取名为"组织行为学"。至此，组织行为学作为一门学科公开问世。

组织行为学（Organizational Behavioral Science）是研究在组织中及组织与环境的相互作用中，人们从事工作的心理活动和行为的反应规律性的科学。组织行为学综合运用了心理学、社会学、文化人类学、生理学、生物学、经济学、政治学等学科中有关人的行为的知识与理论来研究一定组织中的人的行为规律。行为科学时期的组织行为学理论，尤以激励理论为重，这里包含伦西斯·利克特（Rensis Likert）的支持关系理论（Support Relation Theory）（1961 年）、马斯洛的需求层次理论（Hierarchy of Needs Theory）（1954 年）、弗雷德里克·赫茨伯格（Fredrick Herzberg）的双因素理论（Two Factor Theory）（1959 年）和克瑞斯·阿吉里斯（Chris Argyris）的组织学习理论（Organizational Learning Theroy）。

（1）支持关系理论

伦西斯·利克特是美国教育家、组织心理学家，支持关系理论正是他的著名观点。伦西斯·利克特在《管理的新模式》和《人群组织：管理和价值》两本书中对支持关系理论进行了详细分析。在书中，伦西斯·利克特比较了两种领导方式：以人为中心和以生产为中心。通过分析，他认为，一个工商企业的领导，必须采取正确的领导方式，而这种领导方式引发的领导和下属的关系是双向的。领导者必须了解员工的需求，了解员工的愿望，并努力帮助员工实现愿望，让员工能在工作中体现自己的价值，借此更加努力工作。领导者的支持行为会让员工更加信任领导，能更加配合领导的工作。这就是双向支持理论的主要内容。

（2）需求层次理论

需求层次理论是由美国心理学家亚伯拉罕·马斯洛提出的。马斯洛是第三代心理学的开创者，主要研究的是人本主义心理学。在他的《人类激励理论》一文中，他提出了这个行为科学理论的重要观点，这一观点也被称作"基本需求层次理论"。马斯洛认为，人的需求可以分为5种，并且从低到高逐层升级。这5种需求分别是生理上的需求、安全上的需求、情感和归属的需求、尊重的需求、自我实现的需求。当然，这些需求并不是完全按照顺序实现的，而是可以根据实际情况改变。需求层次理论有两种具体观点：第一，需求是每个人都有的，在某种需求被满足后，下一个需求才会对人们产生激励作用；第二，存在多种需求时，人们首先会满足最迫切的那一个，在其得到满足之后，人们才会向着下一个需求努力。马斯洛还研究了需求层次理论的价值与应用。有其他学者认为，求知需求和审美需求也应当成为人的基本需求，但马斯洛表示，这两种需求可以被归类在尊重的需求或自我实现的需求中。在工商企业中，领导者可以对员工的需要进行相应调查研究，然后根据员工的需要，确定属于哪一个需求层次，进而对员工进行相应的激励。

（3）双因素理论

双因素理论，又叫激励保健理论（Motivator-hygiene Theory），是美国行为科学家弗雷德里克·赫茨伯格提出的。保健因素包括公司政策、管理措施、监督、人际关系、物质工作条件、工资、福利等。当这些因素恶化到人们认为可以接受的水平以下时，人们就会产生对工作的不满意。但是，当人们认为这些因素很好时，它们只是消除了不满意，并不会导致积极的态度。那些能带来积极态度、满意和激励作用的因素叫作"激励因素"，这是那些能满足个人自我实现需要的因素，包括成就、赏识、挑战性的工作、增加的工作责任以及成长和发展的机会。如果这些因素具备了，就能对人们产生更大的激励。从这个意义出发，赫茨伯格认为管理当局应该认识到保健因素是必需的，不过它一旦使不满意中和以后，就不能产生更积极的效果。只有"激励因素"才能使人们有更好的工作成绩。

（4）组织学习理论

阿吉里斯的组织学习理论与他的行动科学理论是密切相关的。组织学习理论的提出，是阿吉里斯对于组织变革问题的一种继续思考和研究的结果。阿吉里斯认为组织学习是所有组织都应该培养的一种技能。在《组织学习》一书中，他强调："优秀的组织总是在学习如何能更好地检测并纠正组织中存在的错误。组织学习越有效，组织就越能够不断创新并发现创新的障碍所在。这里所指的错误是指计划与实际执行之间的差距，错误可能出现在技术、管理、人员等各个方面。"

综上所述，这个时期的确是行为科学大放异彩的时代，作为延续泰勒科学管理思想的运筹学、决策科学在 20 世纪 60 年代逐渐淹没在行为科学的大潮中。人力资源管理在这个时期兴起，从研究人的需求、动机到激励，再到研究工作满意度、工作态度，人力资源管理在这个时期得到了充分发展，心理学家发挥着巨大作用，与工作有关的人格分析、心理测试都是当时的管理学研究主题，其中心理计量学发挥了重要作用。研究工商企业中的群体、组织已经成为当时的主流方向，大批社会学家、社会心理学家，还有经济学家也参与其中开展研究。总之，20 世纪 50—60 年代，管理行为学家的研究从倾向个体研究拓展到侧重群体、组织行为的研究。

2.3.3　从组织中的人到人的组织

美国 20 世纪 50 年代的富裕和安全，使得公司在 60 年代得到迅速发展和壮大，由于德鲁克所激发的"目标管理"似乎使公司的未来可以得到预见，从而战略管理得到了发展，但同时很快遭到了失败的打击。萧条的经济，动乱的社会，这是美国在 20 世纪 70 年代给世界留下的深刻印象。

20 世纪 60 年代中期，工业社会的秩序已经主宰了人们的生产和生活，系统科学的方法在一段时间内几乎成为组织研究的支配性方法。1966 年，丹尼尔·卡兹（Daniel Katz）和罗伯特·卡恩（Robert Kahn）将系统论首次引入组织研究中。随后，系统论一直是最有解释力的工具，此时组织被看作一个系统，要对组织组成的部分、部分间相互依赖的本质、连接并协调各部分的基本过程以及组织的目标做出解释。最重要的是，系统论使人们认识到组织是一个开放的系统，它总是处于一定的环境中，并与其保持互动。卡斯特和罗森茨韦格（J.E.Rosenzweg）认为，对组织的投入主要来源于环境，因而对组织的研究首先应从环境入手。由此，环境便成了组织研究的一个重要议题。对于工商企业而言，环境是指所有和企业发生社会经济关系的组织，无论是供应商，竞争对手，还是与之相关的社会制度、经济、文化、法律，都可视为环境，不同的环境对组织会有不同的要求。劳伦斯和洛奇认为，不同的环境对组织有不同的要求，特别是那些技术不确定和技术变化极快的环境，都蕴含着权变理论的思想。直到 1973 年，加尔布雷斯（K.J.Gablariht）出版了《设计复杂组织》一书，提出"信息加工模型"，权变理论正式诞生。书中有三个命题——针对管理理论的"不存在所谓'最好的'组织形式"、针对经济学的"任何组织方式都不具有同样的有效性"、针对权变理论本身的"最好的组织方式总是依据组织和环境的关系来确定的"——被认为是权变理论的经典命题。这种不确定性的权变理论影响极其广泛。

在"权变理论"和"目标管理理论"基础上，战略管理理论开始出现并迅速发展。20 世纪 60 年代初，美国管理学家钱德勒出版了《战略与结构》(1962 年）一书。书中对战略的定义、环境、战略与组织结构间的关系进行了创新性的分析，认为企业只能在一定的客观环境条件下才能得以生存和发展。所以企业要适应环境的变化，在分析环境的基础上制定战略、目标，以及与之相适应的组织结构，以便实现企业发展战略，从而构成环境—战略组织相互关联的战略发展思想。哈佛商学院的安德鲁斯教授于 1965 年出版了《公司战略论》一书，提出了工商企业战略问题，阐述了战略制定与实施的实际问题，他的著名的 SWOT 模型分析方法至今仍是人们进行战略分析的有力工具。组织行为学仍然关注与工作满意、工作态度、工作绩效方面有关的研究，只是也在一定程度上受到了权变思想的影响。

这种变革实际也是对顶层管理的职责进行重新界定的一部分。实施这种变革，是因为我们有必要用建立在"目标—过程—员工"基础上的领导哲学取代已经过时的"策略—结构—制度"学说。这种从"体制驱使"到"面向个人的管理"的转化，具有中枢轴心的意义，因为只有这样，才能使顶层管理者扩大自己的作用。正如我们所探讨的那样，他们必须从"确定策略"转变为"建立公司目标"，并从"确定机构框架"转变到"改进组织的工作程序"。

创立"人的组织"并不意味着剥夺这一组织的所有正式制度、政策和工作程序。不过，它确实要求管理顶层重新修正这些东西，好让他们抓住"人"这个环节进行管理。这种修正的作用主要体现在以下几个方面：第一，通过培养和部署关键人员来影响企业的发展方向，从而达到减少对策略计划体制的依赖；第二，通过促进个人价值观的发展和增进员工间的相互交流来鼓励自我监督，从而减轻控制机制给企业带来的负担；第三，通过与那些掌握了重要信息和专门技能的人进行个人交流，从而大大减少自己对信息系统的依赖。

这种变革废除了"策略—结构—体制"学说的核心信条，即要求管理者通过控制个性特征把风险减小到最低程度。今天，顶层管理者们意识到人们技能上的差异多样性和人的精神的不可预言性，使得主动性、创造性和创业精神成为提供发展的可能。公司领导人最基本的任务是通过公司的个性化来重新获得那宝贵的"人所特有的属性"。为此，他们必须采用一种建立在目标、工作流程和员工结构基础上的新型管理哲学。

2.3.4　从过程管理到战略管理

安索夫精心设计的战略管理的确威力很大，它使得管理成为一种正式职业，大量经理人应运而生，所有人都在关注研究大企业的结构与未来的发展，"巨无霸"式的大企业成为人们追逐的理想。[1]可是，随着企业规模的扩大，在环境因素也越来越复杂多变的情况下，这种将战略理解成以分析为导向的决策方法很快就使管理者感到力所不从，寻求新的管理理念和方法变得极为迫切。20 世纪 70 年代中期的美国遭受严重的石油危机，进入 80 年代以后，世界经济从第二次世界大战以后的短缺进入过剩，顾客需求从标准化进入个性化，同时第三产业崛起，在发达国家替代了第二产业成为国民经济的主推动力。早先管理大师们屡试不爽的管理方法开始落伍，甚至不再适用。技术进步和跨国公司的发展使得对管理专业人士的需求暴涨，MBA 取代了福特的黑色汽车成为大批量需求的"产品"。1979 年，美国国家广播公司以"如果日本能，我们为什么不能？"为题的节目，主要是针对美国工商企业的日渐衰落而制作的。哈佛商学院的海斯（R.Hayes）和阿伯纳斯（B.Abernathy）随后发表了颇具影响的《我们应对经济衰退的方式》（1980 年）一文。该文写道，15 年前，商家竞争的是价格，现在是质量，而将来则会是设计。他对刻板单调的商业活动分析进行了批评，称其全然无视人们对产品和服务所投入的情感因素。产品、服务或购买过程的质量现在已经发生了革命性的变化——对客户来说，这一因素在重要性上已经远远超过了价格因素，这种变化应引起足够的重视，利用非价格因素完善购物过程，利用非价格因素培养忠诚客户是可以实现的。

通过对人性的研究和对组织行为学的研究，人们认为在管理中应当也注意这些思

---

① 冯正虎.论安索夫的战略管理模式 [J].外国经济与管理，1988（01）：18-21.

想的应用。要想将企业发展壮大，首先要有足够的管理者；其次，管理者的决策要正确；再次，他们需要专注于本职工作。但实际上，很多管理者的大多数精力都用在了处理琐事上。有调查研究表明，¾ 的工人工作兴趣不高，工作压力很大，但他们又因为十分害怕失业而勉强自己一直工作。因此，组织行为学家开始寻找最好的方法，期望能够让管理层找到更好的领导方式，能够采取一定的手段激励员工，能够设计更合理的工作安排，让员工在工作中获得最大的满足感。

迈克尔·汉南（美）通过对组织的分析，创立了组织种群生态学理论。他在他的代表作《组织生态学》中强调了决策分析，把组织作为一个整体去分析研究，这也就是组织中心主义的进一步发展。过去，研究组织理论的学者们都把组织作为一个独立的个体去分析，在组织变迁中，他们看到的是一个组织代替了另一个组织。而汉南的组织生态学，认为组织变迁其实是组织本身对于外界的适应和进化。所以，组织种群生态学研究的就是组织自身适应和变迁的过程，因而其中还涉及市场竞争方式、战略、环境选择等研究内容。

西蒙创立了决策过程理论，他认为企业家在决策时经历了 3 个过程：搜集情报阶段、拟订计划阶段和确定计划阶段。他的这一理论经过心理学家的介入，取得了突破性进展。战略管理理论也随之产生。战略管理理论的代表人物是波特，他在这一专门领域中，研究了环境对组织的影响和组织对环境的反作用。波特的代表作是《战略管理》和《竞争优势》，他建立了 SCP（Structure-Conduct-Performance）范式和著名的"五力"分析模型（供应商的议价能力、购买者的议价能力、潜在竞争者进入的能力、替代品的替代能力、行业内竞争者现在的竞争能力）。可以说，这个时期，组织行为和组织理论的发展都非常迅速，管理学开始以战略管理为主要研究内容，其中竞争战略理论占据主导地位。

至此，管理学研究的主要框架已经日趋完整。我们可以清晰地看出，管理学的主要载体就是组织，与组织直接相关的两个学科是组织行为学和组织理论，前者关注的重点是组织中人的行为、态度和绩效，后者关心的是组织的设计和组织的结构。将组织及其环境综合考虑的学科是战略管理。这就相应地形成了管理学的三大支柱理论，即组织行为理论、组织理论和战略管理理论。

2.4　管理学进入现代

20 世纪 80 年代以后，尤其是 90 年代以后，知识经济悄然到来，全球经济一体化趋势增强，消费者需求呈个性化特征，市场竞争日益激烈，人们的可持续发展意识提高，人才需求取代资金与资源的需求，社会文化作用力度加大，企业工作方式发生变化，员工有了新的需求，管理手段不断更新，从而促使 20 世纪三四十年代形成的企业组织及其管理越来越不能适应新的、竞争日益激烈的环境。管理学界提出要在工商企业管理的制度、流程、组织、文化等各个方面进行全面创新。美国工商企业从 20 世纪 80 年代起开始了大规模的"企业重组革命"，日本工商企业也于 90 年代开始进行所谓的"第二次管理革命"。"唯一不变的是变化"，这是 20 世纪 80 年代后管理界的基调语言。由波特提出的"竞争优势"战略得到进一步发展，逐渐形成了以资源、能力为基础的战略思想，而这种思想的核心便是实施组织的知识管理（Knowledge Management，KM），由此，管理学经历了从 20 世纪 80 年代到 21 世纪初的"从组织变革到知识管理"的拓展。

2.4.1　从职能组织到变革组织

在组织发展理论基础上，组织变革已成为组织理论研究的主要议题。这个领域的研究建立在劳伦斯和洛奇有关"结构取决于环境"的权变理论基础上，并在这个基础上逐渐发展起来。随后建立起来的 3 个以社会学为基础的组织结构理论，即汉南（Hannan）和弗瑞曼（Freeman）的种群生态理论、迈耶尔（J.W.Meyer）和罗万（B.Rowan）的制度理论、帕弗尔（J.Pfeffer）和沙兰西克（G.R.Salancik）的资源依赖理论，都认为环境是组织结构的主要决定力量，而不是管理者主导了组织结构的变革。罗萨贝斯·坎特（Rosabeth Kanter）在《公司中的男性与女性》（1977 年）一文中，深入研究了工商企业内部的运作，她将工商企业视为意在改造个人，使之成为追求集体目标的小社会。哈姆布雷克（D.C.Hambrek）和马森（P.A.Maosn）提出了"高层梯队理论"（Upper Echelons Theory），激发很多研究者将该理论应用到高层管理团队的异质性与组织产出关系的研究中。

组织变革成为组织理论的主导，并与组织战略关系日益密切。随着科学技术的发展，全球经济一体化的步伐越来越快，国际国内的政治经济环境变化多端，工商企业的内部条件也随之发生变化，原有的组织结构再也无法适应环境的变化，所以"扁平化组织结构""网络组织结构""无边界组织""组织联盟""变色龙组织""虚拟组织"等大量有关组织的新名词在这个时代涌现出来，其中"企业再造理论"是这个时代最为时髦的词汇。值得注意的是，这些新式组织结构名词的提出无一不是与组织的生死存亡联系在一起的，即它们更侧重从战略的角度研究组织的结构、组织的流程。组织行为研究更趋向组织文化、组织承诺、工作设计的研究。坎特是这个时代比较瞩目的学者，她的《公司中的男性与女性》（1977年）一文在这个时代得到了强烈的认可，这被克雷纳誉为"人本的回归"。随着跨国公司的快速发展，组织冲突的实质体现为文化冲突，而组织文化是组织良性运作的润滑剂。[①] 组织成员的期望与实际情况的差异会导致组织的变革，由此研究组织承诺和工作设计也成为这个时代组织行为学者研究的热点。战略管理经历了以环境为基点的经典战略管理理论，以产业（结构）分析为基础的竞争理论也日趋成熟，以核心竞争力为基础的能力战略理论逐渐形成。钱德勒于1962年以"组织结构要适应环境的变化"这一基本论断奠定了经典战略管理学的基础，随后产生了安索夫的"战略设计"理论，曾经还创造了一段辉煌的历史。由于环境变化复杂多端，"战略设计"越来越无法适应工商企业的发展而继续创造成功，波特借鉴产业经济学理论创造了以产业（结构）分析为基础的竞争理论，使战略管理理论走出困境，掀起了新一轮高潮。在此基础上，更为深刻的以核心竞争力为基础的能力战略理论已经开始逐渐兴起。

现代组织，尤其是工商企业组织都是开放的社会技术系统，组织的运行即是与多重环境发生动态的相互影响的过程。每一个组织都有一个多层次、多因素、复杂多变的背景，组织想要维持和发展，必须不断调整与完善自身的结构和功能，提高在变化的背景下生存、维持和发展的灵活性和适应能力，即不断地对组织进行变革。工商企业和组织不是孤立存在的封闭性组织，它是与周围环境有着密切联系的开放性系统。客观环境在不断变化，工商企业和组织需要不断变革才能适应新的情况和要求。组织变革的目标，主要在于实现组织结构的完善、组织功能的优化和组织成员满意度的提高。

总之，在这个时期，本已建立完好的职能组织开始塌陷，战略组织开始兴起。

2.4.2 从组织管理到知识管理

20世纪90年代以后，不少通过多元化经营形成的大产业开始出现问题，多元化

---

① 江黎.浅谈组织管理中的良性冲突[J].人口与经济，2007（S1）：98-99.

的热潮也开始消退。随着全球经济一体化进程的加速，工商企业经营环境的不确定性日益增大，产业边界日益模糊，产业结构的稳定性日益下降，工商企业的竞争优势越来越难以持续。沃纳菲尔特（Wernerfelt）的《企业资源基础论》（1984 年）中提出资源基础论，他把工商企业看成是有形资产与无形资产的集合体，其核心思想是工商企业的成功和竞争力来源于工商企业独特资源与在特定竞争环境中这些资源的配置方式；他用资源与能力的差异解释工商企业的自身优势与效益的不同。1990 年，普拉哈拉德和哈默的《企业核心竞争力》一文更突出地表明战略从强调工商企业环境、产业的战略向强调自身资源、能力的战略转化。①

组织理论中，最重要的就是组织进化论，其中，整合和创新成了组织进化论强调的重点，它表明知识和知识型员工的管理应当是重中之重。同时，组织经济理论和制度经济学理论也在组织进化论中发挥了巨大作用。它们的产权安排理论、委托代理理论和交易费用理论等，强化了人们对组织制度环境的研究，成为一个新的分支，为组织理论的研究创造了更多可能。组织文化理论、组织领导理论和组织认同理论则增强了非契约分析等方面的研究，并提供了一定的理论支撑。

之后，出现了核心竞争战略理论，它是一种以资源为基础而形成的理论。核心竞争战略理论假设不同的工商企业拥有不同的资源，如人力资源、知识资源、技术资源等，这些资源不能随意在企业间流动，只能在某一个企业中存在。依据这些资源，该工商企业获得了独特的能力，而且是其他企业无法复制的能力。核心竞争力主要指的是"积累性学识"，特别是企业内部资源配置的优化方式、不同生产技能之间的协调和技术流的结合等内容。企业战略管理的实现，也是以这些独特的核心竞争力为基础实现的。可以说，培养和发展企业组织的核心竞争力是一个企业战略管理能够实现的前提条件。

要培养组织的核心竞争力，离不开学习理论的发展。积累性学识是核心竞争力的主体，而核心竞争力就是要协调这些积累性学识，让它们能为企业的发展提供动力。普拉哈拉德和哈默认为，要想提高自身的竞争力，企业就必须能够以最快的速度和最低的成本塑造核心竞争力，以此获得独特的竞争优势。不断推出新产品，让企业能够快速占领市场，受到消费者的关注，就是企业核心竞争力的重要表现。核心竞争力是在企业多种要素的综合作用下形成的，其他竞争者很难模仿。可以说，学习理论培养了核心竞争力，核心竞争力又塑造了企业的竞争优势。

---

① 郑海航，徐炜. 第 23 章 21 世纪新环境下企业管理发展的趋势 [C]. 中国企业管理研究会. 东北老工业基地振兴与管理现代化，2005：237-251.

　　为工商企业创造竞争优势和持续竞争优势的关键就是利用企业所拥有的知识，对企业进行知识管理。知识管理是公司的一个正式、规范的流程，通过这个流程首先推断公司所拥有的何种信息能够对公司其他人有所裨益，然后设法使公司上下能够方便地获得该信息。在实践中，不同的组织机构采用不同的知识管理模式，但通常都包括以下步骤：创建最佳实践的信息库；在公司客户服务人员和产品制造人员之间建立信息沟通网络；建立正式的流程以保证在项目执行过程中所获得的经验教训能够传授给执行相似任务的同事。

2.4.3　管理学当前的前沿理论

（1）组织能力理论

　　组织能力（Organizational Capacity）：对于工商企业来说，组织能力是指开展组织工作的能力，是公司在与竞争对手投入相同的情况下，具有以更高的生产效率或更高的质量，将其各种要素投入转化为产品或服务的能力。[①] 组织能力包括工商企业所拥有的一组反映效率和效果的能力，这些能力可以体现在公司从产品开发到营销再到生产的任何活动中。精心培养的组织能力可以成为竞争优势的一个来源。

　　组织能力就是工商企业竞争力的 DNA（Deoxyribonucleic Acid，脱氧核糖核酸），它有以下几个特质：第一，它是独特的，每一家企业都有不同的组织能力；第二，不同的组织能力，也将局限或强化企业在不同层面的表现；第三，组织能力既然可称为企业的 DNA，它自然源于企业的内部。

　　迪士尼乐园的 DNA 在于它服务顾客的能力，而丰田本身几乎就是品质的代名词。没有一家工商企业能够拥有所有的特长，每家工商企业都有不同的 DNA，只要这些 DNA 够独特、比对手更强，它就能在市场上拥有一定的地位。但是这些 DNA 是如何建构出来的？组成这些 DNA 的元素是什么？为什么 3M 能够有源源不绝的创新能力？它是能被复制的吗？

　　建构或改造工商企业的 DNA（组织能力），需要同时在以下 3 个方面进行调整。

　　①员工的心态（Employee Mindset）：牵涉员工愿不愿做、如何调整他们的态度、如何培养企业的文化等问题。

　　②员工的能力（Employee Competence）：有时员工即使有意愿配合，却可能并不具备足够的能力，这时企业就应该从提供训练、提升能力着手。

---

① 邓坤礼.华为公司国际化拓展中的战略能力和组织能力构建探索 [D].上海：复旦大学，2010.

③员工的管理（Employee Governance）：即使员工有意愿也有能力朝企业的目标迈进，但相对地，企业的基础架构、流程及组织结构，却让员工的努力打折甚至看不出效果，最后也会让他们失去动力。

简言之，建构工商企业的组织能力，要靠上述三方面的相互配合，缺一不可，少了任何一个构面，都将会使所有的努力功败垂成。

（2）竞争优势与创新

竞争优势（Competitive Advantage）是一种企业的特质。只有竞争力强大的企业才有这种竞争优势。这种优势是独特的，不是所有企业共有的特质。竞争优势通常是存在于一些特定方面的。虽然竞争力是一种企业在市场上生存的综合能力，但是竞争优势并没有竞争力那么全面。竞争优势能使工商企业明显区别于其他企业。比如，某一企业的品牌具有独特的价值，顾客们购买它的产品在很大程度上是依靠其品牌魅力，那么它就可以依靠品牌来扩大市场。又如，某一些企业的新产品开发快，那么它的创新能力就比别的企业强，能很快占领市场。这种竞争优势不是自然形成的，很难用定量的形式表现出来，也无法被别人具体观察到，而是通过不断的钻研经营、思考研究得出来的。在市场竞争中，工商企业会依据它的竞争优势很快脱颖而出，并在不断的竞争中强化这种优势。

根据波特的竞争优势模型，竞争性战略采取进攻性或防守性行动，为企业谋求在行业内的防御地位，从而成功应对各种竞争力量，并为企业赢得超额投资回报（return on investment）。波特认为这种行业水准之上的绩效表现就是工商企业可持续的竞争优势的基础。

一般认为，竞争优势主要来自4个方面：一是产品成本和质量；二是企业拥有的特殊资产和专门知识；三是通过设置障碍来阻止竞争对手进入；四是借助更多的资源或者更大的投入在市场上挤垮竞争对手。

竞争优势基本战略类型有成本领先战略（Cost Leadership）和差异化战略（Differentiation）。通过扩大或收缩这两项战略，形成第三个竞争优势战略——聚焦集中战略（Focus）。

（3）文化多样性与组织行为

①组织文化。广义的组织文化是指工商企业在建设和发展中形成的物质文明和精神文明的总和，包括组织管理中的硬件和软件，外显文化和内隐文化两部分。[①]

[①] 　黎明.企业文化建设，国有贸易经济效益增长的推进剂[J].中国林业产业，2006（9）：28-29.

　　狭义的组织文化是指组织在长期生存和发展中所形成的为组织所特有的且为组织多数成员共同遵循的最高目标价值标准、基本信念和行为规范等的总和及其在组织中的反映。

　　具体地说，组织文化（Organizational Culture）是组织全体成员共同接受的价值观念、行为准则、团队意识、思维方式、工作作风、心理预期和团体归属感等群体意识的总称。

　　②组织行为。组织行为（Organization Behavior）是指组织内部要素的相互作用及组织与外部环境在相互作用过程中所形成的行动和作为。

　　组织行为的特点如下：组织行为是整体行为，不是组织成员的单独个人行为；组织行为的动机是根据这个组织建立的宗旨产生的，带有明确的目的性；组织行为的效果具有两重性；组织行为是全体组织成员共同活动的行为；组织行为是通过组织成员的个体行为来实现的，反过来又影响成员的个体行为。

　　组织行为的种类如下：第一，微观组织行为。微观组织行为是指组织内的某一个体或群体的行为。它包括个体行为，如态度、能力、人格、动机、压力、认知、学习等；人际行为，如沟通、领导、谈判等；群体行为，如群体决策、工作团队等；群际行为，如冲突、权力、政治活动等。第二，宏观组织行为。宏观组织行为是指所有组织成员作为一个整体活动时表现出来的行为，如组织结构、组织文化、组织变革、组织发展、组织学习等。第三，正向组织行为。正向组织行为，是指组织成员表现出来的一切利于组织目标实现的行为，如尽职尽责、遵守规章制度等。作为正向组织行为的一种特例，组织公民行为是指组织成员主动、自发、自愿地为组织的成功而付出额外努力的行为，如不计报酬加班、帮助同事完成任务、为公司成长献计献策等。组织管理者必须注意奖励、鼓励、保护正向组织行为，使其持续发生。第四，反向组织行为。反向组织行为是指组织成员表现出的所有阻碍组织目标实现的行为，如缺勤、偷窃、暴力、迟到、吸毒、欺骗等。组织管理者必须采取各种有效的惩戒措施抑制、消除或减少反向组织行为。

　　（4）组织知识管理

　　组织知识管理（Organizational Knowledge Management），是指把知识（信息）作为最重要的资源，把知识和知识活动作为企业的财富和核心，对信息的获取和传播、知识的学习和运用、知识的创新、知识的交换以及企业内部知识的共享和共享的结构、知识水平的提高进行管理，发挥员工和集体的智慧，在知识创新中谋求生存和发展。① 个人知识管理可以对组织知识管理产生积极影响，而组织知识管理的活动也可以让个人知识管理更有效。可以说，个人知识管理和组织知识管理之间的关系是相互促进，相辅相成的。

组织知识管理具有以下 4 个特点。

①高度市场化。组织知识管理需要根据市场的需求构建知识管理的框架，以应用性和实用性为知识的最基本要求。

②成本较高。在组织知识管理的过程中，需要投入大量人力、物力和资金，才能达到最好的效果。

③人员与技术有机融合。组织知识管理需要较高的技术水平，还需要充分发挥员工的主观能动性，让人员与技术有机地融合在一起，在进行开发与创新的过程中能获得最大的产出。

④高度信任。员工之间要高度信任，必须团结协作。对于知识要充分共享，营造和谐的工作环境，在保证企业商业机密不会泄露的前提下进行内部知识互动。

组织知识管理的构成如下。

①组织学习。要有效进行知识管理，必然涉及学习。换言之，个人与组织一方面必须学习如何进行知识管理；另一方面则应该继续学习，以延展知识的层面与深度。

②组织记忆。组织记忆（公司内存），是指在组织中建立知识库，以储存组织所累积的知识及其他知识资产，并促使这些知识资产增进知识密集的工作历程的效能与效率。

③持续转化个人知识为组织知识。组织若要有效进行知识管理，则要先充分掌握并汇集组织人员的知识，进而将之转化为组织知识。

④发展组织创造知识的能力。所谓"组织知识创造"，是指组织整体创造新知，将新知传播至整个组织，并将之融入组织产品，服务于系统的能力。组织在组织知识创造过程中所扮演的角色是提供适合的情境，以利于团体活动及个人层次的知识累积。

⑤建立知识管理团队。组织知识管理的推动需要有专门人员，因而有必要在组织中建立知识管理团队，以负责知识管理在组织中的运作。知识管理是一种群策群力的过程，需要全体组织成员的积极参与，方能竟其功，进而收其成效。

⑥促进实践社群的知识活动与互动。知识通常是由非正式、自行组成的实务人员

---

① 李建民，周响云．知识管理在学校中的应用 [J]．江西教育，2008（34）：29-29.

网络增进与生产的。管理知识的首要工作并不在于科技的改变，而在于社群（社区）的发展。

（5）组织创新与绩效

①工商企业组织创新。工商企业组织创新（Enterprise Organizational innovation），是指随着生产的不断发展而产生的新的企业组织形式，如股份制、股份合作制、基金会制等。换句话说，就是改变工商企业原有财产组织形式或法律形式，使其更适合经济发展和技术进步。[①]

通过重新对工商企业内部的各种要素资源进行配置，可以提高管理水平来实现管理效能的增加，这就是工商企业组织创新的基本内容。工商企业组织创新的具体方式主要有：利用新的管理机制、新的用工制；实行企业兼并或战略重组；对公司高层管理人员实行聘任制和选举制；合理调整企业人员的职位。

创新企业组织形式的目的是建立符合现代经济发展规律的企业制度，做到产权清晰，权责明确。要综合考虑企业的经营发展战略，结合企业未来的经营方向和经营目标，策划如何对工商企业进行组织创新。要不断研究各项要素资源的优化配置，同时让人力资源管理更加有效。要重视价值形态管理，注重资本的积累和资产的经营，重视实物管理。

组织创新的主要内容就是要全面系统地解决工商企业组织结构与运行，以及工商企业间组织联系方面所存在的问题，使之适应企业发展的需要，具体内容包括工商企业组织的职能结构、管理体制、机构设置、横向协调、运行机制和跨企业组织联系 6 个方面的变革与创新。

②组织绩效。组织绩效（organizational performance），是指组织在某一时期内组织任务完成的数量、质量、效率及盈利情况。组织绩效的实现应在个人绩效实现的基础上，但是个人绩效的实现并不一定保证组织是有绩效的。如果组织的绩效按一定的逻辑关系被层层分解到每一个工作岗位及每一个人的时候，只要每一个人达到了组织的要求，组织的绩效就实现了。

组织绩效评价是管理者运用一定的指标体系对组织的整体运营效果做出的概括性评价。通过有效的评价可以揭示组织的运营能力、偿债能力、盈利能力和对社会的贡献，为管理者和利益相关者提供相关信息，为改善组织绩效指明方向。

组织绩效的评价需要选用一定的指标，指标作为衡量组织绩效的标准，其本身必

---

① 张世益.企业组织创新研究——熵和耗散结构理论[C].中国标准化协会.第十届中国标准化论坛论文集,2013：581-583.

须体现对组织管理的综合要求。从组织的发展过程来看，一个有序的评价反馈系统对组织的生存和发展起着至关重要的作用。然而，困难的是，从不同的角度评价组织绩效会产生不同的标准。

（6）团队学习

团队学习（Team Learning），是指一个单位的集体性学习，它是学习型组织进行学习的基本组成单位，便于单位成员之间互相学习、互相交流、互相启发、共同进步。团队学习是发展团体成员整体力量与实现共同目标的过程。团队学习对组织与个体来说是双赢的选择，也是双赢的结果。

团队学习具有两个特征，即团队目标一致与知识共享。

个人目标与团队目标一致，是团队学习的基本要件。在实际运作中，个人目标是无法否定和抹杀的，但个人目标如果最大限度地与团队目标一致，则会推进团队学习的进程。另外，知识共享实质上是内部交易的过程。只有通过知识共享，才能互通有无，共同提高。如果没有知识共享，团队学习只能是一句空话。

团队学习可以促进个人成长。由于个体间差异的存在，每个人都可以发现自身的比较优势。团队学习可以有效发挥队员个人的比较优势，达到团队内部的互助。同时，团队学习能使团队智慧融入个人化理念中，以不断适应新形势下开展业务的工作需要。可以免费享用别人的工作技巧和有效方法，更可以展示自己的理解和独特设想，接受别人的启发和灵感。

团队学习有利于提高团队核心竞争力。团队核心竞争力不仅仅是个人的核心竞争力的简单累加。为了促进团队核心竞争力矢量叠加，必须开展团队学习，提倡知识共享。同时，团队中人人都可以找到个人核心竞争力发展的支撑点，营造互信和无缝配合的一种氛围。

（7）企业增长理论

在熊彼特理论研究的基础上，安蒂思·潘罗斯（Edith Penrose）从经济性角度研究了企业内部活动，创立了企业增长理论。他将他的思想记录在《企业增长理论》一书中。他认为，要对工商企业的各种行为进行研究，就必须研究企业内部的动态活动。

潘罗斯构建了工商企业的分析框架。以此来揭示工商企业成长的内在动力。这一框架涉及 3 个方面的内容：企业资源、企业能力和企业成长。潘罗斯认为，工商企业是一个综合资源的集合，其中包括人力资源和物力资源。企业只有正确应用它的内部资源，才可以实现健康长期可持续发展。他在《企业增长理论》中的观点引发了人们对于新古典经济均衡论的重新思考。他说，使工商企业增长的内部因素中肯定存在着某种力量，而这种力量又在另外一些方面限制着企业的成长。这一结论与新古典经济均衡论相差甚远。

潘罗斯提出了"生产性机会"（the Productive Opportunity）这一观点。生产性机会限制着工商企业的各种生产活动。在这中间包括主观的生产性机会和客观的生产性机会。主观的生产性机会属于企业家的想法。他们哪些事可以做，哪些事不能做，决定着企业会做哪些事，不做哪些事。潘罗斯认为，一些因素决定着主观性生产机会的性质和限度。客观性生产机会是指外界客观环境对于企业生产活动的限制和影响。企业增长理论就是对企业生产性机会产生变化的考察。研究企业增长理论就是要研究哪些因素影响了企业的生产机会，影响了工商企业的生产活动，借此推动企业的发展或限制企业的发展。另外，影响工商企业生产机会的因素也会随着企业的不断运行而发生变化。潘罗斯认为，工商企业内部的各种资源就是这些关键因素之一。他认为企业家的个人能力、企业运营和企业内部资源等，都影响了企业的发展预期（expectations）。

在西方经济思想史的发展历程中，潘罗斯的贡献是十分巨大的。他是第一个强调企业内部知识创造对于企业有重要影响的人。他认为，企业的发展离不开知识。其中，潘罗斯又把知识分成了客观知识和经验知识。客观知识独立于人的思想之外，是可以通过载体来传递的，比如书籍、语言。经验知识却是无法通过这些途径来传播的知识。经验知识与人本身紧紧结合在一起，它对人的影响是潜移默化的。同时，工商企业是由一个个的人组成的，这其中会存在很多有经验的个人，只有这些个人结合在一起才能出现团队。这些人身上的经验知识聚合在一起，产生了企业的知识。企业的知识中也包含管理经验，企业可以根据这些管理经验来帮助自身创造更多的生产性服务，促进企业的扩张和发展。

（8）核心竞争力理论

工商企业的核心竞争力就是企业的决策力，它包括把握全局、审时度势的判断力，大胆突破、敢于竞争的创新力，博采众长、开拓进取的文化力，保证质量、诚实守信的亲和力。

核心竞争力的内容构成如下：

①具备创新的技术。工商企业是否具备创新技术往往对其发展有着决定性作用。技术创新要求实现的是产品的功能性、独特性及超越行业平均水平的尖端性。这种优势的技术，会为企业带来超过普通企业的客户关注度及市场广泛度。

②具备创新能力的人才。即便是信息时代，各种智能化设备的出现大大降低了对人力资源的要求，但是具备创新能力的人才依旧是这个时代不可多得的财富。因为创新技术，最终也必须由有创造才能的人才来完成开发设计。所以，在一个工商企业中，创新人才始终是一个企业能否引领行业潮流最重要的因素，是企业构建核心竞争力的必要条件。

③优秀的企业文化。企业文化，同样属于抽象意识的范畴，与一些生产要素相比，企业文化的价值往往很难被评判，尽管如此，在现代化的工商企业制度中，企业文化的地位却是被普遍认可和尊重的。这是因为，一个工商企业的文化内涵，影响着企业的管理工作、人才队伍建设的水平等较为具体的方面。当前，一个工商企业是否具备优秀的文化，已经不再是企业内部员工重视的问题，越来越多的消费者在选择产品时，会考虑企业的文化。这是因为，一个有着优秀文化内涵的工商企业，它会在社会责任承担、质量安全等方面获得消费者的信任，这是工商企业建设重要的软实力。

④品牌影响力。品牌是市场竞争加剧的产物，越来越多的工商企业重视品牌战略的打造。在商品高度趋同的今天，消费者已经很难从使用价值的层面来判断究竟哪一种产品是能满足自己需要的产品，使用价值已经成为一种较低层次的需求。品牌是一个企业的产品区别于其他企业产品的重要标志，它也是表示企业文化、价值、特色的符号。在现代社会，品牌影响力意味着财富的积聚程度。拥有广泛影响力、口碑良好的品牌对企业的发展有着至关重要的作用。品牌的建立是一条漫长积累的道路，但是毁灭品牌却是朝夕之间的事，所以品牌影响力的打造，需要企业长期的坚持。

（9）人本管理

以人为本的管理，简称人本管理。人本管理思想产生于西方 20 世纪 30 年代，真正将其有效运用于工商企业管理，是在 20 世纪六七十年代。可以说，人本管理思想是现代工商企业管理思想、管理理念的革命。我国企业界已经开始接受这一先进理念，并将其运用于管理实践。

①人的管理第一。工商企业管理，从管理对象上看，分为人、物及信息，于是工商企业管理就具有了社会属性和自然属性两种特质。企业的营利性目的是通过对人的管理，进而支配物质资源的配置来达到的。基于这种考虑，工商企业管理就必然是也应该是人本管理以及对人本管理的演绎和具体化。

②以激励为主要方式。激励是指管理者针对下属的需要，采取外部诱因进行刺激，并使之内化为按照管理要求自觉行动的过程。激励是一个领导行为的过程，它主要是激发人的动机，使人产生一种内在动力，朝着所期望的目标前进的活动过程。

③建立和谐的人际关系。人们在一定的社会中生产、生活，就必然要同其他人结成一定的关系，不同的人际关系会引起不同的情感体验。人际关系，会影响组织的凝聚力、工作效率、人的身心健康和个体行为。

实行人本管理，就是为了建立没有矛盾和冲突的人际和谐，达成企业成员之间的目标一致性，以实现企业成员之间的目标相容性，形成目标期望的相容，从而建立和维持和谐关系。

④积极开发人力资源。人力资源开发是组织和个人发展的过程，其重点是提高人的能力，核心是开发人的潜能，所以说，人力资源开发是一个系统工程，它贯穿人力资源发展过程的始终。

工商企业从事生产经营活动，需要具备两个基本条件：一是占有资金；二是拥有掌握专业技能从事管理和操作工作的人员。两者之间，人的因素更为重要。人力资源的核心问题，是开发人的智力，提高劳动者的素质。所以说，制定和实施人才战略，是工商企业实现发展战略的客观要求。

⑤培育和发挥团队精神。能否培育团队精神，把企业建成一个战斗力很强的集体，受许多因素的影响，需要有系统配套的措施。

第一，明确合理的经营目标。我们要有导向明确、科学合理的目标，而且必须把目标进行分解，使每一个部门、每一个人都知道自己承担的责任和应做出的贡献，与企业总目标紧密结合在一起。

第二，增强领导者自身的影响力。领导是组织的核心，一个富有魅力和威望的领导者，自然会把全体员工紧紧团结在自己周围。

第三，建立系统科学的管理制度，以使管理工作和人的行为制度化、规范化、程序化，这是生产经营活动协调、有序、高效运行的重要保证。

第四，良好的沟通和协调。沟通主要是指通过信息和思想上的交流达到认识上的一致，协调是指取得行动的一致。

第五，强化激励，形成利益共同体，即通过有效的物质激励体系，形成一种荣辱与共、休戚相关的企业命运共同体。

第六，引导全体员工参与管理。企业吸引每一个员工直接参与各种管理活动，可以使全体员工不仅贡献劳动，而且还贡献智慧，直接为企业发展出谋划策。、

2.5　工商管理学科在中国的发展历程

工商管理学科在我国的起步和发展较晚。20 世纪 80 年代初，中国才有期刊上出现了"工商管理学院""工商管理学校"的介绍。20 世纪 90 年代，中国才出现了"工商管理"学科这一概念。虽然我国的工商管理学科起步较晚，但发展十分迅速。改革开放 40 多年，工商管理学科随着我国经济的迅速发展，也不断扩张。在糅合西方先进工商管理思想理论的基础上，结合我国的实际国情，具有中国特色的工商管理理论开始出现。

2.5.1　工商管理学科的研究现状

改革开放以来，在建设社会主义市场经济体制的目标下，中国的工商管理学科取得了长足的进步，一大批高水平的学术论文和专著相继面世，对深化中国工商管理学科的理论和实践研究及其传播起到了积极的促进作用。中国工商管理学科的发展已经取得了不错的成绩。

第一，学科发展的组织和资源基础有所改善。1991 年，中国开始设立工商管理硕士教育；1997 年国务院学位委员会在修订研究生学位体系时单独设立了"管理学"门类，并设了"工商管理"二级学科；2000 年，国家自然科学基金委员会管理科学部设立了工商管理学科组。这些举措构成了中国工商管理学科发展的里程碑，经过一段时间的运行，在积累了一定的经验后，工商管理学科在 21 世纪得到了迅速发展。

第二，工商管理学部分分支学科取得了比较好的学术产出，总体学科布局初具雏形。较之 10 年前的萌芽状态而言，经过国家自然科学基金委员会的持续资助，工商管理学研究的整体布局已初步形成，各分支学科的研究水平均不同程度地取得了提高，初步形成了一支稳定的研究队伍；有些分支学科已经具有了比较坚实的研究基础，如工商企业运作管理，长期以来关注的学者比较多，学术成果的产出也很丰富，如果持续获得科学基金资助，其研究水平就有可能在未来 5 ~ 10 年内达到国际前沿水平。

第三，中国工商管理学者具备研究中国问题的"本土"优势。所有工商管理活动都是"情境"依赖的。中国处在经济体制转轨的特殊时期，期间出现了种种独特的管理现象，这是别的国家很少或从未出现过的，为学者们的研究提供了绝佳的素材。虽然很多国外学者对中国管理问题产生了浓厚的兴趣，但中国的学者谙熟本土文化、历史和体制，如果能辅以规范化的研究方法，将不仅在发展具有本土意义的管理知识方面，也会在发展全球管理知识体系方面做出原创性的贡献。

当前的工商管理学研究面临的难题，其他管理学科也存在相同的情况。工商管理学研究的方法比较单一落后，不能很好地同国际工商管理学发展对接，主要存在以下4点问题。

第一，学科研究的深度不够，而且与其他学科的研究没有相互联系。

第二，学科研究基础差，基础资料和案例缺乏积累，在研究时没有足够的资料可以参考。

第三，学科发展支撑环境不足，当前主要是由高校来承担工商管理学科的研究任务，缺乏社会性的工商管理学科研究团队。

第四，创新动能不足。学科的研究缺乏创新性，人们在研究工商管理学科时没有足够的创新动力。

当前，影响工商管理学科发展的主要原因有以下5点。

第一，我国的工商管理学科发展起步较晚，无法同国外几百年的发展相比较。我国的工商管理学科基础较弱，大多数研究是建立在国外研究的基础上的，缺乏足够的原创性成果。这一状况在未来很长一段时间内仍将制约着我国工商管理学科的发展。

第二，我国缺乏足够的工商管理学科研究力量。国外研究工商管理学科的大部分是一些管理咨询公司，它们通常接受其他企业的咨询任务来解决实践中的具体问题，因而不用将绝大部分精力和资源投入基础学科的研究上。对于我国来说，受到总体经济水平和学科发展现状的制约，很多研究任务都是由高校来组织进行的，缺少民间研究团队的加入。另外，高校在研究工商管理学科的过程中，大部分时间是在高校实验室进行的，并没有太多的时间深入企业，因此没有足够的实践管理经验，不能很好地将理论与实践相结合，研究的进度也受到影响。

第三，学科的研究规范体系尚须进一步完善。在研究方法上，目前尚未完全形成规范研究的浓厚气氛，大部分研究依然单纯采用"思辨"的方法，没有更多地综合采用实证、实验、演绎等科学方法。大胆假设有余，小心求证不足，造成了研究结论推敲不足，无法或较难与国际学术界接轨；在研究的思维模式上，部分研究者受中国的传统文化影响，片面地倾向于"整体"思维，往往偏好进行"概念的制造和整合""理论框架的建立"等空泛的研究，这种大而空的研究习惯严重影响了工商管理科研水平的提高；在学术评价标准上，高校的管理体制还存在弊端，教师业绩考核方式的不当也引发了一些短视功利行为和学术浮躁情绪，造成学术界陷入低水平竞争的怪圈。

第四，学术界对研究对象的边界共识度不够。中国当前还处在经济体制转轨的阵痛期，各项制度和法律正在不断完善，以适应市场经济的需求，而全球经济一体化的趋势正在加剧，工商企业微观组织活动的环境在不断变化，造成了工商管理学科研究所依据的某些基本前提模糊不清，研究对象的边界共识度不强，从而加大了研究难度。

第五，基础性工作尚须完善。对于很多学科的基础性工作，部分学者和管理者都不重视。对基础性工作的投入不够，没有足够的案例和数据对后续的工商管理学科发展研究打下基础。同时，没有足够的可以实现数据和信息交流的平台，部门研究的成果只在部门内部交流，无法跟外界思想进行沟通碰撞。数据的分割和封闭在很大程度上是由于体制的限制而导致的，这同时也让相关知识成为"寻租"的工具。同时，计算机技术等在技术上的落后也导致了基础建设不利的情况。

2.5.2　工商管理学科的演进趋势

（1）普通工商管理学科的演进

普通工商管理学（或称为工商管理学概论）是整个工商管理学科的基点或核心，其地位类似于语言科学中的普通语言学、心理科学中的普通心理学，探讨工商管理活动的一般性问题，如工商管理活动的特征和职能、类型和过程、目的和手段、方法和原则、实施体制和机构等。中国出版了多部《工商管理学》教材，许多高等学校开设了面向各类工商管理类专业的管理学课程。20 世纪 60 年代，国内出版了第一批工商企业管理学教科书。1963 年，中国人民大学工业经济系李铁城编写出版的《工业企业管理纲要》及中国科学院工业经济研究所马洪等编写的《中国社会主义国营工业企业管理》等是我国最早的工商企业管理学的代表作。通过中国国家图书馆馆藏目录检索，以"工商管理学"图书为检索项，共检索到约 110 条记录。中国最早出现的工商管理学图书是 1982 年的《工商信贷管理学》，本土文章第一次出现是在 1985 年。这些图书大多只涉及经济管理或工商企业管理，远未涵盖工商管理活动的各个领域，还不是真正意义的普通工商管理学。工商管理科学作为一个包含众多学科的学科门类，必须有一个联系各门分支学科、边缘分支学科的交汇点。普通工商管理学就是这个交汇点。中国的工商管理学工作者应当通力合作，从工商管理、经济管理、行政管理、教育管理、科学技术管理等各个角度向普通工商管理学这个交汇点收敛、聚焦，为创建和发展具有中国特色的普通工商管理学做出应有的贡献。

（2）适合中国国情的本土化演进

随着我国经济的逐渐发展，工商管理学科的研究也越来越受到重视，而且受西方现代工商管理思想的影响，中西方工商管理思想开始融合。实践证明，这种融合将长期存在并继续深化。要想建立起中国特色的工商管理理论，就必须坚持中西结合，互帮互助。中国工商管理学科的专家学者需要思考如何让中国国情与西方工商理论结合在一起，寻找一种合适的工具，让中西方工商管理思想在融合的同时，不盲目遵循西方规律。这是一个长期课题。中国学术交流会已经开始对中西方工商管理思想融合开展了研究，人们相信中西方思想最终会走向融合，它们之间的界限也会逐渐消除，共同为世界工商管理领域的人服务，共同促进社会发展进步。特别是改革开放以来，中国经济飞速发展，社会环境日益更新，工商管理企业的数量和质量也大幅增加，通过多年的经验积累，很多企业已经有了属于自己的"初级"工商管理思想，成为国际知名企业，引发世界的关注。同时，各种企业也意识到国外先进工商管理思想对企业发展的重要性，纷纷引进外国先进管理思想学习，使得中国对现代工商管理思想体系有了更加深刻的认识。中国企业应当充分发挥本土优势，依托先进工商管理思想，结合本地发展实际，深入研究自身问题，发展具有中国特色的工商管理理论；同时，对优秀工商管理实践案例进行总结推广，让更多的企业受益，提高中国企业在世界市场的竞争力。通过不断的创新和发展，相信中国在全面深化改革的道路上一定会逢山开路、遇水架桥，解决自身出现的问题，并将中国思想推向全世界。

（3）工商管理学科体系自身的边缘渗透与分化

实践是理论发展的动力，工商管理学科要想发展也需要不断地进行实践。从当前来看，工商管理学科已经分成了多种分支学科，并且还有可能进一步分化成更加细致的分支学科。这也是工商管理学发展的一个趋势。当前，随着我国社会经济活动的愈发复杂，经济结构也在逐渐发生改变。工商管理学要想继续发展，就必须解决更多的现实发生的新问题，比如共享体系的建设和管理、学习型组织的建设、虚拟企业、人力资本管理等。这些新兴的产业都将引导着工商管理学的变革。在复杂的市场经济环境中，工商管理学科的整体发展将不断受到新的分支学科的影响。只有不断地适应社会需求，工商管理学才能真正发挥其作用，造福社会。

工商管理学科在当前的环境下十分适合发散式发展。因为研究工商管理的学者众多，他们来自不同的学科、不同的专业，也具有不同的社会实践经验，随着分散式的发展，工商管理学科的分支学科将会越来越多，越来越细。它的研究范围也会越来越广。在现有的分支学科和边缘分支学科的覆盖下，更多的学科生长点将会出现，有利于学科的进一步发展。

（4）工商管理学与相关学科的渗透与融合

工商管理学科本身就是一门综合性的学科，其发展除了工商管理实践的创新和社会需求的不断推动之外，另一个重要的推动力就是与其他相关学科的交融发展，其中经济学、心理学、社会学、数学等学科发展的最新成果都在管理学研究中得到了运用。这些与工商管理学科密切相关的学科发展十分迅速，工商管理学不断借鉴这些学科发展的成果，表现出与这些学科发展更紧密结合的特征。

工商管理学是管理科学的次级子学科，自创生以来，一直同哲学、社会科学、数学、自然科学这些科学部类中的某些学科保持着密切联系，先后孕育出企业管理心理学、企业管理社会学、企业管理生态学、企业管理哲学等一系列边缘学科、交叉学科。如果说，学科之间的这种交汇融合过去主要表现为"内外交融"，那么，在工商管理学科已经建立了众多分支学科、边缘分支学科的背景条件下，更应关注工商管理学科体系中学科之间的"内部交融"。为了使工商管理学科更好地发展，一方面要继续促成工商管理学科与哲学、社会科学、数学、自然科学及系统科学、思维科学等之间的交汇融合，积极创建工商管理伦理学、管理思维学等"缺位"学科；另一方面，还要有意识地强化工商管理科学现有学科之间的交汇融合。从理论上来说，工商管理学科的现有分支学科、边缘分支学科都有可能进一步分化，建立起下一层级甚至更下一层级的分支学科。这种发展的根本动力，来自于对工商管理学科不断增长的社会需要。

总之，从工商管理学科产生和发展的历程中，我们不难看出社会生产力，特别是社会经济活动的发展是推动工商管理学科发展的最主要因素。21 世纪是以知识经济为特征的时代，在这样的经济形态中，管理思想、管理手段等都会与以前有很大的不同。因此，工商管理学科的发展必然加快，新的管理活动作为工商管理学科的研究对象的出现，将极大地推动工商管理学科的发展。影响工商管理学科发展的第二大因素主要是与工商管理学科相近的其他学科的发展，特别是系统科学、信息科学、决策科学和计算机、计算机网络等技术科学的发展，都将对工商管理学科的发展产生积极的作用。影响工商管理学科发展的第 3 个因素是随着经济全球化广泛、深入地推进而发生的各种管理思想、管理理论、管理实践之间的融合、借鉴，跨文化的管理理论将越来越受到重视。

第3章 应用型人才培养模式概述

3.1 工商管理专业课程设置体系

3.1.1 课程结构

通过对国内外工商管理专业课程设置的研究分析,笔者认为工商管理专业在培养学生时,课程安排通常由4个部分组成:普通公共课、学科公共课、专业方向课和任意选修课。可以说,这种模式支撑起工商管理人才能力的主要架构,即"2+3+4"模式。

(1)普通公共课

外语、写作、数学、计算机、体育和思想政治,都是普通公共课的重要组成部分。这些课程,对于学生来说是十分基础的技能课程,专业性并不强,因此适用专业比较广泛。

我国高校主要学习的外语是英语。在过去,高校培养目标是让学生能够顺利进行英文阅读和翻译,而在国际化程度越来越深的当前,越来越多的大学生毕业后需要掌握全面的听说读写的能力,才能去海外工作或学习。因此,英语口语和听力也成为高校英语教学的重要组成部分。学生在学习后,应该能做到"听说自如"。学生对于英文写作能力的要求也越来越高,因为海外工作需要英文邮件、短文、报告的正确书写。

过去很多大学不开写作课,学生在写论文、报告等文件时,写作水平较差,因而现在很多大学都开展了写作课。比如,美国麻省理工学院就要求所有本科生进行不止一门英文写作课的课程学习。又如,哈佛大学严格要求所有本科生必须选择英文写作课,除此之外的课程均可以为选修。对于国内的大学来说,大部分开设的是中文写作课,而不是单纯的大学语文,一方面,是为了培养学生的文学创作能力;另一方面,也是为了培养学生的公文写作能力,方便学生毕业后进入社会。中文写作课,绝大多数是为了提高学生的逻辑思维能力，能让他们在文章中清晰明了地论证自己的观点，而不是单纯增加文字的优美性。因此，课上主要教授学生如何写作论文、报告、总结等，阅读对象涵盖社会多个层面。

思想政治理论课也是高校普通公共课的重要组成部分。2019 年 8 月 14 日，中共中央办公厅、国务院印发的《关于深化新时代学校思想政治理论课改革创新的若干意见》中指出，"坚持党对思政课建设的全面领导，把加强和改进思政课建设摆在突出位置""坚持思政课建设与党的创新理论武装同步推进，全面推动习近平新时代中国特色社会主义思想进教材进课堂进学生头脑，把社会主义核心价值观贯穿国民教育全过程"，另外还要求"本科阶段开设'马克思主义基本原理概论''毛泽东思想和中国特色社会主义理论体系概论''中国近现代史纲要''思想道德修养与法律基础''形势与政策'"，这类课程也是通识类课程。

当前社会对人才的需求是多方面的，综合素质高的人才更受用人单位欢迎，工商管理专业教育也应当重视通识课程，培养高素质复合型人才，以适应当前经济发展对工商管理人才的需求。因此，高校应当合理开设普通公共课。

（2）学科公共课

学科公共课是工商管理教学的主要内容，只有通过学科公共课的学习，学生才能获得基本的工商管理能力，领悟现实商业环境。严格的工商管理学基本训练，是工商管理教学中必不可少的重要一环。在工商管理国际认证中，学科公共课也是必备项，因为它是培养合格人才的核心。因此，很多高校为了通过国际认证，开设了足够的工商管理学科公共课，如管理学、宏观经济学、微观经济学、财务管理、会计学、统计学、市场营销学、运营管理、管理信息系统、人力资源管理、企业战略管理等。

（3）专业方向课

专业方向课是工商管理专业特点和要求的具体体现，但国内高校在工商管理专业课程设置时，专业必修课的数量过多，专业选修课的数量较少。除此之外，很多学生在报考专业时，就已经确定了专业方向，入校后很少有转专业的机会。因此，很多学生对于所学专业并没有太大的学习兴趣。通过借鉴国际一流商科高校的教学经验，很多高校在进行工商管理学大类招生时，选择设置更多的专业选修课，让学生学习更有热情。学生可以在完成必修课程之余，通过专业选修课扩大自己的知识面，获取更多的理论与实践知识，以实现自己的理想。

（4）任意选修课

高校在设置任意选修课的时候，通常考虑的是社会的需求度和学生的兴趣度，一般为全校范围内开设的任意课程。学生在学习完专业要求的工商管理专业基础课程后，可以根据市场对人才的需求和自身兴趣选择适合自己的选修课，让自己的综合能力得到提升。任意选修课作为通识课程的重要组成部分，和普通公共课具有一样的技能性。

但在实践中，通识课程的设置往往产生了两个极端：或过于娱乐，或过于专业。部分高校认为通识课程只是为了扩大学生的眼界，所以增加了课程的娱乐性，但对学生综合素质的提高并没有太大帮助，因此，学生会轻视通识课。有的高校将通识课程作为专业课程的补充，没有对"通识"二字有正确的认识。对于这两种情况，应该及时予以纠正。首先，通识课（如音乐赏析）不应该只停留在娱乐层面；其次，通识课（如某些导论课）不应该是专业课的补充。有些高校为理工科专业开设法律通识课，这很明显就过于专业了。

那么，通识教育究竟应该开设哪些课程呢？这就要追溯到它原本的教育目标上了。当前，高等教育的目标是培养综合素质强、能适应社会需求的合格人才，这就需要将通识课程的核心限定在如何让人才脱颖而出上。通识教育是一种基础教育，地基的深度决定了楼房的高度。因此，对于学生来说，它起作用的时期远不止在校期间，更涉及学生毕业后甚至一生的成就。通识教育的重要性可想而知。因此，通识课程必须旨在培养学生形成正确的世界观、人生观、价值观，培养学生正确的思维方式。通识课程并不是"即可生效"的实用课程，它更注重的是学习的深度和系统性。

热点话题是通识课程的一个主要选择。因为通识课程涵盖的内容必须足够丰富，涉及的领域要足够广泛，而且不能以讲座的形式进行，因为讲座通常是不系统的，不能满足教学的需要。在高等教育中，可以在高年级开设以热点话题为内容的研讨选修课。例如，国外高校的通识课就坚持了基础性和覆盖面两个重要原则，如图3-1所示。

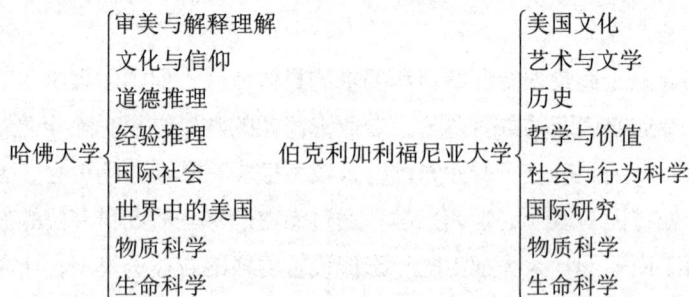

哈佛大学	伯克利加利福尼亚大学
审美与解释理解	美国文化
文化与信仰	艺术与文学
道德推理	历史
经验推理	哲学与价值
国际社会	社会与行为科学
世界中的美国	国际研究
物质科学	物质科学
生命科学	生命科学

图3-1　哈佛大学和加利福尼亚大学伯克利分校通识课对比

人文科学、社会科学和自然科学，是这两所学校对于通识课程的理解，技能型课程，如法律、管理，都没有被列入通识课中。

3.1.2　课程趋势

工商管理专业经过几十年的发展，其课程体系也进行了多种演变。当前来说，总共有 3 种趋势：一是加入了软技能开发课程；二是加入了社会责任；三是集合了多种学科。

（1）软技能开发

软技能指的是除了专业知识以外的技能学习，这些技能是不能直接通过书本来获得的，而是需要理论与实践相结合。软技能培养涉及的课程主要有商务谈判、领导力提升、人际沟通、人力资源管理、企业家精神、创业基础、组织行为学等多门课程，通过这些课程，学生可以提升其谈判能力、领导能力、人际沟通能力、创新创业能力、企业管理能力等。软技能开发课程在人才培养中也占据了重要地位，对于高校教师来说，此课程在教授中更加困难，很具有挑战性。比如，商业谈判课程中，教师需要与学生进行一对一实战训练，模拟出商务谈判的真实状态，才能帮助学生迅速提高。再比如，在教授领导力课程时，除了要准备相应的 PPT 和文字资料外，还需要组织好学习小组，让学生通过角色扮演来体验真正的领导需要哪些能力，让学生知道如何与上下级、如何与同事进行交流，提高自身的工作能力。对于用人单位来说，公司规模越大，内部结构和外部环境就越复杂，因而更加需要综合能力强、综合素质高的人才。特别是在当前世界经济不景气的情况下，用人单位对于人才的领导和沟通能力、危机应变能力等要求更高，因而培养具有软技能的人才对于工商管理专业来说尤为重要。

（2）社会责任

"穷则独善其身，达则兼济天下。"越来越多的大企业将社会责任放在了项目决策的核心位置。以招商银行为例，招商银行持续将企业社会责任（CSR）管理体系（见图 3-2）传导至各个部门与分支机构，将社会责任理念和对利益相关方的承诺转化为具体行动。招商银行在公益慈善、绿色金融、绿色运营、创新金融科技、保障客户权益、服务实体经济、发展普惠金融等方面履行了众多社会责任，获得了良好的效果。

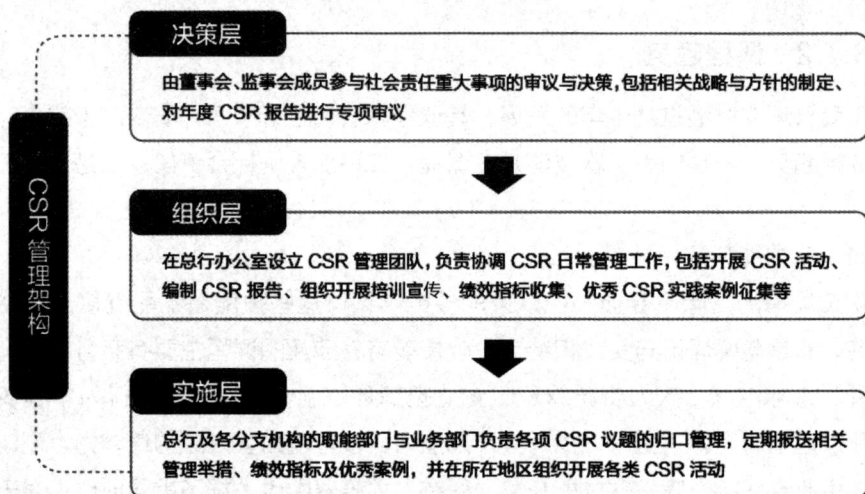

CSR 管理架构

决策层
由董事会、监事会成员参与社会责任重大事项的审议与决策，包括相关战略与方针的制定、对年度 CSR 报告进行专项审议

组织层
在总行办公室设立 CSR 管理团队，负责协调 CSR 日常管理工作，包括开展 CSR 活动、编制 CSR 报告、组织开展培训宣传、绩效指标收集、优秀 CSR 实践案例征集等

实施层
总行及各分支机构的职能部门与业务部门负责各项 CSR 议题的归口管理，定期报送相关管理举措、绩效指标及优秀案例，并在所在地区组织开展各类 CSR 活动

图 3-2　企业社会责任（CSR）管理体系

一般来说，企业在履行社会责任时，通常会经历 3 个阶段。第一个阶段是初级阶段。在此阶段中，企业履行社会责任时通常以慈善捐款、公益活动的方式进行。第二阶段是结合阶段。在这一阶段，企业会将自身业务与社会需求联系起来，将履行社会责任作为企业发展战略的一部分。第三个阶段是社会化阶段。在这一阶段，企业会通过履行社会责任，系统性地催化社会创新，让更多人加入其中。企业可以通过履行社会责任，通过分工合作来帮助企业解决自身问题和社会问题。这一过程中，社会创新也会受到推动。当前，很多企业已经通过建立自己的社会责任平台来联合更多的工商企业共同为社会服务。

（3）多学科集合

为了使工商管理专业的学生能够解决更多的综合性问题，工商管理学课程体系越来越向多学科集合演进，学生可以在学习通识课程的基础上，更专业地理解什么是工商管理。在进行国际企业课程学习的时候，教师可以通过让学生观看相关视频，了解其他国家在文化上与中国有什么不同，其他国家是否对全球化持欢迎态度。教师还可以通过角色扮演，让学生更多地考虑：如果你作为一个企业的管理人员，如何推进全球化？在这种专业课中，添加文化和管理的内容，可以让学生更综合、更系统地分析和解决问题。这种形式被加利福尼亚大学的彼得·纳瓦罗（Peter Nararro）教授称为"功能性竖井"（functional silo）。"功能性竖井"意味着工商管理学成为学科高度交叉综合的跨专业型学科。

3.1.3　国内高校工商管理专业课程设置的现状

为了适应越来越复杂的经济环境，越来越多的高校开始加快工商管理学教学的改革。高校认识到，只有培养出适合市场需求的人才，培养出具有领导能力、沟通能力和创新能力的学生，才可能让本校工商管理专业发展得更好。而当前企业需要的是具有综合管理能力，能够计划、组织、协调、控制企业事务的高级管理人才，这也给高校工商管理专业的发展带来了一定压力。下面列举了国内外 3 所高校的实践经验，作为高校工商管理专业发展的参考。

（1）西交利物浦大学西浦国际商学院

西交利物浦大学为了能融合东西方的优秀商科教育实践，在 2013 年成立了西浦国际商学院。当前，西浦国际商学院已经获得了国际高等商学院协会 AACSB 的认证。这是一个巨大的成就，说明西浦国际商学院已经成为世界一流的商学院。它是全球范围内合作办学的一个成功典范，它的办学经验十分值得国内高校学习。

西浦国际商学院中的工商管理专业课程涉及人力资源管理、金融学、会计学、营销管理、运营管理等，这些知识是非常全面的，能够帮助培养学生全面的商业管理技能。同时，西浦国际商学院还提供了丰富的必修课程和选修课程。可以说，它的人才培养目标和课程体系都非常明确而有效。

在课程安排上，西浦国际商学院的学生在入学初期，主要课程为基础课、语言课等基本技能。同时，学院还将学生分为不同的学习集群，学生可以根据自身情况选择适合自己的选修课。大一到大四的具体学习内容如图 3-3 所示。

国际关系
商务基础
实用化学
社会科学入门
计算机技能
实用化学
国际关系
中国与世界
莎士比亚文学
城市想象
生活核心技能
建筑展示与沟通

大一（选修课）

管理会计概论
市场营销基础
财务会计和会计责任概论
经济学原理
组织与管理学导论
定量分析法
人力资源管理
运作管理原理

大二（选修课）

西浦国际商学院工商管理专业

国际商务
企业理论
企业社会责任
金融学概论
实施商业案例
事业技能
商业法和劳动法

必修课

大三

服务营销
市场研究
国际发展
创业课程

选修课

毕业论文
战略管理
商业政策
心理决策方法
领导力
管理沟通

必修课

大四

营销战略
电子商务模式与战略
国际经济关系

选修课

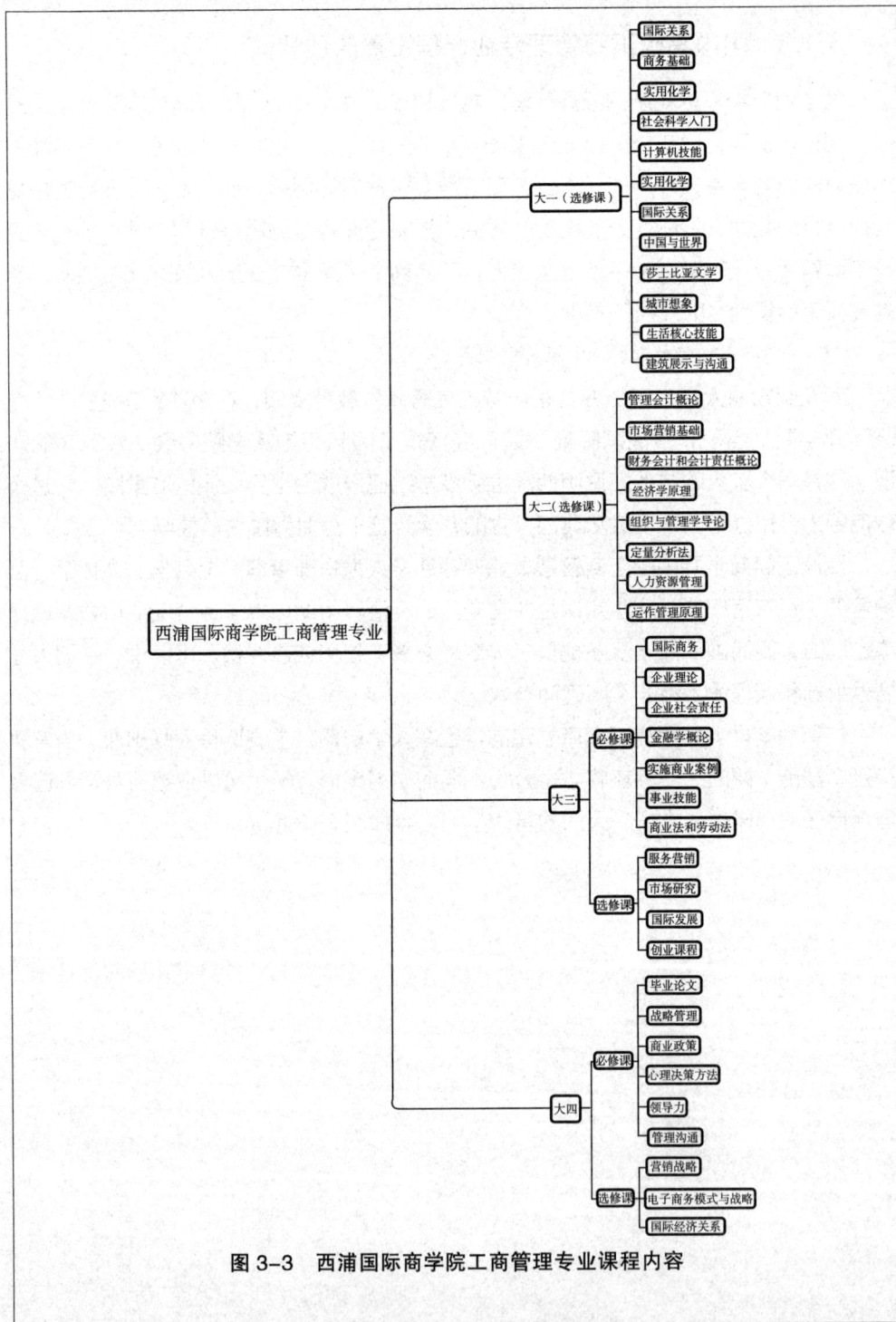

图 3-3 西浦国际商学院工商管理专业课程内容

从上面可以看出，西浦国际商学院在课程设置上非常广泛且全面，抓住了工商管理专业的核心内容，并设置了相应的必修课和选修课。国内高校也可以学习借鉴这一体系，以培养出综合实力强的优秀人才。

（2）上海财经大学商学院

上海财经大学（以下简称"上财"）经过多年研究分析，从 2011 年开始进行教学改革，开始借鉴国际一流商学院的运作模式和人才培养模式，在自身实力的基础上，实施新的本科生培养方案。在此培养方案中，上财通过分析国内人才需求情况，结合国外优秀高校的培养模式，在基本教学计划机构不做大变动的情况下，进一步发挥上财自身办学特色，加强了数理方面的知识培养。涉及的主要课程有计算机编程、经济管理、领导力提升、数学和统计分析方法、商业沟通等。通过系统的工商管理知识学习，学生可以获得更专业的培训和练习，进而成为优秀的工商管理人才。

对于工商管理专业来说，上财认为应当培养在数理能力方面有突出成就的学生，因此，其在公共课中将高等数学的学分调高了，并且为其开设了单独的习题课，让学生可以通过更多的联系来进行知识的巩固和加强。这种方式很受学生欢迎，它让学生通过学习高等数学或数学分析，获得了更高的数理素质。

另外，上财为了更好地区分经济学院和商学院的共同基础学科，开发了现代经济学学科基础课和商学学科基础课的不同平台。对于工商管理专业来说，需要学习数学知识（线性代数、数理统计）、经济理论（中级微观经济学、中级宏观经济学、政治经济学）、管理类知识（运营管理、信息管理）、金融理论（投资学、公司金融）等多个课程。通过这些课程，学生可以打下坚实的经济学理论基础，可以更好地运用学到的知识。

对于选修课，上财也十分重视。上财在原有商科平台课的基础上，精简了选修的专业课，同时增加了相应的学分。上财设计了 26 学分的选修课，其中专业选修课 9 分，其余为任意选修课。上财还开设了"商务沟通与领导力开发"这一选修课，目的是更好地提升学生的交流沟通能力和书面写作能力。这一做法是很多国外优秀商学院通过实践验证过的，收到了良好的效果。

（3）天津财经大学的实践

1980 年，天津财经大学成立了它最早的几个专业，其中就有企业管理专业，该专业属于企业管理系。这一专业十分受国家重视，在 1983 年就被确定为硕士点，在 1997 年成为招收工商管理硕士 MBA 点（全国共 56 所）之一。到了 1999 年，企业管理专业才更名为工商管理专业，在 4 年后被国家确定为博士点，2005 年被国家确定为一级博士授权点，并成为博士后流动站。至此，天津财经大学工商管理专业形成了"本—硕—博"多层次的专业人才培养体系，成为国家培养工商管理人才的重要支柱。

2016 年，天津财经大学在总体教学改革方案的指导下，针对工商管理人才的培养模式进行了调整，其中主要在课程设置方面进行了比较大的调整。天津财经大学在工商管理专业的必修课和选修课两类课程中，设计了先进的课程体系，包括三大类：通识教育、专业课和实践与创新教育（图 3-4）。

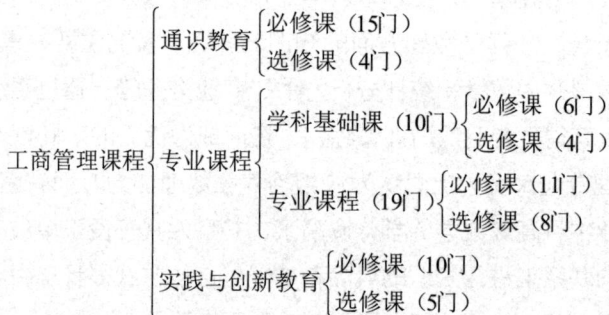

图 3-4　天津财经大学工商管理专业课程体系

天津财经大学这一创新的人才培养方式，全面提高了人才培养的质量，突出了对学生实践和创新能力的训练，是一次高质量的对于人才培养方案的修订。

此次人才培养方案的改革，体现了天津财经大学对于专业特色的深刻认知，它选择结合专业知识、能力、素质，以课程群为基础，重新规划了课程体系，丰富了现有的课程，学生通过学习，能够全面提升其综合素质，在未来的工作中，既能承担运营工作，又能承担营销工作。

通过学习天津财经大学工商管理专业全新的课程，学生在毕业后所获得的知识、能力、素质都能与工作直接关联起来，其中主要涉及的是工商管理学科专业知识、经济学知识、管理方法和分析工具、运营管理知识等。天津财经大学分别开设了管理学原理、运营管理、战略管理、人力资源管理、组织行为学、创新管理、公司治理、财务管理、市场营销、会计学等，还开设了微观经济学、宏观经济学、金融博弈论等经济学课程，还开设了线性代数、概率论与数理统计、微积分、运筹学等分析工具的课程。通过这些专业知识的学习，学生可以综合应用所学知识解决在企业中出现的各种问题，能够及时分析和开发行业和市场的信息，具有企业内部管理业务操作能力；同时，能够运用定量和定性分析方法进行决策。天津财经大学还开设了论文写作相关课程，这些课程对于学生在学习和工作中撰写论文、研究报告、调研报告等也具有非常大的帮助。

天津财经大学在保留原有学年论文、毕业实习、毕业论文的基础上，规范了现有的实践和创新教育课程体系，增设了关于专业学术训练的课程。通过学校人才培养方案的调整，学生们也学习了有关学术研讨、探究与创新、专业素养提升的课程。在经过这些课程的学习之后，工商管理专业学生的实践能力、创新能力和终身学习能力都获得了进一步提升。天津财经大学还增设了对于经典著作阅读、经典案例分析的课程，同时还不断研究科学前沿和管理热点，以课程群为载体，培养具有本校特色的专业人才，使得学生的理论素养和实践能力进一步提升。

3.1.4　教材体系

（1）专业基础教材体系

专业基础课程是为专业学习服务的。作为课程知识的主要载体，专业基础教材不仅要"厚基础"，更要注意与专业教材相对接。这就要求基础课教师去了解、学习一些相关专业知识，同专业课教师探讨其对基础课的知识体系、教学内容的建议，从而在基础课知识体系构建、教学时数的划分、教学内容的整合与衔接，以及教学方法的选择等方面可以避免盲目性，基础教材的对接功能才能充分实现。

应用导向是专业基础课程教材的另一个要点。在教材内容上具体体现在 3 个方面：①基本思想和方法的应用。重点培养学生运用基本思想和方法分析、解决中小企业管理中实际问题的意识和能力。②学科前沿知识在行业、技术基础方面的最新应用，以期保证时效性。③深度、难度恰到好处，不深究知识细节，更重视普及性、基础性和发展性，以帮助学生初步形成对相关基础课程学科的整体认识，重视学习能力的培养。

（2）实验课程教材体系

实验实训课程强调对真实职业应用情境的仿真或写实，强调职业规范与工作过程性知识、经验性知识的真实再现，帮助学生建立对真实职业环境的了解与把握，从而保证应用型人才培养目标得以实现。就工商管理专业而言，实验实训教材是一系列基础课教材的综合应用，其内容主要是与专业相关的综合性应用与设计性应用的实训，目的是根据专业技能与知识结构的要求，有针对性地整合专业系列技能对学生进行培养。典型案例的综合应用，把学生模拟放在企业管理人员的位置，让学生身临其境，达到实际应用操作的目的，使学生在步入社会之前就能从事社会上的一些实际工作，便于学生从"认识、实践、再认识、再实践"的过程中对理论知识进行系统理解。实验实训教材应克服传统的、单一的、抽象的教育模式的不足，使专业理论教育更加具体化，将学生学到的理论知识综合应用到一个实训系统中，从而提高其知识的综合应用能力和实际动手能力，因而更具有实用价值。

（3）专业课教材体系

具备专业知识和专业能力，是应用型人才的必备条件。专业课教材体系就是要帮助学生获得专业的知识、专业的能力，培养其专业的综合素质。因此，专业课教材体系是否合适，是应用型人才培养中的一个重要考量。应用型人才培养能不能达到目标，取决于专业课教学是否有效。在这之中，教材又是至关重要的一部分。因此，应用型人才培养需要选用专业理论与专业实践相结合的教材，应始终以提高学生专业素质为根本，培养学生解决专业领域实际问题的能力。因此，无论在教学中是否结合新科技手段（PPT、微课、慕课等），都应该着重解决的是实际问题，应当从专业的角度将理论与实践融合在一起，进而展开内容。

同时，在教材中，学科和产业中的前沿研究和应用技术都应当体现出来，能够让学生学以致用。同时，通过对专业案例的引进，不仅可以丰富课程内容，也可以帮助学生理解专业知识与实践的融合，形成针对性强的教学。当前我国市场中产业群发展较快，针对这一现象，学生可以学会如何把专业知识和能力运用在现实情境中，在毕业之后能迅速与用人单位的实际工作进行对接，适应用人单位对员工的需求。

3.2　工商管理人才专业能力要求

3.2.1　工商管理专业核心能力探析

在专业学习时，很多学生都不了解工商管理人员应具备的职业能力。因此，需要对工商管理专业的核心能力进行分析。总体来说，工商管理人员所具备的职业能力包含以下 8 个方面。

（1）马克思主义和中国特色社会主义科学理论知识，包括掌握马克思主义科学理论基础知识，掌握中国特色社会主义科学理论基础知识和基本原理。

（2）学科基础知识、基本理论及专业领域知识，包括 4 个方面：第一，工商管理学科专业知识和理论；第二，应用经济学专业知识和理论——微观经济学、宏观经济学、金融学等；第三，企业运营知识和理论——营销、财务、会计、运营等；第四，工商管理的管理方法和分析工具——运筹、统计等。

（3）知识应用能力，包括：具有综合应用管理学知识解决工商企业运营管理现实问题的能力，具有定量／定性分析管理决策问题的能力，具有企业内部管理业务操作的能力，具有行业、市场分析与开发的能力，具备综合运用专业知识和分析方法撰写学术论文、研究报告、案例分析或调研报告等的能力。

（4）学习能力，包括：掌握有效获取、加工、利用信息的方法，具有追踪本学科的理论前沿和发展动态的能力，掌握恰当的可拓展的学习方法与技巧，具备自主学习和自我提升的能力，掌握文献检索、资料查询的技巧与方法，熟练使用统计调研基本方法和软件的能力。

（5）思维能力，包括：具有战略视野和问题意识及多角度辩证提出见解的能力，具有逻辑推理、独立思考判断能力，具有创新思维及思维拓展能力。

（6）沟通与合作能力，包括：具有运用母语及至少一门外语进行阅读、会话、写作的语言能力，具有团队交流协作能力及策划、组织、协调能力。

（7）职业道德与社会责任感，包括：具有规则与法治意识，诚信自律；具有正确的伦理道德价值观，能够辨别道德问题并做出正确的回应；具有国家意识和文化自信；尊重世界多元文化，具有全球意识。

（8）健全人格和健康体魄，包括：具有积极健康的心理品质和调节管理情绪的能力；具有健康生活，提升自身运动方法和技能的能力。

以上这8个方面的能力直接影响了企业管理的水平，进而影响企业的长远发展，通过这些能力的学习，学生们可以在毕业进入工商管理企业之后，更好地适应工作岗位，为企业创造价值。

3.2.2　具体的职业核心能力

具体到工商管理专业的学生来说，哪些才是他们必备的职业核心能力呢？《国家中长期教育改革和发展纲要》指出，高等教育要优化结构、办出特色。结合目前的文献资料、企业岗位需求及各个兄弟院校的办学经验及办学特色分析，具体到工商管理专业的学生，其应具备的核心职业能力主要体现在以下几个方面．

（1）具备较强的管理职业能力

在工商专业的核心课程《现代质量管理》中一再强调，企业管理的本质在于尽早发现"不良"或"不善",运用管理知识及方法分析并改善这些"不良"与"不善",从而提高管理水平和管理效率。企业的整个生产过程大概可以分为研发、生产、采购、营销及人事管理等职能环节,作为工商专业的学生必须熟悉企业这些职能环节的组织协调、计划控制和辅助决策等方面的管理能力。

(2)具备复合型的知识结构

企业的创立与运作不仅需要专业的管理能力,还需要其他知识能力的配合,例如,把握国内及国际市场机会的能力、洞察国内外市场变化的能力、融资的能力、文案策划的能力等。

(3)具有一定的创新能力和可持续发展的能力

企业所面临的经营环境和国内国际政策风云变幻。企业为了生存与发展,须不断调整自己的经营战略与产品结构,以在激烈的市场竞争中求得立足与生存的空间。在这个调整的过程中也需要企业的员工及时跟上企业的调整节奏,适应调整后新的岗位的任职条件与要求。甚至要求员工在特殊情况下还能提出有创新性的理念及措施帮助企业不断调整升级。

(4)具备良好的职业素养

根据相关调查数据的显示,在学历、能力都同档次的基础上,企业更喜欢聘用那些职业素养较好的求职者。著名心理学家麦克利提出的"冰山模型"中,将个人素质的表现形式分为包含基本知识、基本技能等"水面以上部分",以及个性、价值观、态度与动机等"水面以下部分"因素。[①] 其中的价值观、态度与动机等就属于职业素养的范畴。具体而言,职业素养主要包括以下几个方面的内容。

职业知识:主要体现为自我职业生涯规划知识、法律法规知识、财务税收知识等。

职业技能:主要体现为创新能力、团队协作与沟通能力、语言表达能力、环境适应能力、独立分析问题并解决问题的能力等。

职业态度:主要体现为诚实守信、职业忠诚度、岗位抗压能力、岗位责任心、谦虚谨慎的态度、较强的进取心和职业认同感等。

3.2.3 工商管理专业核心能力的支持措施

学生的优秀与成长需要众多资源及配套的制度支撑,与学生的成长成才最密切的

---

① 刘又澈.大学通识教育多元路径研究——基于冰山模型理论[J].理论与当代,2014(8):21-22.

就是人才培养方案设计中的专业课程设计模块。随着时代的变化与各种技术手段的层出不穷，工商专业的课程设计模块也应该跟上时代的步伐与改革的节奏。目前，各职业院校对于工商专业的课程设计都差不多，主要分为：理论课程体系 = 公共基础课程（公共课）+ 岗位基础知识课程（专业基础课）+ 岗位核心知识课程（专业核心课）+ 素质拓展课程（选修课）；实践课程体系 = 岗位基础能力实训 + 岗位核心能力实训 + 综合能力实践特色与风格。

3.2.4　工商管理专业核心能力的现实意义

近年来，由于我国经济的飞速发展，特别是农业产业化、新型工业化和服务现代化对具备职业核心能力的高技能型人才需求强劲，工商管理专业学生的就业市场尤其宽广，但是现阶段高等院校培养的工商管理专业毕业生不但缺乏岗位必备的技术与技能，同时在工作中还挑肥拣瘦、跳槽频繁，缺乏新时代劳动者必要的"职业核心能力"。因此，毕业生就业与市场需求存在错位，结构性失业矛盾突出。为何会导致这个局面，经过多方企业调研走访、文献查阅等方式发现，造成这种局面的关键因素是各高校对工商管理专业学生的人才培养方案设计中过于重视对学生职业技能的培养，而忽视"职业核心能力"职业素养的培养与教育。在 2015 年国务院印发的《中国制造 2025》中强调"要完善中国制造从研发、转化、生产到管理的人才培养体系，为推动中国制造业从大国向强国转变提供人才保障。国家"十三五"规划提出"营造崇尚专业的社会氛围，大力弘扬新时期工匠精神"。因此，对工商管理专业学生进行"职业核心能力"培养的教学改革，对改进本专业的人才培养质量，提升学生的就业质量与就业水平、减少整个社会的结构性事业都具有巨大的研究意义和现实意义。

3.3　工商管理人才培养情境教育

3.3.1　情境教育内涵

情境教育是对真实工商企业运营的一种模拟，在这其中，学生起主导作用，是交流和协作的核心，同时需要教师进行正确引导和协助，帮助学生分析在企业运营中出现的问题，提高学生解决实际问题的能力。情境教育是一种以工商企业管理实践为基础的教学方法。

情境教育是建构主义教学方法中的一种，它认为人们在学习知识的过程中，知识是不断变革、升华和改写的，人们对于知识的看法会不断更新，产生新的假设。因此，知识无法用任何一种符号系统表征。人们在知识学习的过程中，是要根据具体情境对自身原有知识进行再加工和再创造，因而所有的知识都不是通用的，并且知识是学习者根据自身经验建构起来的，不可能以实体的形式存在于个体之外。这种理论十分符合建构主义的主张。建构主义认为知识是人们对客观世界的一种解释、假设或假说，它具有情境性，并且处在不断变化之中。

因此，在学习知识的过程中，教师起到的不是主要作用，起主导作用的是学生。学生在一定情境下，通过意义建构的方式，利用必要的学习资料，在老师和同伴的帮助下，可以获得知识的学习。知识学习中，学生的体验是核心。

学习包括 4 个要素：第一，情境。学生对知识的意义建构离不开学习情境的帮助。第二，协作。协作包括两个方面——自我协商和相互协商。前者指学生自己反复思考特定问题；后者指与其他人（教师或同学）讨论特定问题。第三，交流。协作离不开交流，交流是协作的最基本手段和方式。第四，意义建构。意义建构可以让学生理解事物的规律、性质及其与其他事物之间的联系。意义建构是学习的最终目的，是教学的最终目标。

对于工商管理专业来说，其知识因为具有明显的隐性特征，从而很难被结构化地表达出来。此类知识不属于结构良好的领域性知识。对于这类知识，要求学习正视知识的复杂性，并且能够在情境中灵活地运用知识解决实际问题，灵活地分析和思考问题。建构主义观点应当是工商管理专业在知识的教学中需要遵循的主要原则。教师必须在建构主义框架下进行教学，为学生创设真实的学习情境，这样才能达到预期的教学目标。在情境中，应当以学生为主体，创设真实的学习情境让学生通过自我思考和小组讨论，对既有的知识体系进行重建，获得新知识。

国际一流商学院，如哈佛商学院等，已经构建起工商管理专业人才培养的情境教育专门体系。在这一体系的运作下，这些商学院培养出了一大批杰出的工商企业管理者。对于我国来说，这些商学院在工商管理人才培养的方式、方法上非常值得借鉴。同时，高校应当结合我国当前经济发展的最新情况，不断探索综合运用多种情境教学方法使教学目标、教学特色得以重点体现，进一步保证情境教育在工商管理人才培养中起到巨大作用。

3.3.2 情境教育类型

工商管理专业情境教育的主要类型有以下 5 种：案例教学、模拟教学、角色扮演、企业管理者宣讲和工商企业实践。这 5 种教育类型组成了工商管理情境教育的一个完整闭环。下面分别对它们进行阐述。

（1）案例教学

案例教学是对以往工商企业在经营过程中出现的问题及解决方式进行叙述，提供学习情境，让学生在了解相关背景信息的情况下进行学习。学生需要主动搜集相关资料，通过自身思考和小组讨论等活动，对情境进行进一步补充和完善。通过这些程序，学生可以形成对案例情境的初步认识，并在自身已有知识水平的基础上，讨论得出解决问题的方法。最后，教师还需要对学生的结论做出评价，进一步加深学生对工商管理企业实践的理解，重构对新知识的掌握。

（2）模拟教学

模拟教学是以计算机技术为依托，建立一个虚拟的工商管理企业平台，学生可以以小组为单位，组建自己的经营团队，每个队员扮演企业内不同的角色，共同经营这家模拟工商企业。除此之外，还可以与其他模拟企业进行竞争，模拟真实的市场竞争环境。在竞争开始前，教师需要为所有团队设置一个初始状态，让大家在共同的起点上开始竞争。所有参与模拟企业的学生，可以在竞争过程中加深对现有情境的理解，并能迅速适应新的情境，同时在不断加深理解的基础上，建构对情境的理解。以课堂知识为基础，学生通过独立思考加小组讨论，可以对经营形势做出决策。在这一过程中，学生对知识的理解会越来越深，学习效果也会更好。

（3）角色扮演

在上一部分已经说到了模拟教学，其实模拟教学也是一种角色扮演。角色扮演是指在模拟工商企业环境中由学生扮演企业的不同角色，如执行总监、研发总监、财务总监、营销总监等，通过对这些角色的扮演，学生可以在工商企业管理人的行为和自身参与等方面有更加深刻的体验。在角色扮演中，需要教师为学生设定初始角色，并在整个过程中指导学生如何扮演角色分析并解决问题。所有学生扮演的角色将会在工商企业中进行决策，这些决策将引发其他参与者的变化。这些决策和变化构成了学习的情境。与此同时，学生还会对学习情境形成自我认知，并在动态演进中学会对遇到的问题进行分析和解决。角色扮演者通过分析会不断加深对这一角色的理解，掌握相关知识。

（4）企业管理者宣讲

企业管理者宣讲是指高校邀请有经验的管理者对学生进行解析式或体验式宣讲。解析式宣讲是指企业管理者进入学生课堂，为学生讲解在现实企业经营过程中可能会出现的决策、执行方面的问题，并与学生进行交流，让学生主动思考，获得情境体验。这种方式能够让学生身临其境地完成意义建构，加深对工商企业时间的理解。体验式宣讲是指企业管理者通过讲座、座谈会、报告会等方式，让学生聆听企业管理者的实践经验，并通过提问获得相应解答。这种面对面的交流方式可以让学生更有针对性地提出问题，建构情境。其实，上面两种方式都可以为学生起到示范作用，让学生获得更多企业管理知识。

（5）工商企业实践

工商企业实践是指学生进入真实的工商企业，去现场学习。此类实践分为体验型实践和强化型实践。

①体验性实践。学生进入企业，观察、跟踪、访谈、记录企业业务的开展和管理运营，形成自我对情境的构建，获得对工商企业运营的理解。

②强化型实践。学生以实习的方式，成为企业员工，依托在校期间学到的各种工商管理专业知识，完成真实岗位的工作任务，处理工作中出现的各种问题，还可以通过探讨加深对知识的理解。在这一过程中，学生会对既有的知识进行重构，以便强化知识的学习效果。

工商企业实践是情境强度最高的教学类型。因为它能让学生看到、听到、体验到工商企业的紧张有序，让实践变得更加生动。

3.3.3　案例教学的内涵与特点

案例教学法作为一种以案例为基础的教学法，在 20 世纪 20 年代由美国哈佛商学院倡导。其作用表现在，培养学生解决实际问题的能力，缩短教学情境与工商企业实际情境的差距。[①]

案例教学法的采用应具备以下必要条件：一是要有好的案例素材，二是要明确教师的角色定位，三是要明确学生的任务。教师在案例讨论中要对学生进行全程指导。在讨论前的准备期，教师应事先布置案例，对分组进行必要的调整，提供不同类型的问题，对学生讨论前需要做的准备予以明确。在讨论过程中，教师需要引导讨论方向、把握讨论节奏、控制讨论过程，对学生的表现及时给予反馈、点评，启发学生进一步思考。讨论后，教师需要批改学生上交的案例作业。案例讨论中学生是主角，其在课前需要进行充分的案例准备，反复阅读案例。

---

① 任布君 . 高中生物学案例教学复习法 [J]. 生物学通报，2004（08）：44-45.

案例教学的特点有以下 3 点。

第一，理论与实践相结合。教学的理论与实践之间，要想获得良好的衔接，必须有一个桥梁，而案例教学就是一条非常好的纽带。对于工商管理专业来说，案例教学可以使理论与之达到某种平衡。因为案例全部取自真实的工商企业遇到的现实案例。在案例教学中，学生需要根据案例描述的事实，去阐述、探析、解释企业实际运营中出现的问题，找出具体原因，通过自身思考和小组讨论，提出解决问题的办法。

第二，以师生互动为主，学生参与度高。在案例教学中，学生起学习的主导作用，教师则是一名指导者。学生会充分发挥其学习主动性，教师要与其互动，对学生的思考进行引导。在课堂讨论和小组讨论中，学生会变被动接受为主动思考，成为课堂教学的主体。

第三，具有启发性和创造性。案例教学形式多样，有多种教学方法和手段，表现形式十分灵活。学生可以通过小组讨论、课堂点评、案例与分析等，学到相应知识。在案例教学中，涉及的问题具有一定启发性，同时，给学生留下了充足的思考空间。学生经过讨论后，会得出一个一般性的结论，这时，教师就需要对学生进行引导，让学生可以根据自身的既有知识，从不同角度分析问题，发挥创造性思维，举一反三，得出属于自己的独特见解，提高应变能力，多角度解决实际问题。

3.3.4 情境教育协同

采用单一类型的情境教学方法能够推动学生的知识学习和能力提升，综合运用各种类型则能取得更好的效果。各种类型的情境教育具有不同特征，综合运用这些情境教学方法能够汲取各方法的精华，实现各种方法的协同互补。

案例教学、模拟教学、角色扮演、企业管理者宣讲和工商企业实践五种工商管理人才培养的情境教学方法，在情境构建主体、情境强度、协作交流对象、团队合作强度及知识学习中各有自身的特征。

第一，情境建构的主体包括学生和非学生两类。以学生为主体的情境必须建立在学生对情境的体验上，因此，这种情境更加有利于学生对知识的理解和掌握，能更快地获得知识。知识学习过程的向前延伸，就是学生构建情境的过程。非学生类主体包括教师和工商企业管理者。在案例教学中，教师是情境构建的主体。在企业管理者入校宣讲时，工商企业管理者是情境构建主体。

第二，情境在不同状况下的强度会有不同。在教学中，情境的强度有一个逐渐增强的过程。案例教学中，情境的强度较弱，因为学生处于一个被动接受的状态，他们形成对情境的认知方法比较单一。在公司企业管理者宣讲中，因为学生能与企业管理者进行面对面的直接交流，听取他们对于企业运营的经验，能够形成较为强烈的情境感受，所以情境的强度较强。在模拟教学中，通过让学生进行角色扮演，了解工商企业中各个工作的具体状态，也可以模拟与其他工商企业进行竞争，故而能够加强学生对于情境的理解。在角色扮演中，由于学生需要从角色的视角出发，分析和解决问题，也能强烈地感受到具体的情境。最后，情境强度最强的是工商企业实践，学生进入真实的工商企业工作环境中，能够亲身体验到工作的酸甜苦辣，能够亲自分析和解决具体的问题，获得最好的情境体验。

第三，在协作交流对象方面，这5种情境教学方法的协作交流对象也有所不同。一般来说，协作交流对象分为学习伙伴和非学习伙伴两类。其中，学习伙伴是指学生本人、团队的其他成员、其他团队的成员及教师；非学习伙伴是指学习伙伴以外的其他主体，包括工商企业管理者、员工和其他利益相关者。在工商企业实践、工商企业管理者进课堂情境教学中，学生不仅能够与自己、团队其他成员、其他团队成员及教师进行交流与协作，而且还能与工商企业管理者、员工和其他利益相关者等非学习伙伴进行交流。而在案例教学、角色扮演和模拟教学中，学生的交流伙伴仅限于学习伙伴。同时与学习伙伴与非学习伙伴进行交流有助于拓宽信息的来源渠道，多视角理解、分析问题，极大地深化和拓展知识的学习效果。

第四，不同情境中团队合作程度也不同。团队合作是培养学生团队意识的重要手段，在与团队其他成员进行沟通交流时，可以锻炼学生的领导能力和人际交往能力。在团队合作过程中，通过思维的碰撞，可以促进个人的思考，加强自身对于知识的理解和应用。在不同的情境中，团队合作的程度也是不一样的。在案例教学和模拟教学中，因为学生需要与其他同学结成小组进行讨论和协作，因而团队合作程度较强，能够极好地锻炼学生的团队合作能力。而在角色扮演、工商企业管理者宣讲和工商企业实践的大部分情况下，学生是处于独自思考的状态，多局限于自我思考，团队合作的条件较差，因而团队合作的强度较低。

交流强度与团队合作强度密切相关。对于团队合作强度高的情境教学方法，其交流强度一定高。原因在于团队合作需要以团队成员之间的交流为基础。案例教学和模拟教学两种教学方法的团队合作强度高，因此，交流强度也高。但对于团队合作强度低的情境教学方法，其交流强度不一定低。原因在于交流的模式主要分为3种类型，即合作性交流、交互性交流和竞争性交流。在工商企业实践中，由于学生需要对工商企业管理者、员工和其他利益相关者进行访谈并获得所需信息，学生与这些主体的交流属于交互性交流的范畴，因此，虽然合作强度较低，但交流强度却较高。在角色扮演中，角色扮演者需要与其他人进行谈判、共同决策或采访等，因而需要进行竞争性交流、合作性交流或一般交互性交流，虽然团队合作强度低，但交流强度高。高交流强度的情境教学方法能够有效促进学生思考并有助于提升学生的信息能力和人际交流能力，即沟通能力。

第五，学习新知识和强化已有知识，是情境教育的两种作用。案例教学、角色扮演、体验型工商企业实践和体验型工商企业管理者宣讲，都可以让学生获得新知识。这几类情境教学是在学生已有的知识体系基础上，通过让学生对问题进行思考、分析、讨论完成的。模拟教学、强化型工商企业实践和解析型工商企业管理者宣讲，可以达到强化知识学习的效果。在这些情境中，学生可以将已学得的知识通过思考、讨论和体验，加深对知识的理解，进而强化教学效果。

由于不同类型的工商管理情境教育方法具有不同的优势，所以这些方法之间能够形成协同效应。将不同类型的情境教育方法进行有机整合并运用到教学中去能够发挥"1+1>2"的效应。在课程教学前期，综合使用体验型工商企业实践、工商企业管理者进课堂、角色扮演和案例教学能够汲取各种教学方法的精华，构建一个以学生为情境构建主体，让学生感受真实的工商企业环境，融入工商企业决策者角色，提高思考的主动性、与学习伙伴和其他各种类型非学习伙伴进行协作交流，以及培养团队合作和交流能力的情境教育体系。在课程教习后期，通过依次运用模拟教学和强化型工商企业实践，为学生创造一个运用所学知识进行问题识别、分析和解决的机会，从而强化对所学知识的理解。两者之间在情境构建主体、协作交流对象、团队合作和交流强度等方面存在互补性。

3.4 工商管理人才能力架构

3.4.1 能力架构模型

不论学生是否拔尖，是否杰出，是否能够成为某一领域的专家，他们首先应该是现代文明社会中有良好素养的人。有良好素养的人就是一个能够代表人类文明进步的人，能够汲取迄今为止人类文明成果的人。先成人，再成才。教育不是为了培养工具，育人本身就是目的。工商管理人才除了具备良好素养外，还需要基于工商企业管理者要完成的任务和履行的职责或者扮演的角色具备各种能力，形成工商管理人才能力架构模型。

亨利·明茨伯格（Henry Mintberg）是管理角色学派的代表人物，他的著作是《管理进行时》。在这本书中，他建立了一个通用管理模型，这一模型中包含了"三个平台"和"六种角色"。"三个平台"分别为信息平台、人员平台和行动平台。收集、传播和控制信息是企业平台上工商企业管理者需要做到的。领导和联络企业中的各种人员需要工商企业管理者在人员平台上操作。工商企业管理者还应该在行动平台上做出行动，并处理问题。一个工商企业要想满足管理实践的要求，达到某种平衡，管理角色需要在以上"三个平台"中相互配合、相互补充。可以说，工商企业管理者必须从事一项全面的工作。在具体实践中，构思工作框架和安排工作日程是工商企业管理者需要亲自履行的两项职责。

在确定工商管理人才培养目标的前提下，在"三个平台、六种角色"的通用管理模型的基础上，可以总结出两大特征、三大能力。"两大特征"指的是，当前工商管理学与其他学科交叉综合程度高，工商管理学科国际化程度深。"三大能力"指：经营能力，包括技术能力和流程能力；沟通能力，包括信息能力和人际能力；创新能力，包括逻辑思维能力和批判性思维能力。在三大能力的基础上，现实工商管理企业在运营过程中，还展现出计划能力、组织能力、领导能力和控制能力。综上所述，"2+3+4"工商管理人才能力架构模型就此形成。

从国际著名商学院的人才培养方案来看，在人才培养的指导思想（培养目标）上基本都涵盖了以下一些对于知识、能力或素质方面的要求：国际化视野（international vision）、社会责任意识（social responsibility）或伦理道德、沟通能力和领导力（business essentials）、批判性思维能力（critical thinking）（创新能力）、分析能力（analytical foundation）（涉及数学、统计、经济学）、终身学习和自我完善能力（lifelong learning & self-improvement）、商学核心知识（core business fundamentals）和专业知识（concentration），而这些要求又与相关课程的设计紧密联系在一起。

以清华大学经济管理学院为例，其培养目标特别强调以能力为基础，尽管这些能力的表述比较简单也不够系统。例如，信息管理与信息系统专业的培养目标强调把握数字经济时代的商务活动规律，能够开发和运用信息技术及数理方法以优化管理、提升绩效、引领创新型、复合型管理人才。而会计学专业的培养目标是培养既掌握国际前沿的会计理论研究方法，通晓全球会计准则和会计制度发展趋势，又熟悉国际国内经济发展与资本市场运作规律的复合型高端会计研究和实践人才。经济与金融专业的培养目标是培养既掌握系统的经济学、金融学理论和分析方法，又具备解决现代经济，特别是金融领域中实际问题的技能；既具有国际视野，同时也了解中国国情的高素质复合型经济和金融人才。

3.4.2　经营能力

经营能力是指使用有关程序、技术和方法开展工商企业具体业务的能力，包括技术能力、流程能力。技术能力是指开展工商企业某项具体业务的能力，流程能力是指设计工商企业经营业务流程的能力。

工商管理企业要想经营得好，就必须开展相应的业务。一般情况下，工商管理企业的主要业务包括营销、生产、会计、人事、物流、研发等。一般刚从学校毕业的大学生，需要从基础的具体业务做起。要想做好具体业务，就需要具备相应的技术能力。在这期间，其专业素质和专业水准将得到体现。

但对于工商管理企业经营来说，还需要更多的优秀专业人才。除了营销、生产、会计、人事、物流、研发等基础业务，还需要具备流程能力，即可以从基层的具体业务执行者"跨越"为工商企业的管理者。不过，业务经营和企业管理还是有区别的，虽然企业管理的对象是具体业务，但是在进行管理时，要从企业整体长远的未来发展进行考虑，思考的主要对象是工商企业本身。

对于工商企业来说，它的每一个经营行为都是一个流程节点，在所有流程节点相互连接后，企业经营才能更加顺畅，对客户需求才能有更加灵敏的反映，能比其他企业更快占领市场。企业中的各个业务部门并不是单独存在的，而是一个有机联系的整体，他们之间相互依存、相互协调，任何一个部门产生的变化都会影响其他部门，进而影响企业经营。因此，必须设计合理的企业业务流程，采取有利于组织整体目标实现的方式。

3.4.3　沟通能力

沟通能力是指收集、传播信息，激励、培养他人，并在工商企业内外建立关系网络的能力，包括信息能力和人际能力。信息能力是指通过聆听、访问、演讲、演示、简报、报告、视觉、感觉等收集信息和传播信息的能力。人际能力是指激励、劝说、指导、培训他人高效完成工作的能力，也包括建立内外关系网络的能力。

工商企业管理工作要进行大量信息处理，要通过大量的倾听、观察、感觉和交谈来收集和传播信息，这些信息包括工商企业内部运营和外部事件。外部事件既包括一般环境中的事件，也包括具体环境中的事件。工商企业管理者应该成为所分管部门的神经中枢，不仅要把大量信息传播给所在部门的其他人员，与他们共享信息，而且对外要代表部门利益向各类人群发表演讲，为了部门目标的实现进行各种游说，在各种公开刊物上代表部门的专业水准，随时向各方汇报部门的最新进展。由于工商企业管理者更需要从说话者的语音语调、面部表情、肢体语言、情绪和氛围中捕捉信息，并且要掌握时下的尚未记录在案的"道听途说"的信息，以便更好地实施"控制"职能，故信息能力对工商企业管理者非常重要。

理查德·格林柏利（Richard Greenbury）在掌管英国著名的玛莎百货期间，常常邀请曼彻斯特联队主帅亚历克斯·弗格森（Alex Ferguson）共进午餐，借机向他讨教管理技巧。弗格森的管理秘诀之一就是全方位地收集信息。弗格森是足球史上获得奖杯数量最多的个人，他为他的球队创造出了卓越的价值。更厉害的是，他似乎有能力一直这样做下去。

由于更加依赖他人来完成各项工作，故工商企业管理者会花费大量时间激励、劝说、指导和培训员工，让员工能以饱满的热情，摆脱羁绊，自由而高效地做事，同时获得自我发展。工商企业管理者还需要将员工凝聚起来，组成相互协作的团队，不断解决团队内部和团队之间的各种冲突。这些通常被称为"领导力"的工作职责必然要求以相应的人际能力作为基础。此外，人际能力还包括建立内外关系网络的能力。工商企业管理者应该建立广泛的人脉关系网络，以形成强大的支持者联盟，这对中国的工商企业管理者尤为重要。

罗伯特·卡茨（Robert Katz）认为，人际技能是高校工商企业管理者的技能之一。[①] 他把人际技能描述为工商企业管理者作为团队的一员高效地开展工作，以及在自己领导的团队中促使大家团结协作的能力，主要是怎样"待人"，体现在个体对上级、同级、下级的感知方式上（以及如何判别他们对自己的感知），也体现在由此而产生的行为方式上。人际技能可以细分为处理部门内部关系的能力和处理跨部门关系的能力。对于中低层管理职位，前者至关重要；而随着管理职位的上升，后者变得越来越重要。

---

① 韩煜东，洪卫.工商管理专业本科生的人际技能培养研究 [J].产业与科技论坛，2010（2）：205-206.

3.4.4　创新能力

创新能力指的是对工商企业管理过程中存在问题的认识、分析、综合、概括，同时创造性、建设性地解决这些问题的能力。创新能力包括逻辑思维能力和批判性思维能力。

逻辑思维是人们在认识过程中借助概念、判断、推理反映现实的过程。它与形象思维不同，是用科学的抽象概念、范畴揭示事物的本质，表达认识现实的结果。逻辑思维是一种确定的而不是模棱两可的，前后一贯的而不是自相矛盾的，有条理、有依据的思维。在逻辑思维中，要用到概念、判断、推理等思维形式和分析、综合、归纳、演绎、抽象、概括等方法，而掌握和运用这些思维形式和方法的程度，也就是逻辑思维能力。

分析。把研究对象分解成不同的部分或模块，分别加以思考，进行逻辑考查。综合。将不同的部分或模块组合成一个整体，加以思考，进行逻辑考查。根据属性不同，可以采取不同的归类方法。具有相同属性的可以归为一类，属性不同的可归为不同的类别。分析与综合是相辅相成、不可分割的。

归纳。从独特的材料中得出一般性的结论，前提与结论之间的联系必须具有或然性。

演绎。从一般性的前提推出个别性的结论，前提与结论之间的联系具有必然性。

抽象。从具体事物中抽取其本质属性，运用思维的力量去除无用的杂质。

概括。对某一具体事物的属性联想到同一类事物的共同属性。抽象与概括是密不可分、相互联系的。

批判性思维是指对专家和权威的意见提出质问和挑战，而非无条件的接受。虽然专家和权威的意见被大多数人所接受，但是人们还是可以用批判性思维提出质疑，做出新判断。当然，并不是一切命题都需要用批判性思维进行否定。批判性思维可以帮助人真正了解哪一个意见更有说服力，哪一种命题更有道理。一个人要想成为一个有智慧的人，成为一个有创造能力的人，就要学会运用批判性思维去进行思考。

3.5 全球名校工商管理人才培养

3.5.1 国际认证

国际上有三大商学院联盟，这三大联盟根据自身的发展情况，相继推出认证体系。目前，全球最大的认证体系是由 AACSB 推出的 AACSB 认证体系，其也是最严格的北美质量认证体系。其次是欧洲管理发展基金会（European Foundation for Management Development，EFMD）推行的欧洲质量发展认证体系（European Quality Improvement System，EQUIS）。历史更悠久的是 MBA 协会（Association of MBAs，AMBA）推出的 AMBA 认证体系，其旨在对 MBA 课程进行认证。能同时取得这三大商学院联盟的认可，对于任何一家商学院来说都是非常高的荣誉。

（1）AACSB

为了提高工商管理高等教育的水平，一些商学院、社团和其他组织构成了 AACSB。这是一个非营利性组织。1919 年的商学院认证标准就是由 AACSB 这一组织来制定颁布的。1980 年，它还颁布了会计学项目的标准。1991 年，它进一步制定了评估考察团的评估程序，同时确定了与使命相联系的认证标准，并在 2003 年对这一标准进行了修改。AACSB 认证的通过代表着对高校工商管理专业发展的肯定，它是全世界商学院的最高成就，它的评估过程是非常严格和全面的。获得 AACSB 认证资格，代表着这一高校是在管理教育方面是十分优秀的。

获得成员资格、预审、初审和保持认证资格是 AACSB 进行商学院认证的主要基本流程。而获得商学认证资格，也是会计学认证的一个基本条件。会计学认证还包括另外 3 个阶段：预审、初审和保持会计学认证资格。教育质量是 AACSB 认证最重视的核心内容。教育质量高的商学院才有可能获得 AACSB 的承认，AACSB 的大部分规定也与教育质量密切相关。如果一个商学院在它的教学实践项目中能做到教师与学生进行充分互动，那么它的教育质量也会迅速上升，从而获得 AACSB 认证的关注。AACSB 认证的院校，全体成员必须有一种实现使命的决心，在制订教师发展计划和学校运作的过程中，也应当具备较高的指令传达效率。

AACSB 在关注教育质量的同时，也关注高校是采用什么方法来实现管理学教育的高质量的。也就是说，AACSB 支持高校在教育中采用多种多样的教学方法。同时，

AACSB 还强调高校应当在课程设置、教师素养、教学方法、科研活动等方面采取一系列措施予以加强。

综上所述，获得 AACSB 认证资格的商学院必然是有以下特征的：拥有高质量的教学水平；拥有高素质的教师人才队伍，教师都拥有先进的商业和管理知识；在教学中师生互动性强；培养的学生在毕业时都能完成学习目标；高校的使命在不断影响管理资源的调整。

通常来说，从启动评估程序到通过认证，通常要花 5～7 年的时间，特别是针对全职教授和研究产出，AACSB 是非常严格的。

（2）EQUIS

EQUIS 认证创办的目的是为了推动教育的进步，它是一项国际认证体系，是由欧洲管理发展基金会创办的。它的主要目的是对高等管理机构教育进行质量评价。由于欧洲管理发展基金会以致力于服务全球管理教育为理念，故并没有把 EQUIS 的重点放在特定的高等管理教育项目上，也不只是集中于 MBA 项目，而是将其基本工作内容定位于辨别各种高等管理教育方法（包括本科和研究生院课程）的异同及其优势，其基本目标是提高全世界的高等管理教育水平。作为一个国际权威机构，EQUIS 从整体来评价认证对象，认证过程非常严谨。就 MBA 项目认证来说，EQUIS 认证时，除要求高等管理教育机构提供证明其在本国内拥有高水平教学标准的有力证据外，还要求该机构课程必须高度国际化，学生必须具备全球使命感；要求机构除制订完备的学习计划外，还要推动商业研究工作。此外，EQUIS 认为高等管理教管机构与工商业界之间应密切联系，保持专业理论知识和商业实践之间的平衡。[1]

EQUIS 认为商学院的项目应当是多种多样的，应当有自身的特色，EQUIS 认为标准化的项目不符合其价值观。在对院校进行评价时，它注重的是整体的评估认证，除了最主要的学位项目外，它还对院校所有部门的活动进行评估，包括教学、科研、高层管理人员教育、远程教育等。当然，管理学教育是进行 EQUIS 评估最核心的评估项目。相互学习、相互借鉴，也是 EQUIS 提倡的重要内容。另外，它还强调高质量教学与其他机构之间应当加强交流合作，互相借鉴优秀的实践经验，尽可能挖掘研究潜能。要想获得 EQUIS 认证，院校还应当具备高效率的教学环境，因为高效率的环境有助于培养学生的管理能力和创新创业精神。项目和教学全方位的创新，也是 EQUIS 十分重视的内容。

---

[1]　张健儒，赵平.美国 AACSB International、英国 AMBA 及欧洲 EQUIS 高等管理教育认证机构的比较对我国 MBA 项目的启示 [J].学位与研究生教育，2006（6）：74-77.

（3）AMBA

针对商学院 MBA 项目，AMBA 国际认证体系应运而生。1967 年，AMBA 在英国成立。它成立之后，世界上才有了专门从事 MBA 质量认证的独立机构。商务和管理实践的发展是 AMBA 认证关注的重点内容。机构能否独立自主地颁授学位、个人及 MBA 毕业生雇主是否认同国际 MBA 认证体系、院校 MBA 项目的质量等，都是 AMBA 认证的标准。

AMBA 的流程是初步讨论、自我审查、初步评估、实地调查及报告准备。在认证流程中，先由被认证高等管理教育机构进行一番自我评估或审查。自我评估的目的是帮助被认证机构对自己的战略地位有一个更清晰的认识。SWOT 分析可以用来识别各机构提供的 MBA 项目的优劣、内外环境产生的机会和挑战，以及该 MBA 项目的宗旨（使命陈述）和资源之间的平衡状况。然后由欧美高等管理教育认证体系组织审查小组考核认证资格。审查小组通常包括国际学者、MBA 项目管理者及实业界人士。审查小组要到被评估机构进行实地考察，以了解实际情况。在考察了被评估机构之后，审查小组会草拟一份报告，提出他们的建议。

国际认证，也可以说是管理教育体系中的行业内部规范，它由领头工商企业制定，对所有成员都起着非常重要的作用。所有成员都是这一规则的参与者和遵守者。行业内的所有工商企业都按照这一规则来执行，那么行业的质量和发展就能得到良好的保证。AACSB、EQUIS 和 AMBA 都起到了同样的作用，它们都为认证制定了高标准的规格，保证了国际高等管理教育的质量。获得国际认证的院校中的教师和学生都存在一种自豪感，并且能够继续向上追求更大的进步。事实证明，获得国际认证的学院相互之间建立了互通的网络，最直接的结果是可以互相承认学位，同时还让不同院校的教师和学生之间的交流更加顺畅。家长和学生在选择报考院校的时候，也可以参考国际认证的结果。因为国际认证可以证明该商学院教学质量达到了一定标准，这能极大地吸引优秀学生加入该院校中去。

上海交通大学安泰经济与管理学院在 2011 年 5 月获得 AACSB 认证，成为国内首个获得三大国际权威之一认证的商学院。这表明，上海交通大学安泰经济与管理学院的教学质量得到了国际认可，也为上海交通大学安泰经济与管理学院吸引了大量人才报考。

3.5.2　《金融时报》排名

（1）全球商学院排行榜

《金融时报》全球商学院排行榜始于 1999 年，是国际工商管理教育领域内历史最悠久、最具权威和最受推崇的排行榜之一。能够进入排名的商学院必须具备 3 个条件：获得国际认证机构的认证（如 AACSB、EQUIS、AMBA）；拥有一个至少运行了 4 年的项目；第一届学生至少已毕业 3 年。表 3-1 为英国《金融时报》公布的 2019 年全球商学院排名。

表 3-1　2019《金融时报》世界商学院排名

2019 年排名	3 年平均排名	学校名称	学校英文名	国家	加权薪水期望	薪水提升期望
1	1	斯坦福大学商学院	Stanford Graduate School of Business	美国	$228,074	129%
2	4	哈佛大学商学院	Harvard Business School	美国	$205,486	112%
3	2	欧洲工商管理学院	INSEADnsead	法国/新加坡	$179,661	104%
4	3	宾夕法尼亚大学沃顿商学院	University of Pennsylvania:Wharton	美国	$197,267	114%
5	8	中欧国际工商学院	Ceibs	中国	$174,115	183%
6	5	伦敦商学院	London Business School	英国	$169,675	102%
7	7	芝加哥大学布斯商学院	University of Chicago:Booth	美国	$185,861	126%
8	10	麻省理工学院斯隆商学院	MIT:Sloan	美国	$188,173	107%
9|	8	哥伦比亚大学商学院	Columbia Business School	美国	$184,099	114%
10	11	加州大学伯克利分校哈斯商学院	University of California at Berkeley:Haas	美国	$188,746	104%
11	14	耶鲁大学管理学院	Yale Schoolof Management	美国	$172,547	121%
12	11	纳瓦拉大学 IESE 商学院	Lese Business School	西班牙	$151,076	128%
13	24	牛津大学赛德商学院	University of Oxford:Said	英国	$161,443	118%
14	13	西北大学凯洛格商学院	Northwestern University:Kellogg	美国	$170,830	99%

2019 年排名	3 年平均排名	学校名称	学校英文名	国家	加权薪水期望	薪水提升期望
15	16	达特茅斯学院塔克商学院	Dartmouth College:Tuck	美国	$173,636	114%
16	11	剑桥大学佳绩商学院	University of Cambridge: Judge	英国	$163,508	98%
17	20	新加坡国立大学商学院	National University of Singapore Business School	新加披	$153,216	131%
18	16	香港科技大学商学院	HKUST Business School	中国	$156,202	108%
19	20	巴黎高等商学院	HEC Paris	法国	$142,622	106%
19	21	杜克大学富科商学院	Duke University:Fuqua	美国	$163,808	111%
21	19	拉蒙卢尔大学高等工商管理学院	ESADE Business School	西班牙	$148,060	116%
22	22	洛桑国际管理学院	IMD Business School	瑞士	$151,944	76%
23	30	弗吉尼亚大学达顿商学院	University of Virginia: Darden	美国	$157,437	114%
24	26	印度商学院	Indian School of Business	印度	$156,122	187%
25	22	纽约大学斯特恩商学院	New York University:Stern	美国	$156,485	117%
26	28	加州大学洛杉矶分校安德森商学院	UCLA:Anderson	美国	$162,985	108%
27	24	康亲尔大学约翰逊商学院	Cornell University:Johnson	美国	$162,417	112%
28	26	密歇根大学罗斯商学院	University of Michigan:Ross	美国	$157,727	108%
29	33	乔治敦大学麦克唐纳商学院	Georgetown University : McDonough	美国	$147,384	121%
30	25	南洋理工大学商学院	Nanyang Business School, NTU, Singapore	新加披	$134,036	126%
31	—	西班牙 IE 商学院	IE Business School	西班牙	$153,547	100%
31	27	博科尼大学商学院	SDA Bocconi	意大利	$130,628	124%
33	39	印度理工学院班加罗尔分校商学完	Indian Institute of Management Bangalore	印度	$178,774	124%
34	—	复旦大学管理学院	Fudan University School of Management	中国	$110,062	195%

（续　表）

2019 年排名	3 年平均排名	学校名称	学校英文名	国家	加权薪水期望	薪水提升期望
35	38	卡耐基梅隆大学泰伯商学院	Carnegie Mellon:Tepper	美国	$148,892	113%
36	40	华威大学商学院	Warwick Business School	英国	$118,406	83%
37	42	德克萨斯大学实斯汀分校麦库姆斯商学院	University of Texasat Austin: McCombs	美国	$151,235	104%
38	45	艾荣莉大学戈伊苏埃塔商学院	Emory University:Goizueta	美国	$150,659	119%
39	—	佛罗里达大学沃灵顿商学院	University of Florida : Warrington	美国	$121,000	151%
39	45	帝国理工大学商学院	Imperial College Business School	英国	$126,873	67%
41	38	香港大学	University of HongKong	中国	$131,386	116%
42	49	成均馆大学商学院	Sungkyunkwan University GSB	韩国	$131,166	100%
43	—	新加坡管理大学李光前商学院	Lee Kong Chian School of Business, Singapore Management University	新加披	$118,415	133%
43	49	印第安纳大学伯明顿分校凯利商学院	Indiana University:Kelly	美国	$137,568	122%
43	61	杜伦大学商学院	Durham University Business School	英国	$120,556	110%
	51	南加州大学马歇尔商学院	University of Southern California: Marshall	美国	$147,565	108%
47	36	印度理工学院艾哈迈巴德分校商学院	Indian Institute of Management Ahmedabad	印度	$186,170	100%
48	58	加州大学尔湾分校莫拉伊商学院	University of Calfornia at lrvine:Merage	美国	$130,056	129%
49	—	华盛顿大学福斯特商学院	University of Washington:Foster	美国	$133,519	107%
49	74	加尔各答印度管理学院	Indian Institute of Management Calcutta	印度	$158,138	139%

（2）全球 EMBA 排行榜

《金融时报》排名以其严苛的参评标准与多元化的指标成为广受全球管理教育界认可的商学院排行榜之一。排名基于毕业生职业发展情况、课程及学校的多元化程度、教研水平 3 个部分的 16 个不同指标进行综合评估。自 2018 年起，"企业社会责任"连续两年被纳入排名评审标准。

榜单前五强中的其他院校的排名几乎没有变动，EMBA 市场表现出不同于其他 MBA 课程的稳定。例如，由哥伦比亚大学商学院（Columbia Business School）、香港大学（HKU）和伦敦商学院（LBS）合办的 EMBA-Global Asia 课程，以及中欧国际工商学院（Ceibs）的 Global EMBA 课程的排名与 2018 年一样。

中国商学院表现持续亮眼，在保持较高的进榜率的同时，有个别 EMBA 项目在排名中是跳跃式提升，也有中国的新项目入围。中国共有 7 家 EMBA 项目进入全球 15 强，占比 47%。复旦大学——华盛顿大学 EMBA，位列第 7；清华大学——INSEAD 双学位 EMBA，位列第 9）；上海交通大学安泰 EMBA，位列第 11；上海国家会计学院——凯瑞金融财务 EMBA，位列第 12，其表现最为亮眼，从第 25 位显著提升到第 12 位。

中国 EMBA 项目除了总榜成绩闪耀，在单项排名上也有不俗的表现。在国际师资比例的单项排名中，上海国家会计学院——凯瑞金融财务 EMBA 项目以 95% 的比例排名全球第 3，中国第 1。

在薪酬水平榜单中，中国大陆的几个入围 EMBA 项目薪酬的绝对值都有所增长。中欧国际工商学院全球 EMBA 项目以 446 495 美元的人均年收入位列全球第 3；上海交通大学安泰 EMBA 以 410 565 美元的人均年收入排名第 4，成为薪酬水平榜单项排名第 1 的中文授课项目。上海国家会计学院——凯瑞金融财务 EMBA 以 377 608 美元的人均年收入排名第 6；清华——INSEAD 项目以 372 808 美元的人均年收入排名第 7；复旦大学——华盛顿大学 EMBA 项目以 371 824 美元的人均年收入排名全球第 8。从历年排行表单比较得出 EMBA 毕业生的绝对薪酬在亚洲的增长水平相当迅猛。

中欧国际工商学院 Global EMBA 课程连续两年位列第 5，在亚洲独立办学课程中稳居第一。"此次 Global EMBA 课程再传捷报，意味着中欧首次连续两年 EMBA 和 MBA 两大课程稳居全球前十。"中欧副院长兼教务长丁远教授表示："全球管理教育市场正在趋于成熟，顶尖商学院的分布格局基本固定。作为一所扎根中国的商学院，中欧能够稳居前五，意味着中国及亚洲管理教育的崛起，同时也体现了学院在推进国际化方面取得了显著成效。"

自 2018 起，该排名特别添加了企业社会责任的单项指标，提请全球各大商学院注意企业社会责任的研究、教学、传播和践行。清华——INSEAD 项目列全球第 13 位、中国第 1，上海国家会计学院——凯瑞金融财务 EMBA 列全球第 21 位、中国第 2。这两个项目在企业社会责任的单项排名上大幅度领先中国所有入围课程。上海国家会计学院院长李扣庆表示："商学院本就应该通过顺应社会发展潮流的商学教育，造就更加有担当、有底线、有竞争力的人才。"

（3）金融时报全球 MBA 排行榜

英国《金融时报》（Financial Times）2019 年全日制 MBA 课程全球百强榜单公布，中欧国际工商学院、香港科技大学工商管理学院、复旦大学管理学院、香港大学、上海交通大学安泰管理学院等 6 所中国商学院在该榜单中占有一席之地。

MBA 意为工商管理硕士。它与一般研究型硕士学位不同，是为了培养中高级职业经理人员的一种专业硕士学位。《金融时报》全日制 MBA 课程排行榜于 1999 年推出，以其严苛参评入围的标准与多元化的指标体系成为全球最具权威的商学院排名之一。据此前人民网报道，2019 年 FT 全球 MBA 排行榜从世界 150 家商学院中，评选出了全日制 MBA 项目的前百强。

2019 年位列上述榜单前五强的商学院是斯坦福商学院、哈佛商学院、INSEAD、沃顿商学院及中欧国际工商学院。可以注意到，中欧国际工商学院创了该校在上述榜单上的历史最好成绩——相比去年在同一榜单上排名第 8 的成绩，该校此次跃升 3 位。同时，这也是迄今为止中国商学院在该榜单上所取得的最高排名。

复旦大学管理学院表现同样瞩目，根据百强榜单，其 MBA 项目位列全球第 34 位，相比去年上升了 8 名，在中国大陆大学商学院中位列第 1。"6 年排名成绩不断攀升，最近 3 年稳居全球 50 强。"复旦大学管理学院在其官方微信中发文称。在极具含金量的多个分指标上，复旦 MBA 项目均位居全球前列。"学生薪酬增幅全球第 1，学习投资价值、学习目标实现率、校友职业发展、职业服务 4 大分指标大中华区第 1。科研水平、校友推荐、国际化师资、国际化职业发展、国际化课程体验中国大陆大学商学院第 1。"上述文章称。

此外，香港科技大学工商管理学院、香港大学、上海交通大学安泰管理学院、香港中文商学院等 4 所中国商学院在上述榜单中的名次分列为第 18、41、51、57。尽管上述学校成绩优异，排名均在"百强榜"中上游位置，但与去年的名次相比，略有跌落。比如，香港科技大学商学院下降了 4 名，香港大学下降了 8 名，而上海交通大学安泰管理学院、香港中文大学商学院则分别下跌 17 名、14 名。

在最令人关注的毕业生毕业 3 年后的"平均工资"指标方面，斯坦福大学商学院以 228 074 美元位列榜首——这比最后一名的 79 956 美元高出近 3 倍。6 所中国商学院在"平均工资"上表现抢眼，中欧国际工商学院以 174 115 美元位居中国商学院第 1，而复旦大学管理学院则以 110 062 美元在中国商学院中垫底。

尽管复旦大学管理学院"平均工资"在所有上榜商学院中并不算高，但其在"学生薪酬增幅"指标方面的上升趋势颇为强劲，其 MBA 毕业生毕业 3 年后的薪酬增加了 195%，为全球最高。

事实上，薪酬增长最近两年一直是中国本土商学院的最强项。在 2018 年的百强榜中，上海交大安泰管理学院薪资增长率为 182%，排名全球第 1，连续 5 年排全球前 3 位，而复旦大学管理学院学生薪酬增长率则为全球第 2。

3.5.3　《经理人》排名

2012 年，《经理人》仍延续自 2004 年开始设立的、成熟的 MBA 排行规则。按照国际公认惯例，从 MBA 毕业生、企业雇主、商学院 3 个方面入手，全方位对 MBA 商学院进行排行调研。主要调研内容如下：商学院的师资实力、教学管理和就业服务等；MBA 毕业生对商学院的满意度和薪酬；企业雇主对 MBA 毕业生的综合能力、职业道德等的评价。毕业生方面，本次调研主要面向 2009 年的 MBA 毕业生。本年度重点调研的范围是 60 所院校的 MBA 项目，最终排出前 30 名。《经理人》委托第三方执行本年度对商学院部分数据的调查。经过往届的成熟运作，众多商学院对《经理人》排行的独立性和第三方，以及公开、公平、公正原则有了高度认可，故绝大多数受邀商学院均积极参与填写问卷，提供毕业生名单，协助调研。对积极配合的商学院，《经理人》均对其问卷进行独立审计和核查，确保真实完整。对不积极配合的商学院，《经理人》开展了独立第三方调查，包括匿名电话访问、桌面研究（二手数据搜集）、校友提供等方式。学生方面，《经理人》多渠道进行复合式调查。首先要求商学院提供其 MBA 毕业生的全部名单，进行随机抽样调查和电子邮件整体邀请调查，并通过工商企业人力资源部，以电子邮件、网上公布问卷等方式进行调查。MBA 毕业生受调查人数均满足统计学的要求。在工商企业对商学院及毕业生评价方面，《经理人》通过数据库，向企业董事长、CEO、副总裁、总监等 15 万名高级工商企业管理者以及人力资源部发放问卷，展开有效调查。未来，《经理人》还将按照国际惯例，两年一度地推进该项调查，打造中国最权威的 MBA 排行品牌。历时几个月调研，"2019 中国最佳 MBA 排行榜"终于在各界期待中隆重揭榜。榜首再次被清华大学经济管理学院 MBA 获得，北京大学光华管理学院 MBA 位列第 2，中山大学管理学院 MBA 位列第 3。今年国内最优秀的前 30 强 MBA 项目，各自的优势和特色非常明显，值得关注也非常让人期待它们今后的更佳表现。

过去几年，改革浪潮席卷了整个 MBA 行业，各项目在培养方案和招生上，纷纷开始大力改革，一些改革先行者已经开始收获战果，从榜单的名次变化中体现得尤为明显，也导致本年度整个榜单的变化较大。

过去，对排名影响最大的是招生范围和培养方案。如果一个院校能够积极地进行 MBA 培养改革，扩大招生范围，而且制订有吸引力、能培养出更多人才的培养方案，那么它的项目进展绝对会一骑绝尘。近些年，中国商学院排行榜的名次上升下降也都比较明显，有的项目刚开始时一路领先，但后劲不足，导致排名下跌。可以说，改革已经成为 MBA 发展的一个主要趋势，这种趋势也正在不断影响着整个行业的竞争格局。通过对排名前 30 强的项目进行分析，可以看出，几乎所有的项目都进行了一定改革。改革较早的清华大学经济管理学院 MBA，通过改革提高了生源质量，吸引了大量身处管理岗位且经验丰富的学生报名，学员质量大大提高。清华大学经济管理学院 MBA 培养方案也非常符合最新的工商企业管理需求，很受企业欢迎。上海交通大学安泰经济与管理学院 MBA 也进行了改革，提高了项目的整体实力。当前，很多商学院运用网络信息系统，进行 MBA 人才培养。iPad、信息系统，课件、网课，越来越多的无纸化载体成为 MBA 人才培养的一部分。智能手机 APP 和移动网络，也是非常具有时代创新的教学手段。通过这些新手段，教师和学生的交流更加顺畅，学生可以随时随地向教师请教问题，也可以随时和其他同学交流意见。这些创新手段让教学和管理更加高效。

3.6　工商管理专业学生就业方向

3.6.1　研究生教育

从目前来看，工商管理专业的学生在毕业后将会面临 4 种选择：就业、保研、考研和出国。其实无论是保研、考研还是出国，都是继续选择研究生教育；而就业则是直接走上工作岗位，开启人生的职业生涯。

研究生教育是学生本科毕业之后继续进行深造和学习的一种教育形式，又可以分为硕士研究生教育和博士研究生教育。在硕士阶段，考生需要参加国家统一组织的硕士研究生入学考试（含应届本科毕业生的推荐免试和部分高等学校经教育部批准自行组织的单独入学考试），被录取后进行 2～3 年的学习，在毕业时，若课程学习和论文答辩均符合学位条例的规定，可获得硕士生毕业证书和硕士学位证书。

（1）学术型硕士或专业型硕士

学术型硕士和专业型硕士都是硕士，但它们之间也存在一定区别，具体体现在以下 3 个方面。

第一，二者的培养方向不同。学术型硕士培养的目的是培养教学和科研人才，而专业型硕士的培养目的是培养特定高层次专门人才。相比之下，学术型硕士的教学更偏重理论与研究，而专业型硕士的教学更具应用性，培养的人才主要是为了进入企业发展。专业型硕士的毕业生就业空间更加广泛。

第二，二者的招生条件不同。虽然说学术型硕士、专业型硕士和在职专业型硕士的招生考试都是在每年的 12 月份进行统考，但是它们报考的条件要求有所不同。学术型硕士的报考者，一般不需要工作经历；而专业型硕士的报考者一般需要有一定年限的工作经验。但是，在 2009 年，国家对于全日制专业型硕士的报考条件进行了一定的修正。根据国家最新规定，应届生也可以报考专业型硕士，招生条件和原来的学术型硕士相一致。

第三，课程要求不同。虽然学术型硕士和专业型硕士的学制都是 2～3 年，但是相比之下，二者的课程侧重点不同。除主干课程外，专业型硕士的实践课程相比学术型硕士更多，一般要求有不少于 6 个月的实习期。而学术型硕士的课程更多地以理论为主。

（2）专业的选择

对于本科阶段的专业来说，硕士阶段的专业更具有方向性。学生应当在本科阶段的学习中，根据自己的兴趣和自身具备的知识，慎重选择硕士研究生的研究方向。硕士阶段专业的选择是就业或继续攻读博士学位的基础，因此，对于学生来说非常重要。《学位授予和人才培养学科目录》是由国务院学位委员会、教育部颁布的文件，2018 年 4 月更新了最新一版，学生在选择硕士研究生专业时可以参考。

在确定了专业以后，相应的考试科目也就明确了。一般而言，硕士研究生入学考试会包括公共课和专业课，对于经济管理类专业而言，公共课是全国统一考试的数学（根据不同的专业会考核"数学三"或者"数学四"）和英语，专业课则由所报考院校的相关专业来自行命题。因此，在进行专业和报考院校的选择时，需要进行综合考量，才会大大提高考取的可能性。

如果是继续在本校攻读本专业的硕士研究生，那么本科阶段的学习对于备考而言就显得十分重要，可以大大降低备考中的复习工作量。如果选择了本校的其他专业或外校的本专业或其他专业，那么就需要更早地做好复习准备，至少在专业课方面将要投入更多的时间和精力。

对于专业硕士而言，目前共有工商管理硕士（MBA）、工程管理硕士（MEM）、林业硕士（MF）、公共管理硕士（MPA）、法律硕士、教育硕士、工程硕士、农业硕士、会计硕士（MPAcc）、审计硕士（MAud）和应用心理硕士（MAP）等可供选择。

（3）推荐免试研究生

推免，也称"保研"，是高校保送优秀的学生进入本校或其他院校攻读硕士研究生的一项工作。获得保研资格的学生，都是在校期间无论学习成绩，还是综合素质都非常优秀的学生。但是，根据国家规定，保研的名额是有限的，获得保研资格需要层层筛选。高校推荐免试研究生通常有以下程序：发布保研简章—准备和寄送材料—笔试—面试—预录取—报名。高校应当按照国家规定的以上程序进行免试研究生的推荐工作。

想获得免试研究生推荐资格的学生，可以报考本校的专业，也可以报考其他学校的任何专业。现在，很多高校为了吸引更多优秀学生加入，抢夺优质生源，通常会以夏令营的方式与学生进行接触。通常，此类夏令营会在暑假进行，一般持续一周。有兴趣参加推荐免试研究生的学生，应当在大学二年级的下学期，密切关注各个著名高校发布的推免研究生夏令营活动，做好准备工作，积极参加，帮助自己获得进入名校的机会。夏令营的主要活动包括参观学校、学术交流、分享知名导师研究方向，高校还可以通过笔试、面试、实验测试等方式对学生进行考核，对于优秀的人才可以发放拟录取通知书，加快对人才的选拔。

（4）出国攻读硕士学位

随着经济全球化的发展和人民生活水平的日益提高，越来越多的家长都希望自己的孩子走出国门，去国外高校进行学习。很多学生也认为，出国攻读硕士学位可以开阔眼界，学习国际先进的专业知识。

在出国攻读硕士学位前，学生需要对国外高校的招生信息进行分析，针对不同的要求，准备不同的材料提出申请。一般来说，国外高校除了要求学生的英语水平外，还要参考学生在校的学习成绩和实践活动情况。因此，想要去国外攻读硕士学位的人，应当提前准备英语考试，备考雅思或托福，取得好的英语成绩；还应当在大学阶段努力学习，特别是专业课，取得好成绩。

3.6.2　就业

最近几年出现了一个非常有趣的现象，一些国际知名企业的总裁、CEO 等纷纷著书立说，以现身说法来介绍各自的管理经验和技巧。大量商业管理类书籍登上畅销书排行榜，这反映了社会对于高级工商管理类人才的追捧，"向管理要效益"已经成为众多企业的共识。

广义的工商管理包含的领域很多，下设的二级专业各具特色，主要包括工商管理、市场营销、财务管理、人力资源管理、旅游管理等。作为二级专业的工商管理，在就业中可以从事的领域包括运营管理、质量管理、市场营销、人力资源管理等。

（1）工商管理专业就业前景

工商管理专业中涉及的基础学科较多，系统庞杂。它不仅涉及人事、财务、会计等工作，还涉及企业经营中的计划、组织、策划、领导等工作。经济学和管理学是工商管理学科的理论基础，它涵盖人文科学和自然科学不同领域的知识。针对企业在运营过程中出现的资金筹措、财务管理、市场营销、投资分析和资源配置等方面，工商管理专业学生也都要学习。因此，对于会计学、金融学等专业性较强的专业，工商管理的就业范围更加广泛，学生可选择的就业岗位更多。可以说，在未来的几年中，工商管理专业的就业前景还是非常可观的。

随着市场经济的快速发展，第三产业的兴起速度也逐渐加快，各个企业对于工商管理人才的需求也越来越大，而工商管理的培养目标恰恰就是培养企业需要的中高层次综合管理人才。旅游行业、物流行业、电子商务、人力资源管理等，都需要职业经理人进行管理，这是工商管理专业发展的机会。

但是刚毕业的大学生直接进入企业的管理层是不现实的，因为在高校中，学生的企业管理实践并不足以让他们胜任企业的管理岗位。卓越的管理能力来自一线基层工作的经验积累，学生需要具备足够的科学思维和具体业务能力。因此，学生在上学期间，就应积极为就业做准备，在课余时间进入企业实习，积累基层工作经验，锻炼自己的实践能力，这样在求职时才更有优势。这些学生也能在进入企业后快速走上管理岗位。

（2）工商管理专业的就业选择

①营销管理类，相关职位有市场分析员、销售员、售后服务工程师、销售主管、

销售经理、销售总监等。

市场营销岗位入行要求低、高端营销岗位收入丰厚，而且市场需求量大，每年都吸引了大量的管理专业毕业生。相对其他专业的毕业生，工商管理专业的毕业生在与市场营销相关的市场管理及项目策划领域更能有出色的表现。面对激烈的行业内竞争，销售人员需要具备更为专业的素质和技能，因此，需要毕业生和准毕业生根据自身的职业定位和兴趣爱好，选择某一个行业的某个领军公司作为切入点，深入研究其销售模式、销售渠道、促销手段及经典的营销案例，并有意识地培养自己的心理承受能力和沟通能力。

②行政管理类，相关职位有总经理办公室秘书、行政管理、财务人员等。

行政管理类工作岗位主要负责的内容有公司年度运营方案的策划及推进，运行方案实施情况的监控、评价及持续改进。此类岗位要求从业人员对公司的总体运作、竞争对手、同内外大的环境变化等比较熟悉并具有一定的敏感度。对个人的组织能力、沟通能力及常用的统计分析工具的熟练使用程度有一定的要求；最好能掌握 SWOT、标杆管理、企业营运等方面的知识。但是对于初入职场的应届毕业生，由于没有技术背景和管理经验，往往难以胜任。为此，很多企业会考虑安排管理专业的新员工下到基层部门接受实践锻炼，以积累进入管理层所需的经验。作为走向管理岗位的过渡期，这一阶段的工作会比较庞杂、辛苦。作为初入职场的新人，认真观察、踏实做事、不怕辛苦、注重积累，才能为日后的工作积蓄力量。

③人力资源管理岗位，如招聘专员、绩效专员、培训专员等。

一般大中型企业内部都设有人力资源部，主管企业的招聘、员工培训、绩效考核、薪酬管理、人事调度等具体工作。工商管理专业下设人力资源管理方向，而且开设了如人力资源管理、组织行为学等课程，也为工商管理专业的毕业生和准毕业生开辟了一条就业渠道。

具有一定工作经验的人力资源岗位的高级管理人员比一般管理人员更容易成长为职业经理人员，因此，对于致力于从事这一岗位的工商管理专业的毕业生和准毕业生，不妨多利用实习机会，尽量争取能够进入大公司的人力资源部，熟悉招聘、培训、考核等日常工作流程，以及一些简单而实用的工作技巧。

④质量管理岗位，如质量体系工程师、供应商质量工程师、认证工程师等。

一般来说，从事质量管理岗位需要具备一定的技术知识。目前，国内该岗位就业前景不错，薪资待遇也还可以。但要真正从事这一岗位的工作，就需要掌握相对丰富的知识，如质量管理体系、3C 认证、全面质量管理、统计分析学、供应商管理等。

因此，致力于从事质量管理岗位工作的工商管理专业毕业生和准毕业生，首先需要认真学习课程内的理论知识，同时多参加一些制造型企业的实习锻炼，不断积累经验。

⑤物流管理类岗位，如报关员、跟单员等。

企业生产出产品，需要利用物流将产品发往各地，可以说，企业整体的经济效益是离不开物流的。物流管理也成为企业"第三个利润源"，创造出地点效用。物流管理是否有效，直接关系企业的产品销售、服务质量、用户评价等，关系着企业的生存和发展。

我国物流业发展极其迅速，截至 2019 年上半年，中国物流快递年业务量突破500 亿件，连续 5 年居世界第一。在这种情况下，物流人才的缺口也非常大，已经被列为 12 类紧缺人才之一。但是，物流管理人才的培养是需要一定工作经验积累的，这使得人才缺口不能及时补充。

除了管理工作经验，物流管理人才还需要具备全面的物流、国际贸易、法律等专业知识和技能。对于涉及进出口的物流管理工作，还需要具备外语能力和国外人文法律知识。因此，学生在大学期间就可以进行全国报关员和跟单员的知识学习，提前熟悉物流管理的相应工作。

⑥项目管理岗位，如项目管理职员、项目经理等。

项目管理岗位就是在项目中运用已有的专业知识、技能和方法，让项目能够在有限条件内，在规定时间内，达到一个完美的完成状态，实现设定的需求。项目管理是管理学的一个分支学科，是对一系列目标活动进行整体监测和管控。项目管理包括以下流程：策划—计划进度—完成—维护。一个合格的项目管理人员是一个优秀的资源整合者，他需要整合知识和人脉两个方面的内容。知识包括人力资源管理、风险管理、成本管理、财务管理、质量管理等专业知识，人脉包括供应商、工程师、专家、品质老板、产线老板等。这些都是项目管理人员未来发展的良好资源。

⑦管理咨询类岗位，如管理咨询师。

一般来说，企业在竞争激烈的环境下很难承担决策失败的风险，所以需要专业的外部独立视角来对企业的管理决策做检验，这也是管理咨询行业存在的需求基础。管理咨询师是一种职业，其价值在于其专业的独立分析判断能力，当然在具体业务中往往是管理咨询团队而非个人。

从事管理咨询工作往往需要较强的调查和分析能力，而且需要对相关行业领域有较为深刻的认识，因此，本科毕业生独立从事管理咨询工作的机会相对较少。但目前已经有越来越多的本科生进入管理咨询行业，从基础的助理做起，通过参与服务项目提升自身的能力，最终走上管理咨询师的岗位。因此，对于致力于成为管理咨询师的工商管理专业的毕业生和准毕业生，需要不断加强理论学习，而且要经常进行思维和写作锻炼。

⑧培训师岗位，如企业培训师、职业培训师等。

培训师，是指讲授具有职业针对性的专业知识，以企业和市场的最新发展状况为基础，结合就业形势，利用现代教学方法与手段，策划开发新职业的培训项目，制订培训计划，以满足企业用人需求的人员。培训师除了教学之外，还可以进行培训咨询。

新事物的不断出现，也催生了众多新兴行业，从而带动了对于新职业人才的需求。很多新职业岗位人员都是从基础岗位调任的，他们已经具备了相应的管理能力，也具备最新的满足市场发展需要的各种知识。企业培训师和职业培训师是培训师市场上的两个大类，这些人可以通过成为企业培训师或职业培训师，将自己的知识、经验和技能传授给其他人，在获取收益的同时推动新行业的发展。

要想成为一名合格的培训师，除了要不断研究工商管理专业的基础知识，还应当不断积累实践经验，了解行业发展的最新状况，能根据不同企业、行业的需求，制订教学计划，开发培训课程。同时，正确的培训方法和培训工具也是必不可少的，培训师都应当熟练掌握它们的使用方法。

第 4 章　目前地方高校工商管理专业人才培养模式现状

4.1　目前地方高校工商管理专业人才培养模式存在的问题

　　根据我国 2012 年教育部公布的本科专业目录，工商管理是管理学下的一级学科，管理学下二级学科设有工商管理、会计学、市场营销、人力资源管理、财务管理、国际商务、审计学、资产评估、物业管理和文化产业管理 10 个专业。如果按照一级学科设置本科专业的话，导致学生学习范围过宽，专业知识学习不够深入，容易使学生知识面广，但是不精通，尤其是当今社会分工越来越细，一个工人不可能从事多种工种，这使得许多毕业生在求职过程中很难准确定位，感觉自己好像是一块"万金油"，自己什么都能干，又什么都不能干，错失了求职机会，增加了就业的困难。所以工商管理专业应该紧密与当今经济社会发展联系起来，重视应用型人才培养是社会发展需求的必然趋势。但是，目前我院工商管理专业的人才培养方案中仍存在很多问题。

4.1.1　培养目标定位不准确

　　培养目标是人才培养模式的核心，它影响与制约着专业人才培养方案与培养方法。[①]工商管理类专业是一个基础较宽的学科，专业特色不明显，导致地方本科院校工商管理专业人才培养目标定位大同小异，学生的专业知识结构与地方经济发展和企业需求结构存在偏差，学生很难将就业与所学的知识结合起来，感觉课程体系大而空，导致学生的专业理论知识水平比重点大学低，而实践动手能力又比高职院校差。有些地方高校的培养目标完全照搬教育部或 "985" 院校介绍的专业培养目标，不能与自身办学特色、专业特色及本地区经济发展相结合，培养目标制定缺乏层次性，导

---

① 　王琦.我国高校城市管理专业人才培养模式的比较研究——基于人才培养方案的文本分析[J].湖南商学院学报，2014，21（3）：113-117.

致学习就业时没有突出表现，缺乏就业竞争力。面对我国市场经济飞速发展的现实，很多高校培养的工商管理专业毕业生在市场上已经形成了供过于求的状况，甚至市场已经出现了饱和。在这种状况下，仍有高校在人才培养方案中将"培养高级工商管理类专门人才"作为培养目标，很明显不合时宜了。由于就业压力的增大，本科高校毕业生毕业后的就业岗位一般是基层业务性岗位，用人单位需求最多的也是基层岗位，所以高校培养的"高级工商管理类专门人才"在很大概率上会在就业市场上遇冷。

4.1.2　教学方式和模式比较单调

（1）教学模式缺乏职业性特征

工商管理专业是一门实用性专业，实践与理论是同样重要的，应当都体现在人才培养方案中。但是很多高校在培养人才时职业特征不明显，体现在教学方法和教学模式上，就是课程体系设置无差异化。课程体系没有重视职业化人才培养的特色。现在很多高校的工商管理专业课程都注重全面性，学习的基础性知识过多，口径过大，知识结构全面了，相应的职业性实践教学的课程就被压缩了。虽然高校设置的课程对于工商管理专业来说能起到一定作用，但大部分情况下，实践也是非常重要的。另外，有些高校虽然开设了实践课，但形式大于内容，也不利于学生实践能力的培养。一些地方本科院校为了提高人才素质，要求教师为"双师型"教师，但很多地方不能提供这种师资条件，影响了人才培养的质量。

（2）教学方法过于传统

很多高校的教学方法过于传统，导致培养的工商管理专业人才不具有足够的创新性。在课堂教学中，教师是课堂教学的主体，甚至是全部。很多教师将教材作为唯一的工具，课堂讲授过多，照本宣科的现象严重，忽视了学生们的自主学习能力，不利于学生自主学习能力和创新能力的培养。教材上的内容往往与现实情况有一些脱节，教师也不能根据实际情况及时为学生更新教学内容，也不能为学生留下自习的时间，让学生学会独立思考、解决问题。在教材的选择上，部分高校工商管理专业选择的是国外教材或者是国内一流大学的教材，很多教学理论和方法与本地的实际存在差异性。这也不利于当地高校工商管理专业人才的培养工作，不利于学生毕业后在本地顺利找到合适的工作。对于工商管理类专业实践课程来说，虽然很多高校都配备了专门的工商管理实验室。但是，教学方法以软件模拟为主，与企业运营的真实情况还是有较大差距的。

4.1.3 实践教学的投入不足

实践教学是应用型人才培养中的重点部分，如果没有足够的实践教学，就会影响学生将理论知识转为实践应用的效果。但是，当前很多高校并不能很好地保证足够的实践教学投入，缺乏自身教学特色和培养优势。

（1）对实践教学的投入不足或盲目投入

部分高校对工商管理实践教学不够重视，不能为实践教学投入足够的经费，导致学生实训和实习工作开展不顺利，或实训和实习开展时间较短，不能很好地让学生将学到的理论知识在实践中得以巩固，使学生失去了进一步锻炼的机会。还有的高校盲目将经费投入到使用频率不高的实验设备上，也影响了实践教学的有效性。

（2）盲目引进师资

有的高校十分重视工商管理实践教学，因而积极引进优秀师资。这一做法的初衷并没有错，但在实际操作中，可能会出现引进的师资虽然教学水平非常高，但实践经验并不能满足当前飞速变化的市场经济。因此，盲目引进师资也会影响学生的实践教学效果，影响学生将知识转化为实践的能力，不利于学生实践应用能力的培养。

（3）实践教学的质量评价体系不完善

如何开展工商管理实践教学的质量评价，这是摆在每一个高校管理者面前的问题。就当前来说，很多高校都没有一个完善的实践教学质量评价体系。在实践教学中，绝大多数评价过程都是通过"考试"的传统方式进行的，"考试"在理论课程中可以起到很好的评价作用，但在实践教学中并不能很好地反映学生的实践应用能力。另外，一些高校虽然有针对工商管理实践教学的质量评价体系，但没有专门负责的机构来运行这一体系，大部分情况下由任课教师兼任，不能起到充足的监督作用，影响了质量评价的真实有效。

4.1.4 课程体系设置不合理

一是课程安排顺序不合理。应本着先打基础，然后拓展专业知识宽度的原则安排学习和考试的先后顺序。比如"中国近现代史纲要""中国近现代史纲要"等公共必修课和"组织行为学"，安排比较靠后；而"项目管理"安排在第四学期，比较靠前。许多专业基础课没有学或正在学，学生理解起来比较费力。二是课程内容交叉、重复较多。比如，"产业经济学"与"区域经济学"，"经济法"、"宪法"与"行政法与行政诉讼法"，"国际金融与贸易"与"金融学"，"经济应用文写作"与"毕业论文写作"等。三是该设的课程没有开。比如，支撑工商管理专业的课程，如"运筹学""管理信息系统""质量管理学""管理心理学"等。四是教学内容与企业实际需求脱节。课堂理论教学课时较多，缺乏实践环节，这与工商管理专业的综合性、实践性、应用性严重脱节，导致学生所学的内容不知如何用、也不会用，学习没有方向和兴趣，最终导致学生就业难。五是课时安排过于离散。特别是课时比较少的考查课程，一共16 个课时，一学期 16 个教学周，两周才上一次课，学生早已把上次所学的内容忘记，缺乏连续性，特别是"毕业论文写作""就业指导""大学生职业规划"等考查课，因为周课时太少，导致时间拉得太长，难以取得预期的效果。六是重视专业技能的培养，忽视人文素质和能力的构建。工商管理专业具有其特殊性，综合能力要求高，需要学生掌握人际交往能力，还有组织、领导、观察、判断、处理问题的能力，而目前课程体系设置上缺乏这方面专业能力的构建。

4.2　地方高校工商管理专业应用型人才培养的必要性

地方高校工商管理类专业差异化人才培养模式是结合地方高校办学特色、学生个体优势，打破标准化、规模化教育模式，有针对性地开展差异化培养的一种教育模式。[①] 地方高校工商管理类专业实施差异化人才培养的必要性，可以从其外部社会环境和自身发展来说明。

首先，从外部社会环境来看，随着我国改革开放进程的进一步加快，国家的经济主体呈现多元化的趋势，社会的发展对工商管理类人才需求的多样化趋势越来越明显，形成不同的用人单位细分。尽管是同一专业，但不同类型的雇主对工商管理类专业人才的要求必然是不同的。例如，外资企业、民营企业、国有企业、事业单位，这些用人单位尽管都会有工商管理类专业人才的需求，但其用人的标准是不同的，而且即使都是外资企业，只要是其所从事的行业不同，其对工商管理类专业的用人需求也是有差异的。差异化的人才需求要求我们培养出来的工商管理类专业人才也应该是有差异的。如果所有的大学都以同种模式、同种标准来培养人才，整个国家的大学就可能出现趋同化。这种按照标准化、规模化的教育无法提供差异化的人力资源，是不能满足社会发展对人才差异化的需求的。

---

① 殷耀如，陈雨前.地方高校"工与商结合"的工商管理专业复合性应用型人才培养研究 [J].时代人物，2008（3）：68-69.

其次，从自身发展来看，地方高校的一个显著特点就是它的地方性。一方面，它隶属于地方政府管辖；另一方面，它又与当地的经济、社会有着千丝万缕的联系。这种地方性也意味着学校的发展需要的资源来源有限，在大学的竞争格局中，不能采取盲目跟进的策略。另外，从高考录取分数线就可以看出，地方本科院校相对于部属院校来讲，其生源质量相对要低一些，因此在制订人才培养方案时，就应该实事求是，从眼前实际出发，结合当地经济发展的需求、学生的特点制订符合自身特色的培养方案。如果不顾资源相对贫乏的实际，简单地模仿发达地区的大学进行硬件投入，或以创建研究型大学来创办学校，争相引进高层次人才，在一定程度上会导致其发展艰难、运行失调。只有在合理定位的前提下找到一条适合的发展道路，才有可能在此基础上建构一套运行良好的内部运行与治理机制。

第5章　地方高校创新工商管理专业人才培养教学管理制度汇编

5.1　教学管理

5.1.1　课堂教学制度

课堂教学是教师的基本工作形式，是培养学生良好、正确的情感态度和价值观的主阵地，要着力引导学生使用学习方法，学会准确掌握知识和技能，不断提高学习能力，形成学科素养。教师除严格执行教学计划外，须执行以下常规。

第一，上课教师应充分做好课前准备，听到铃声就进课堂。师生互相问候后教师开始上课。中途不得离开课堂，不得做任何与教学无关的事；不得提前下课，不得拖堂。

第二，教师在课堂上必须讲究语言艺术，严禁语言粗俗，动作粗鲁。不得以任何形式体罚和变相体罚学生，不得在课堂上发泄个人怨气，不得以任何借口不让学生上课。

第三，下课铃响后，教师应结束授课。如校内或外地人员听课，教师应示意学生请听课人先离开教室，必要时鼓掌欢送。

第四，未经教导处允许，不得擅自调课、停课。外出教研活动可事先调好课，并报教导处。

第五，任课教师的课，班主任不得占用，也不能私自留学生帮助老师批作业、改试卷。

第六，教师在上课期间不得观看与教学无关的影片。

第七，上课期间，教师不得接打电话，应维持正常的课堂纪律。

5.1.2 作业布置及批改实施细则

布置作业是教师培养学生独立应用所学知识，进一步巩固和发展课内所获知识和技能的一个重要教学环节。通过布置与批改作业，学生可以及时复习和巩固课堂所学内容，教师可以发现学生学习中存在的问题，了解教学中的薄弱环节，以便及时采取措施补救。布置批改学生作业实施细则如下：

第一条 每个任课教师都有批改作业的义务与责任。

第二条 任课教师要按照课程的要求布置适当的课外作业，明确作业次数及交作业的时间，作业布置要紧扣课堂教学内容。

第三条 任课教师布置作业难度要适中，要求应明确、具体，形式要灵活多样。

第四条 任课教师应按时批改作业，以便及时了解情况，有针对性地改进教学。

第五条 对于学生自行增做的作业，任课教师应予以鼓励，并尽可能认真细致地给予批改。

第六条 任课教师批改作业要认真仔细，要指出学生作业中的优点和错误，对潦草、马虎、不符合要求的作业应退给学生令其重做。

第七条 任课教师在批改作业时，评语要准确、恰当，所用符号、略语应正确统一。

第八条 任课教师对学生作业中普遍存在的问题，应及时在课堂上予以讲解。

第九条 任课教师对学生完成作业的数量和质量要做好书面记载，并按一定比例（一般为20%~30%）记入学生本课程的平时成绩。

第十条 严禁学生或其他非任课教师批阅作业。

第十一条 院教学督导组检查任课教师作业批改情况，并在专设的表格中登记记录。

5.1.3 听课督导制度

第一章 总则

第一条 推行教学督导制，是学院强化教学管理，健全教学质量监控体系，检查与评估工作制度化、规范化的一项重要举措。

第二条 教学督导工作应坚持以评促建、督导并举、重在导向和以教学质量为中心的原则。

第二章 组织机构

第三条 学院设立院级教学督导组，其工作直接对主管院长负责。学院成立教学督导小组，负责本学院的教学督导工作。

第四条 学院教学督导组设组长 1 人，教学督导员若干人。学院督导员聘请院内外具备丰富的教学或教学管理经验，具备深厚的专业基础，熟悉教学规律，思想政治素质好、办事公正、身体健康并具有副高级以上职称的专家担任。

第五条 教学督导工作的职能是对开设课程的建设质量、任课教师的教学质量、在校学生的学习质量、教学过程的管理质量进行调查、分析、反馈、督促、咨询、评价及指导。及时发现教学工作中存在的问题，进行研究总结，提供改革的建议和方案，为学院领导及有关部门提供参考。

第三章 工作方式与任务

第六条 工作方式：学院督导组负责制订督导工作计划，负责学院教学工作的抽查、全院性的专项调研及配合各教学督导小组解决重难点问题。各教学督导小组依据学院教学督导计划制订相应的督导实施方案，对本院的教学工作全过程进行检查、督促、考评。学院督导室定期召开负责人督导工作通报会，反馈督导工作情况。教学督导工作通过随机听课、考察教学过程、查阅教学文件、参与教学检查、召开座谈会、开展专题调研等方式进行。

第七条 工作任务：

（1）听课评课，重点帮助青年教师提高授课质量。

（2）开展对各专业开设课程的建设质量、任课教师的教学质量、教学过程的管理质量的评估考核，并有针对性地开展指导活动。

（3）协助管理部门对教学过程及教学质量进行检查、监控并及时反馈。

（4）对学院教学管理制度、教学计划、教学文件的执行情况进行调研，对学院的教学改革、教学管理提供依据和建议。

（5）对教学中存在的重、难点问题与反映较集中的问题进行专项调研、了解情况，提供解决思路。

第四章 教学督导员的权利

第八条 教学督导员的主要权利：

（1）有权参加与教学督导有关的教学工作会议及各种教学活动。

（2）可随时深入课堂、实训室等教学现场听课、考察，并给予评价，提出合理建议。

（3）可调阅教师的教学文件、教学资料，包括教学日志、教学大纲、使用教材、教案、讲稿、教学课件、考试试卷、学生作业、实验报告等。

（4）有权向有关部门直至院领导反映情况、提出教学工作和教学管理工作的改进意见。

（5）有权召开教师和学生座谈会，了解教学情况。

（6）参与教学质量评估：检查教师考评工作，并提供评价意见。

第五章 工作纪律与要求

第九条 教学督导组每学期初须根据学院的教学工作安排制订出本学期的教学督导工作计划。

第十条 督导工作必须做到实事求是、公正合理、善意科学。

第十一条 教学督导员要加强学习，探讨教学督导工作的规律，不断提高教学督导工作水平。

第十二条 教学督导员要遵守工作纪律，未经同意，个人不得以任何形式泄露督导评估意见。

第十三条 教学督导员不得滥用职权、以权谋私、打击报复、包庇他人、侵害他人权益。督导员违反纪律，视其情节，给予警告、撤职直至行政处分。

第十四条 督导组工作、督导员工作均须按规定做好书面记录，填写相关表格。

第十五条 对于因教学经验不足，教学方法有待改进的青年教师要热情帮助，重点指导，使其尽快胜任工作，保证教学质量。

第十六条 教学督导评估资料应随时汇总、定期归档，逐步建立完整的教学评估档案。

第六章 其他

第十七条 被督导的单位或个人对督导意见有异议，有权向学院提出申诉。

5.1.4 教学检查制度

为了实现人才培养目标，保证人才培养质量，加强教学监督的力度，促使师生严格遵守教学规范，使教学检查与评价规范化、制度化，特制定本制度。

第一章 教学检查的主要机构

学院成立由主管教学的副院长和各教研室主任组成的检查督导组，负责组织本院的教学检查。

第二章 教学检查的类型及其内容

第一条 日常教学检查。

（1）日常教学巡查。

学院检查督导组安排日常教学巡查，负责巡查全院的教学秩序，安排日常教学巡查，负责巡查本学院教学秩序。

（2）教学常规检查。

主要对日常教学过程中教师的工作态度、教学方法、教学技能、教学进度，学生的学习情况和学院教学秩序等进行检查。通过随机听课、查阅资料、座谈等方法，掌握日常教学工作的情况，促使常规教学工作处于良好状态。

第二条 专项教学检查。

对教研室工作、专业建设、师资队伍建设、精品课程建设、实践性教学环节、校企结合等进行专项检查。

第三条 期初教学检查。

学期初对教学准备和教学工作开始的情况做全面检查。期初教学检查的主要内容包括学生报到注册情况、任课教师的配备及教学准备情况、教学软硬件到位情况、实践环节落实情况及其他教学支持服务情况。具体要求如下：

（1）在开课前一天检查学生的报到情况，查明未报到学生情况，填写学生报到情况统计表。

（2）在第一周内根据《期初教学情况检查表》要求对学院期初教学情况进行检查，填写期初教学情况检查表。如发现还存在疏漏，应尽快督促完成。

第四条 期中教学检查。

（1）检查时间：在每学期的第10周前后组织全院开展期中教学检查，在此之前做好自查工作，做到查漏补缺。

（2）检查方式：通过听汇报、查资料、开座谈会等方式进行。

（3）检查内容：主要对学院办公室、教研室管理、教师管理进行检查和调研。

第五条 期末教学检查。

期末教学检查主要结合期末考试、期末教学结束工作和学期教学资料的汇总情况进行。

第三章 检查要求

第六条 要求各成员充分履行职责，实事求是、客观地进行评价。

第七条 检查过程要做好记录，填写相关资料。检查结束后及时进行汇总和反馈。

第八条 检查中发现问题应进行追踪检查。

5.1.5 考试工作管理办法

为加强和规范本科课程考核与成绩管理工作，进一步规范考试工作，加强试卷制作、阅卷、试卷分析与试卷保管等的管理，结合本院实际，特制定本办法。

第一条 学生应当参加学校教育教学计划规定的课程和各种教育教学环节（以下统称"课程"）的考核。考核分考试和考查两种方式，必修课和专业选修课为考试课程，任意选修课为考查课程。

一学期内结束的课程按一门课程进行考核；跨学期的课程每学期按一门课程进行考核；学年论文、毕业论文、专业实训、教学实习等教学实践环节均按一门课程进行考核。

第二条 学生参加修读课程的考核，考核成绩合格即取得相应学分。

第三条 课程考核前，各任课教师须严格审查学生的考核资格，并将学生有无考核资格的情况在考核前一周随堂公布。学生如有异议，可在两天内向任课教师及其所在学院申请复议。教师和所在学院在接到复议申请后，三天内提出初步处理意见，报教务部审核后做出决定。

第四条 学生有下列情形之一的，取消其课程考核资格，该课程成绩以零分计：

（1）旷课时数达该课程计划时数的 1/4 以上。

（2）请假缺课时数达该课程计划时数 1/5 以上。

（3）缺交平时作业的 1/3 以上。

第五条 学生未经选课程序修读的课程，不得参加该课程的考核，擅自参加者不记载其考核成绩。

第六条 学生因故不能按规定时间参加课程考核的，须在考核前向所在学院提出缓考申请，填写缓考申请表，并在办理缓考手续后方可参加缓考。缓考一般安排在下一学期第 3 ~ 4 周进行，由教务部统一组织和安排。

第七条 学生有下列情形之一的，可申请办理缓考手续：

（1）因身体原因不能参加考核（须有校医出具的诊断证明）。

（2）该课程的考核时间与其他课程的考核时间相冲突。

（3）家庭发生重大灾难性变故，须回家处理。

（4）其他经学校认定无法参加课程考核的。

未办理缓考手续或缓考申请未予批准而不参加考核的学生，以旷考论处，其课程考核成绩以零分计。

第八条 对课程考核成绩不及格的学生给予一次补考的机会；补考仍不及格的，须参加课程的重修。

第九条 凡被取消考核资格、旷考、考试舞弊的学生，必须经过重修后才能参加相应课程的考核。

第十条 根据课程的特点和要求，课程考核可采取闭卷笔试、开卷笔试、口试、笔试与口试相结合、撰写论文（设计）、撰写调研报告等方式进行。每门课程的具体考核方式一般由任课教师提出方案，教研室签署意见，经学院审批后交教务部备案。

第十一条 必修课和专业选修课的考试在每学期最后两个教学周进行，具体考试课程由教务部根据各专业教学执行计划统一安排。

第十二条 学期中结束的必修课程，考试安排在授课结束后的一周内进行。任意选修课程的考查在课程授课结束时随堂进行。

第十三条 课程的考核时间一般为 120 分钟。因特殊情况需要延长考核时间的，由教研室提出，经学院审批，报教务部备案。

第十四条 学年论文、毕业论文（设计）等教学实践环节可采取书面评阅、口头答辩等方式进行考核；专业实训、教学实习成绩根据学生的实训、实习表现，实训、实习报告、实践单位鉴定等进行考核。

第十五条 考试命题工作一般由各教研室负责。各教研室组成命题小组统一命题、拟定参考答案和评分标准。建有试题库的课程，则由经济与管理学院协同教务处随机配题。对所有考试课程，必须拟定 A、B、C 3 套试题及相应的参考答案和评分标准（应有评分的具体要求，如采分点等），A、B、C 3 套试题应在题量、题型及难易程度等方面基本一致。

同一课程的试题内容与已用试题的重复率原则上应控制在 30% 以内。

试题必须首先交教研室主任审核签字，然后交院长审查签字。命题教师必须在课程结束两周前提交试题，院长及教研室主任必须在考试两周前完成试题的审定和签字程序。

第十六条 各门课程的命题应以教学大纲为依据，做到题量适中，难易程度合理。

第十七条 口试应采取先拟题后配题签的方式。题签总数应多于考生人数，并且不应重复。

第十八条 凡教学时数相同并使用同一教学大纲和教材的课程，均应统一命题，在同一时间内进行考核。主讲教师有创新意义的考试方法且符合本办法第十条规定的除外。

第十九条 试题（含口试题签）必须在学校规定的命题时间内完成，填写试卷付印单，经教研室主任或院长审核签字后，交教务处统一印制。

第二十条 所有课程考试实行主讲教师监考回避制度。

第二十一条 经济与管理学院在考试前两周确定监考人员。监考人员一旦确定，不得擅自调换。有特殊原因须调换的，由经济与管理学院批准同意后，报教务处备查。

监考人员应是本校教师或管理干部。

第二十二条 监考人员应按照监考的场次、时间和地点，于考试前 15 分钟或规定的时间领取试卷并到达考场。

第二十三条 监考人员应于开考前指导考生按秩序隔位就座，宣布考场规则。闭卷考试时，如发现考生携带除文具以外的物品，应指导考生集中存放到指定地点。

第二十四条 考前 10 分钟，监考人员当众启封并清点试卷，如发现问题，应及时与有关经济与管理学院或教务部联系；考前 5 分钟开始分发试卷。

第二十五条 考试开始后，监考人员应逐一核对学生的学生证或身份证，并检查其是否与考生本人及试卷上填写的姓名相符。

第二十六条 开考 30 分钟后，监考人员应清点实际参加考试的考生人数，收回缺考试卷，在考场情况登记表上填写缺考考生的姓名、实际参加考试的人数。

第二十七条 考试过程中，如发现考生有违反考场规则的迹象，应予以警示；对违纪舞弊的考生，应立即没收考卷，收集舞弊证据，令其退出考场，并在舞弊试卷成绩栏中注明"舞弊"字样，同时在考场情况登记表上详细记载其违纪舞弊情节。

第二十八条 考试结束后，监考人员应及时核对试卷份数，如实填写至少有两名监考人员签名的考场情况登记表一式两份。一份连同试卷交课程所在经济与管理学院，另一份连同学生违纪舞弊证据及其试卷交本经济与管理学院教学干事。

第二十九条 监考人员应严格按规定的时间组织考试，不得擅自延长或缩短考试时间。

第三十条 监考人员应认真履行监考职责，对考场纪律负责。在监考过程中不断巡视考场，不得擅自离开考场，不得使用通信工具、看书报、吸烟、闲聊等。

第三十一条 监考人员不得对考生就试题内容、题意做出解释或暗示。不得以任何方式隐瞒、包庇或协助学生违纪舞弊。

第三十二条 监考人员应制止与考试无关的人员进入考场，并接受考场巡视员的检查和指导。对考场出现的异常情况，监考人员应及时向考场巡视员或教务处报告。

第三十三条 监考人员违反上述规定，或因监考失职造成严重后果的，按学校有关规定处理。

第三十四条 考试结束后，监考人员应清点交卷份数，连同考场情况登记表和考试学生名册装入试卷袋。

试卷装袋密封后，监考教师应将试卷交经济与管理学院教学干事，然后由教学干事将试卷交有关学院阅卷。

第三十五条 在试卷交接的各个环节，有关工作人员应做好试卷交接的登记手续，认真检查密封包装情况，防止试卷泄密。命题教师和接触试题的工作人员，不得以任何方式泄题。如发生泄露或变相泄露试题的情况，要迅速采取补救措施，同时经济与管理学院将追究当事人责任。

第三十六条 考试期间，由经济与管理学院组织巡视小组对考场进行巡视与评估。

第三十七条 监考人员违反监考规定的，情节严重者按"教学事故"论处。

第三十八条 由多名教师担任同一门课程的考试，各课程负责人应组织集体阅卷；其他课程由学院组织有关教师阅卷。不得将试卷带回家评阅或擅自请人代阅。

第三十九条 考核成绩以百分制计。成绩一般由平时成绩和期末考试成绩组成，其中平时成绩占20%，期末考试成绩占80%。总评成绩60分以上为合格。

在成绩分析中，课程成绩分为优秀、良好、中等、及格、不及格五个等级。90分以上为优秀；80~89分为良好；70~79分为中等；60~69分为及格；60分以下为不及格。

第四十条 平时成绩由任课教师根据学生的作业完成度、课堂讨论和测验成绩等综合评定。

第四十一条 任课教师应及时评阅试卷，并在考试结束后一周内，通过网上成绩登录系统录入学生成绩。

实践性教学环节的成绩由经济与管理学院教学秘书负责录入。军事训练、专业实训、学年论文、教学实习等成绩应及时录入，毕业论文成绩应在每年5月底以前录入。

学生补考、缓考成绩，免修课程成绩，重修班考试成绩由教务部负责录入。

第四十二条 教师登录完成绩后，学院组织对试卷和学生成绩进行分析，并填写试卷分析表和成绩分析表。

考试成绩一般呈正态分布，如出现异常现象，任课教师应进行分析并做出说明。

任课教师应对考试反映的问题进行分析，并提出改进措施和建议。

试卷分析表和成绩分析表各一式三份，一份放入试卷袋，一份由经济与管理学院留存，一份交教务处。

第四十三条 所有阅卷工作在考试结束后两周内完成，并将试卷按要求装好统一交经济与管理学院存档。逾期未交者，处以 200~500 元 / 门的罚金，并限期上交。到期仍未上交者，再处以 500 元 / 门以上的罚金，并按"教学事故"论处。院长和相关课程负责人负连带责任，分别处以 200 元 / 门的罚金。

试卷保存期为 4 年。

第四十四条 学生成绩一经评定，任何人不得随意更改。每学期开学后，学生应及时上网核查本人成绩，如对考试成绩有异议，可向课程所在经济与管理学院提出书面申请，经课程所在经济与管理学院审查同意后，指定专人负责查卷，如确属错判、漏判、错登、漏登，须将学生申请、试卷和复核后的成绩由教学干事一并交教务处审核后，方能更正。

第四十五条 教师在登录完成绩后，应将成绩登记表（一式三联）交本学院教学干事。教学干事予以签收登记，并在规定时间内将本科生成绩登记表的第一联及试卷分析表和成绩分析表交教务处，第二联由经济与管理学院装入试卷袋，第三联留经济与管理学院存档。

军事训练、专业实训、学年论文、教学实习、毕业论文的纸质成绩单一式两份，一份交教务部，一份留经济与管理学院存档。

教学干事应将有关材料分门别类整理归档。

第四十六条 学生毕业或因其他原因离校时，由经济与管理学院统一打印本科学生学习成绩表一式两份，并经教务处审核后加盖成绩专用章。成绩单一份由工商管理学院归入学生本人档案，一份由经济与管理学院直接存入学校档案馆。

对于提前或推迟毕业的学生，其成绩单由教务处按毕业年份单独造册移交学校档案馆存档。

学生毕业或因其他原因离校后，若需要成绩证明，可到学校档案馆办理。

第四十七条 凡在考试中舞弊的学生，除学校按规定给予处罚外，经济与管理学院将取消其一切评优资格，期限为 1 学年。

第四十八条 凡未按规定完成工作任务甚至违规的教师，除根据学校有关规定进行严肃处理外，经济与管理学院可视情况推延其晋升职称的时间，并视情节轻重给予其 200~2000 元的处罚。

5.1.6 试卷命题规定

为进一步规范考试命题和试卷管理工作，强化和规范考试的命题、试卷的制作、评阅、分析与保管，全面提升考试综合管理水平，特制定本办法。

第一章 考试试卷命题的原则

各门课程考试试卷命题前，学院应对命题人员进行培训。命题人员应按有关规定履行保密义务和责任。

第一条 命题原则：

（1）科学性原则。试题无科学性错误；能处理好知识与能力、理论与实践、重点与覆盖面的相互关系。

（2）合理性原则。试卷的内容、范围、深度均符合教学大纲的有关规定；试卷结构在题型、题量、题分、难度、区分度、认知层次比例方面分配合理；评分标准简便、准确，便于把握。

（3）有效性原则。组成试卷的试题具有代表性，能够准确地测评学生掌握知识的程度和运用知识解决问题的能力。

第二章 考试试卷命题要求

第二条 各门课程都要建立和完善试题库。建有试题库的课程和其他有条件的基础课程应实行教、考分离，统一考试。凡课时、大纲、教材相同且结束时间基本相同的课程，均应实行统一考试和统一评卷。

第三条 试题内容要符合教学大纲中对知识、能力的基本要求，能覆盖课程的基本内容，并体现本课程的重点内容。命题教师应根据教学大纲要求确定考核的知识点、分数权重来组成试卷。

第四条 客观性试题答案应准确无误。主观性试题参考答案要给出评分要点和评分标准。评分标准要合理，便于掌握。解题步骤、要点的给分不应出现小数。多种解法的试题要加以说明。

第五条 同一课程考试试题与前两次相同的题目应控制在 30% 以内。

第六条 试卷编制要综合考虑试卷的总体难度、题量大小，做到难易适度、题量恰当，有较全面的知识覆盖面。同时，要兼顾对学生能力的培养，试题中应具有反映综合性、灵活性和时代性的内容。试卷编制的总体难度可按 7：2：1 的原则，即基本理论知识要求的题目应占 70% 左右，中等难度的题目应占 20% 左右，难度较大的题目应占 10% 左右。

第七条 合成（包括计算机组卷）试卷时，要把同一题型的试题编制在一起，试题编排总体上要做到从易到难，由简到繁。

第八条 同一门课程应出两套试卷（A 卷和 B 卷），并配有参考答案、评分标准和评分的具体要求（如采分点等）。两套试题应在题量、题型及难易程度等方面基本一致，完全相同试题的分数之和不得超过 30 分。

第九条 试卷的每道题后面都应标有相应的分数。答题纸上必须有密封装订线。

第十条 考试命题工作一般应在考试前一周内完成。教研室必须在考试前一周的最后一个工作日前完成试题的审定和签字程序。

5.1.7 教师监考、评卷细则

（1）监考方面

①监考老师必须履行监考职责，不能迟到早退。中途不得擅自离场，不得接听电话，阅读书籍，改卷。

②提前 15 分钟到考试单位领取试卷，提前 10 分钟入考场。

③让学生抽签进入考场确定座次。

④每场考试考前均须宣读考场规则，申明考场纪律，给学生强调：携带通信工具入考场、协同作弊（相互传纸条）、转考一经发现按新规定，即被开除学籍。

⑤考前将学生携带的书籍、通信工具等收缴上来。

⑥监考中认真填写考场记录表，考试结束后装袋，作为试卷装订附件及作弊取证依据。

⑦发现作弊现象一定要取证，并让学生在考场记录表等书面证据上签字并确认考试结束后 1 小时内将考场记录表及作弊学生试卷交学院教学干事。

⑧考完后试卷及时交学院。

（2）评卷方面

①评卷中要本着公正、公平的原则，按统一标准判卷。

②在学校规定的日期前，任课教师向院内上缴试卷，同时上缴试卷分析表，并办理试卷交接手续。

③任课教师（含公共课）自己将成绩登录到教务系统中，并向院内提供一式两份成绩登记册。

④在学生离校前，不及格学生的成绩应通知其本人，以便学生利用假期复习。

（3）责任追究与认定

教师未履行监考职责，出现影响考试正常进行、不能及时发现和制止作弊现象、出具的成绩有失公正、延误提交考试成绩等现象的，按有关规定追究当事人责任。

5.1.8　试卷评卷规定

第一章 评阅

第一条 考试结束后，试卷的评阅工作应在 1 周内完成。试卷的评阅应严格按照参考答案和评分标准进行。

第二条 凡一门课程同学分、同要求，有两名以上教师任课的，其试卷评阅工作，应由教研室通过统一地点、统一时间、流水作业方式进行集体评阅。

第三条 试卷评阅后，所得总分应等于各题得分的总和，平时成绩不应该在卷面上体现。

第四条 阅卷结束后，由学院统一组织任课教师拆封试卷并按要求及时登录学生成绩。

第五条 每门课程的总分、原始成绩单、网上登录的成绩三者要统一。

第二章 分析

第六条 评阅试卷后，任课教师应对所任课程的学生总体成绩情况进行相关分析，将分析表与试卷一起交学院存档备查。

第七条 考试成绩一般应符合正态分布规律，优秀率原则上须控制在 1/4 以内。若成绩不符合正态分布，如优秀率或不及格率偏高，任课教师应对此进行分析和总结，提交说明报告，制定改进措施。

第八条 任课教师上交试卷和试卷分析报告后，学院应定期组织教师对各考试科目的试卷进行综合评价，对命题的质量（试卷的覆盖面、题量、题目等）和阅卷质量进行总体分析和评估。

第九条 每学期初教务处将组织有关专家对学院等随机抽取的上学期部分试卷进行综合评估，评估结果在全院通报。

5.1.9　本科教学管理制度

第一章 总则

第一条 为实现我院教学的科学化和规范化管理，切实提高管理水平、教学质量和办学效益，保证我院人才培养目标的实现，结合我院教学管理工作的实际，特制定本制度。

第二条 教学工作是学院经常性的中心工作，教学管理在日常管理中占有特别重要的地位。教学质量是永恒的主题，教学管理、教学建设、教学改革是保证和不断提高教学质量的 3 个基本要素。

第三条 教学管理包括教学运行管理、教学质量监控与评价，以及学科、专业、课程、教材、实验室、实践教学基地、学风、教学队伍、教学管理制度等教学基本建设管理。

第四条 教学管理的基本任务是研究教学及其管理规律，改进教学管理工作，提高教学管理水平；建立稳定的教学秩序，保证教学工作正常运行；研究并组织实施教学改革；努力调动教师和学生教与学的积极性。

第五条 学院里的每位教师都要以培养高素质、高层次的人才为中心，协调配合，认真落实教学育人、科研育人、服务育人、环境育人、氛围育人、全面育人教育方针。

第六条 学院里的教学管理系统为学院、教研室、教学团队三级管理。

第二章 教学运行管理

第七条 在教学管理中，教学运行管理是按教学计划对教学活动实施的最核心、最重要的管理。要求全院教师协同、上下协调、严格执行教学规范和各项制度，保持教学工作的稳定运行，保证教学质量。

第八条 制定课程教学大纲、教案，填写教学进度表。教学大纲、教案、教学进度表三者要保持一致（尤其是课时分配），不能自相矛盾。

第九条 教学大纲、教案要严格按照教务部的基本规范进行编写；要坚持本学院的办学指导思想，体现改革精神；要符合培养目标要求，结合科学体系和教学特点，体现科学性与思想性结合、理论联系实际的原则，而且还要在一定的稳定性基础上不断进行更新。

第十条 课程教学大纲的内容应包括课程名称、学时与学分、考核方式、先修课程、适用专业、课程教学目标、课程说明、基本教学内容、实践教学环节要求、学时分配及必要的说明等部分。每门课程均应有教学大纲。授课教师应严格执行教学大纲。如须改动，须及时申请，经批准方可变动。

第十一条 备课。

教师应在上课前全面熟悉教材，广泛阅读参考文献资料，准确把握基本理论、基本技能和每个章节的基本要求，认真撰写教案或讲义，保证教学取得良好效果。开课前，开课的教师必须准备好该课程一半以上的教案或课件。教案或课件是反映教师教学水平和备课情况的重要依据，应于开学第一周上交教学干事保留备查。

新开课教师必须经过该课程必要的教学辅助工作的锻炼，并进行试讲。试讲合格者方能上课；试讲未通过者，不能承担讲课任务。同时，各教研室应指定认真负责且具有丰富教学经验的教师对其予以指导。

第十二条　课堂讲授。

任课教师在教学过程中应严格遵守课堂教学的基本要求，教师授课应做到语言简练，普通话标准，用字规范，板书规范，字迹工整；理论阐述准确，观点鲜明，概念明确，论证严密；内容丰富，联系实际，能反映本学科的最新成果及发展趋势；讲授条理分明，逻辑性强，深入浅出，突出重点、难点和疑点；教学内容既能注重基础，又能反映学科发展的新动态，阐明基础理论在当今高新技术领域中的应用。

任课教师应根据教学对象的层次采用有效的教学方式和方法进行教学，努力营造学生积极参与的课堂教学氛围，注重与学生的交流、互动，善于激发学生学习的积极性，充分调动学生学习和思维的积极性和主动性，注意培养学生分析和解决问题的能力、创新能力和自学能力。

任课教师备课要充分，内容要熟练，力求做到能脱离讲稿授课；表达要流畅，语言要规范，使用普通话；文字、符号、图表要符合国家标准。

教师应明确指定与课程相适应的课外必读书目、辅助教学用书和参考资料，并按照教学大纲的规定布置作业，认真批改。

教师应全身心投入课堂教学，注重教学艺术，积极探索教学手段、教学方法的改革；要充分合理地使用现代化教学手段，重视教学效果、教学质量的信息反馈，多方听取意见和建议，积极改进教学工作，提高教学水平。

教师和学生应穿着得体，举止文明。任课教师应模范遵守学校有关课堂教学的纪律和规定，执教期间应坚守岗位。按课表在规定的时间、地点上课，不能迟到、提前下课，不得自行更改上课时间或地点。

任课教师在课堂上应关闭所有通信工具，不得使用手机和呼机，不得吸烟和做其他与教学活动无关的事情。

任课教师应自觉接受学校及学院教学管理职能部门和教学顾问组的听课及其他教学质量检查。

第十三条　习题课是课堂教学的一种形式。教师应配合课程要求，精选出数量适宜、难易适度且具有综合性、典型性、启发性的习题，讲练结合，达到举一反三、触类旁通的效果。

第十四条　辅导答疑。

辅导答疑是课堂讲授的重要补充，主讲教师应及时了解学生的学习状况和学习中存在的问题，认真准备，及时做好辅导答疑工作。

每门课程，每周或每个教学单元都要安排一二次辅导答疑，并做记录。辅导和答疑一般个别进行，必要时也可集体进行。

第十五条 课堂讨论。

课堂讨论的论题应是在教师主持下，能充分发挥学生主体作用的论题。论题应当是本门课程的基本理论和重点、热点问题。论题要难易适度，有启发性。

课堂讨论中，要注意引导学生的思路，启迪学生的思维，活跃学生的思想，鼓励学生有创造性地发言，培养学生的创新能力。

做好讨论总结和讲评。

第十六条 作业。

作业是考查学生理解掌握教学内容，加强思维训练，提高分析解决问题能力的一个重要环节。教师应依据课程的性质与要求布置分量适当的作业。

批改作业要认真、仔细、确保质量。批改量不少于学生人数的 1/3，专业基础课和专业课作业原则上要全部批改。教师必须进行作业批改登记，对不符合要求的作业要退给学生重做，对作业中出现的问题，应做好作业讲评。

布置给学生的习题、作业，教师要预做。

学生作业的完成情况，应作为学生所修课程平时成绩的主要依据之一，并按一定比例（一般为 70% ~ 80%）作为平时成绩的一部分记入总评成绩内。教师对作业的具体要求应提前向学生公布。对迟交作业的学生应酌情扣分，对抄袭他人作业的学生应给予批评教育。对不交作业达整个学期总量 1/3 以上的学生，取消其课程考核资格，该课程成绩以零分计。

在期中或期末抽查学生作业，以了解教师批改作业的情况，并作为考核教师教学的内容之一。

第十七条 多媒体辅助教学。

教师在教学过程中起主导作用。教学质量的高低主要取决于教师的精力投入、学术造诣、教学经验和教学艺术。教师的课堂讲授是提高质量的主要环节，它通过语言和非语言（神态、体态等）等表达形式，向学生传授知识，培养学生的科学精神、人文素养和创新思维能力，促进学生知识、能力、素质的全面发展。多媒体屏幕显示只是教师为实现上述目标而采用的辅助手段，代替不了教师的主导作用。

学生是教学过程中的主体。多媒体课件的制作和使用，要有助于调动学生学习的主动性和积极性，引导他们提高自主获取、选择和使用信息的能力。这是取得良好教学效果的关键，也是衡量多媒体等一切教学手段优劣的标准。

教师要以积极的态度运用多媒体教学手段。要根据不同学科、不同课程、同一课程中的不同内容，以及教师自身的教学经验和学生的具体情况，制作和使用多媒体课件。对某些部分也可以不使用多媒体而用粉笔板书教学。

多媒体课件应是体现教师的学术造诣、讲授思路、教学风格、教学经验的一种载体，是教师个人精心组织教学的现代化教案。因此，不仅在技术上要求精益求精，更应在教学内容的选取、组织和贯彻启发式教学原则等方面狠下功夫。切忌为了备课而仅仅将几个标题、教材目录或大片文字投影在屏幕上的做法。

多媒体课件制作技术的基本要求：

（1）课件的内容要科学、准确，逻辑严密，符合学生的认知规律，有利于培养学生的创新意识和能力。

（2）课件页面帧数要恰当，每帧所用颜色不宜过多，各章节前景色和背景色选取应特别注意显示的清晰度，保证视觉效果。

（3）文字应简练、规范，字号要适当，图形、图像要清晰，重点、难点要突出标明，宜动态显示的尽量动态显示，以保证视觉效果，使教室后排座位的学生也能看清。切忌密密麻麻的小字布满每帧页面。

（4）要有导航和互动功能，以便教师灵活驾驭教学内容，师生互动开展教学活动。

对教师使用多媒体课件教学的要求：

（1）教师在课前要精心备课，设计好讲授内容和多媒体显示相配合的教案，做到"胸有成竹"；每门课授课前，要熟悉多媒体教室的设备、所装软件、操作方法；上课时提前进入教室，检查调试设备，保证多媒体课件正常运行；一旦出现停电、设备故障的情况不能停课，应坚持用粉笔板书，照常讲课。

（2）教师在讲授过程中，要根据课程内容的逻辑体系和学生的认知规律，应逐帧、逐条、逐行，甚至采用打字方式逐字显示多媒体课件，使学生能实现听、看、想的统一，加深对教学内容的理解，让学生有思考和适当记笔记时间。必要时用板书，特别是针对数学推导等内容，教师应将屏幕显示和适当的板书结合起来讲授。

（3）教师应站立讲课，最好用教鞭指点屏幕上的内容，引导学生的视线，集中学生的注意力，增强教学效果。教师不能坐在操作台前，面对电脑显示器"照屏宣科"。

（4）为了使学生在课堂上能够集中注意力听课，便于课后复习和自学，巩固和扩展课堂讲授内容，可以让学生下载、拷贝教师制作的多媒体课件。

对多媒体辅助教学的管理：

（1）学院主管教学工作的领导和有关教学管理人员，要经常深入课堂，关心、了解多媒体教学状况。对学生意见大、效果差的多媒体教学采取切实措施，帮助改进，必要时可暂时停止使用多媒体教学。

（2）各教研室或课程组要积极开展多媒体教学方法研究，发扬团队力量，提高多媒体教学质量。适当组织观摩教学，推动多媒体教学不断完善。

第十八条 调、停课

为了保证本学院教学工作正常有序地进行，教师原则上不能进行调、停课。如确实需要调、停课的，必须严格按照规定的程序执行。

教师须办理调、停课手续的，必须先写出书面申请，说明原因，附上相关证明材料（会议通知、医院通知单、电报等），然后先交院长签署意见，最后由教学干事填写教务处统一印制的调课单，交教务处备案并通知学生。

院长可在本院内确定代课教师。如不影响学生正常上课，可在教师书面申请上注明。

临时因故未能到课的教师，除必须至少提前半小时告知本学院办公室外，还必须在3天内补办上述批准手续。

学院处理教师病、事假的权限为3天。超过3天，要按学校有关规定报学校组织人事及教务部门批准。若任课教师的调、停课申请未被批准，不得私自调、停课，违者必须提交书面情况说明或检查，并在全院大会上提出公开批评。情节严重的按教学事故论处，并报学校处理。

第十九条 日常教学管理。要严格执行学校的各项教学管理规定，按要求完成教学任务，保证全院教学秩序稳定，严格控制对教学进度和调、停课的审批，及时处理执行过程中的事故。

第二十条 教师工作管理。做好每学期教师工作量的计算和教师考核。内容包括教学任务完成情况、教学态度、教学质量及效果、教书育人、教学改革与研究以及其他教学兼职的完成情况。

第二十一条 教学档案管理。按学校有关规定建立教学档案管理制度。教学档案一般包括教学文件、教务档案、教师业务档案、学生学习档案。兼职教学干事负责此项工作。

第三章 教学质量监控与评价

第二十二条 教学管理的最终目的是保证和提高教学质量。要通过不断改善本学院教学质量的内部因素（教师、学生、教学条件、教学管理等）和外部因素（方针、政策、体制等），通过科学地评价、分析教学质量，建立通畅的信息反馈网络，营造和维护良好的育人环境，达到最佳教学效果。

第二十三条 提高质量意识，树立正确的、全面的质量观，坚持严格的质量标准。要坚持德、智、体、美全面发展的观点，知识、能力和素质综合发展的观点，智力因素与非智力因素协调发展的观点。

第二十四条 搞好全过程的质量管理。主要是以下内容：教学计划实施、教学过程、教学辅助过程、科学化考试等 4 个方面的质量管理。

第二十五条 教学质量检查。建立教学质量监控体系，采取多种方式经常了解教学情况，如检查教学大纲、教案、课件、抽查作业、分析考试成绩或试卷、听课等，加强教学信息反馈过程的管理。以教研室为单位，要认真进行期初、期中、期末教学检查等。

第四章 教学基本建设

第二十六条 教学基本建设包括学科建设、专业建设、课程建设、教材建设、实践教学基地建设、学风建设、教学队伍建设、管理制度建设等。它们是保证教学质量的最重要的基础性建设，在学院的发展、建设中占最重要的地位。

第二十七条 学科和专业建设。要科学规划本学院的学科和专业结构体系，以学科建设为基础，以市场为导向，拓宽本科专业口径，扩大专业基础，增强学生的社会适应性。

第二十八条 课程建设。课程建设要进行理论研究，明确总体目标、任务、指导思想和原则；要制定建设规划，进行有计划、有目标，分阶段、分层次的系统建设；以建设精品课程为中心，深化教学内容、课程体系改革，打造出一批精品课程，形成国家级、省级、校级精品课程梯队；重视系列课程建设和专业平台建设，构建科学的专业课程体系。

第二十九条 教材建设。制定切实可行的教材建设规划。加强文字教材、实物教材、视听教材和多媒体教材规划和建设工作。鼓励选用国家优秀教材，并结合教学内容和课程建设改革，依据教学大纲抓好讲义或自编教材的编写工作。做好教学质量评估和优秀教材评审、奖励工作。

第三十条 实践教学基地建设。坚持校内外结合，做好全面规划。实验室建设与学科专业建设、课程建设相匹配，做好实验室的计划管理、技术管理、固定资产管理。建设稳定的校外实习基地，努力把实习与承担实习单位的实际工作结合起来，做到互利互惠，以取得校外实习单位的支持。

第三十一条 学风建设。学风包括教师的治学作风和学生的学习目的、学习态度、学习纪律等方面的学习作风。要通过思想建设、组织建设、制度建设和环境建设，逐步形成好的传统。把学风建设与本学院德育工作相结合。要特别重视考风建设，通过严肃的教育和严格的管理，坚决制止考试作弊等不良行为，纠正不良风气。

第三十二条 健全教学工作的领导体制。学院的教学工作由院长全面负责，通过教研室的作用，统一调动全院及全校的各种资源为教学服务，统一管理教学工作进程及信息反馈，实现各项教学管理目标。

第三十三条 重视教研室的建设。作为教学基层组织，其主要职能是：完成教学计划所规定的课程及其他环节的教学任务；开展教学研究、科学研究，组织学术活动；组织师资的培养提高活动，分配教师的工作任务。

第五章 附则

第三十四条 开展教学管理及教育研究，是所有教学管理人员、教师的共同任务。教育教学管理是一门科学，开展教学管理及教育研究是一项综合性、应用性很强的工作。

坚持党的教育方针，坚持社会主义办学方向，坚持以培养高素质、高质量人才为重点；做好长远和近期规划；有计划、有目的、有重点地组织立项交流研究；把研究与提高管理队伍的水平结合起来。

第三十五条 教学管理与教育研究要紧密结合本学院教学改革的实际，积极开展人才培养模式、教学内容、课程体系和教学方法的改革，深入进行比较教育研究，努力开展各种教学改革试点工作。

5.1.10 试题库建设管理办法

课程考核是高校教学工作的重要环节。为加强我院试题库建设管理工作，逐步推进教考分离，促进教风和学风建设，不断提高教学质量，特制定本办法。

（1）指导思想

全面贯彻党的教育方针，坚持教育创新，深化教育教学改革，逐步推进教考分离，强化考试的科学性，体现考试的公正与公平原则，促进教学质量的提高。

（2）命题标准

①试题库建设采用套题形式，原则上每门课程试题库试题建设数量为10套。

②题目类型：

a. 名词解释；

b. 填空；

c. 选择（单项、多项）；

d. 判断；

e. 改错；

f. 简答；

g. 计算；

h. 论述；

i. 业务处理题。

各门课程可根据课程的特点选择适合的题型，每门课程至少 4 种题型。

③命题应依照专业培养方案和课程教学大纲，确定试题的覆盖范围。试题应覆盖课程教学大纲基本要求和课程主要教学内容，能着重考查学生的基础知识、基本理论和基本技能，培养学生分析问题、解决问题的能力；能从不同角度考核学生的课程学习情况，加深学生对课程知识的理解和掌握，促进学生知识、能力、素质的协调发展。

④命题要求难度和题量适中，每套试题量以适合 120 分钟的考试时间为宜。

⑤试题库中各套题之间重复率不得超过 25%，每套试题的总分为 100 分。

⑥试题的表述必须用词恰当，表意确切明了，文字简练。

⑦试题之间应彼此独立，不得含有本试题或同卷其他试题的答案线索。

⑧试题的正确答案应该是没有争议的，而且有利于客观评分。

⑨试题应按学院统一的试题纸格式打印，并附评分标准和参考答案。

⑩试题、评分标准和参考答案应排版规范、打印清晰、校对准确。

（3）建设程序

①试题库建设以学年为单位进行建设，各教研室主任负责确定本教研室每学年试题库建设任务和计划；各教研室主任负责组织相关课程试题库的建设和实施。

②各教研室根据教学计划确定学年试题库建设计划，按照课程归属，组织相关课程教师进行试题库建设。

③出题教师按照试题库建设计划和命题要求编制、录入试题。试题录入时要仔细认真，不能有错漏。

④教务处组织专家进行审核，审核完毕后将每套试题进行编号并分袋密封统一保管。

（4）管理及使用

①试题库由教学干事统一管理，任何个人不得以任何形式保留入库试题（卷）原

稿或复印件。

②试题库试题用于本科学生期末考试、补考和缓考考试。

③考试前由教务处从试题库中随机抽取考试试题，并登记试题使用情况。

④考试使用过的试题应从试题库中剔除。课程试题库试题少于 5 套时，教务处以书面形式通知相关课程所属教研室补充建设。

⑤因培养方案、教学大纲及教学内容出现需要调整修订试题库时，课程所属教研室向学院提出书面申请，审批后进行建设更新。

（5）其他

试题库属学院保密材料，建设过程中所有接触过试题的人员对试题均应严格保密。如有泄密，按学校有关保密的规定，追究相关人员责任。

5.1.11 教学保密规章制度

根据全省保密工作会议精神的要求，根据学院保密委员会在全院范围内的保密法制教育、保密法规学习和保密工作的要求，特制定保密规章制度，其内容如下：

总则

第一条 在院内设置保密委员或保密干事。

第二条 充分落实严格管理、责任到人，严密防范、确保安全的保密工作要求。

第三条 定期检查存在的问题并及时制定相应的整改措施。

第四条 具体负责人员须做到自查自纠，明确自身的保密工作职责。

第五条 定期开展全院范围内的关于保密职责及其相关内容的学习。

第六条 对于涉密人员须做到严格管理，强调责任到位；对于涉密材料及其相关内容做到严格管理；对于本规章制度须做到严格遵守，落实到位。

第七条 对于因过失，或故意造成泄密，或间接过失造成的泄密，视其情节严重程度给予相应处罚。

5.1.12 教学档案建档管理制度

为实现教学档案管理工作的标准化、规范化和现代化，充分发挥教学档案在学校教学管理、教学运行、教学研究等各项管理工作中的作用，根据教育部《高等学校教学管理要点》《高等学校档案实体分类法》《高等学校档案工作规范》，特制定本规定。

第一章 总则

第一条 教学档案是教学职能部门在教学活动中积累形成的文件集合体。教学档案的建设是衡量高等学校教学管理水平和教学质量的重要指标之一，是学院档案的主体、核心和重点内容。

第二条　归档的教学档案必须能够反映教学管理和教学实践活动的全过程，保证教学档案具有完整性、准确性和系统性的特点，包括具有保存价值的文字、图表、实物、影像等资料。

第三条　归档的教学文件材料必须遵循其自然形成的规律，保持有机联系，具有教学管理和教学实践活动的成套性特点。

第四条　教学档案实行集中统一管理，确保其完整、准确、系统和安全，便于开发利用。

第五条　教学档案工作是教学管理的重要组成部分，应做到"三纳入""四同步"。"三纳入"，即纳入学院工作规划和计划，纳入各类人员职责范围，纳入各项工作管理制度。"四同步"，即布置、检查、总结、验收各项工作的资料应同时装订入档。

第六条　教学档案文件分级管理，编目造册，应充分使用微机软件管理手段来管理。

第七条　学院有关教学文件与校教学文件分开组卷，上级教学文件要按期向学校档案部门办理移交。

第八条　建立教学档案查阅制度，充分发挥教学档案的作用。

第九条　各教学职能部门应明确负责人分管档案工作，并配备相应兼职档案员，统一管理教学文件材料。

第二章　教学档案建档范围的确定

教学档案一般包括教学文件、教务档案、教师业务档案。各级教学管理部门都要建立教学档案。

第十条　教学文件、报告相关材料包括：

（1）上级教育主管部门及学校下达的政策性、指导性文件及有关规定。

（2）教学基本建设的各种规划和计划。

（3）关于教学工作的请示、报告及学校的批复、意见。

（4）教学教改研究计划、总结、典型经验材料，示范教学观摩课和教学研究刊物，改革立项材料，中期检查及总结验收材料。

第十一条　专业建设、课程建设、培养方案相关材料包括：

（1）有关学科、专业、课程建设规划等相关材料。

（2）专业人才培养方案，教学大纲、教学实习、生产实习计划及实施材料和总结。

（3）课程教学、实践教学的内容体系改革研究与实践的相关材料。

（4）重点专业、新办专业、课程建设相关材料。

（5）教学研究项目评定及获奖材料（含项目申报、任务书、成果、鉴定报告材料）。

第十二条 教务管理相关材料包括：

（1）课程教学有关的制度，开课计划，教师教学任务书，教室日志、课程表及办理调（停）课的手续材料。

（2）试卷保存制度、试卷、试题库、试卷分析报告及相关材料。

（3）教风、学风建设文件材料。

（4）考场记录表，处理考试作弊、教学事故的有关文件材料。

第十三条 实践教学与毕业作业相关材料包括：

（1）上级和学校关于教学实习、毕业实习、顶岗实习等实践（实验）教学的文件材料。

（2）校院两级关于教学实习、毕业实习、顶岗实习等实践环节的运行过程文件及材料。

（3）教学实习、生产实习、顶岗实习各环节的教学计划、教学大纲等材料。

（4）毕业作业选题审批表、任务书、毕业作业等相关材料。

（5）毕业作业管理条例、工作安排及检查、总结等材料。

（6）校内外教学基地建设的相关材料。

（7）优秀毕业作业及评选表彰等材料。

第十四条 教学评价、研究及教学质量监控相关材料包括：

（1）教育教学思想讨论、研究材料。

（2）教学工作检查评价及相关制度等方面的材料。

（3）教学质量考核、教学评价评估的相关制度、规定及过程材料。

（4）教学研究论文、各种奖励及成果的材料。

（5）教研课题的立项、验收、总结、奖励等方面的材料。

（6）教学工作指导委员会制度及工作过程材料。

（7）教学督导制度及教学督导组工作形成的材料。

（8）教学信息反馈制度及相关材料（教学信息员制度及工作情况，对各方面反馈意见的整改措施落实情况及效果）。

（9）教学工作会议相关材料等。

（10）学院教学质量监控制度的相关文件及过程和总结材料。

（11）学院领导听课，课堂教学评价表。

（12）教学质量监控的系列过程材料。

第十五条　教材管理与建设（含电子教材、声像教材、CAI 课件）的相关材料包括：

（1）上级部门和学校关于教材管理、教材建设的有关规定。

（2）教材建设规划及总结。

（3）本校教师主编、参编教材目录，承担国家规划教材情况的统计材料及总结。

（4）各专业使用教材目录、教材样书目录。

（5）订购教材计划单、教材选用登记表、使用评价表等相关材料。

（6）优秀教材评选办法，优秀教材申报与评选材料、获奖名单。

（7）使用多媒体教学统计表，多媒体课件验收、评审等材料。

（8）引进、自制的多媒体课件和各种声像材料等。声像材料要用文字标出摄像或录音的对象、时间、地点、中心内容和责任者。

第三章　教学档案收集与归档流程标准

第十六条　形成与积累。

（1）在学年（学期）布置工作的同时，要统一布置安排教学档案材料收集、归档的任务。

（2）学院档案室及有关职能部门要为分院提供各种教学材料表格、保存教学档案用的卷宗（袋）等。

（3）各教学有关人员要按材料类别分别积累教学档案材料，并定期进行整理。

（4）归档的教学材料必须字迹工整、格式统一、签字手续完备。

（5）教学档案一般归档一份，重要的教学文件材料应根据实际情况酌加副本。

第十七条　整理建档。

（1）根据教学材料的形成规律建档，注意保持其有机联系，相同内容的材料组成一卷（盒）；同一内容的文件材料数量较多时，可分别组成十卷（盒）；也可以根据材料的内在联系，对问题单一、材料较少者合组成一卷（盒）。

（2）建档材料应加制封面，注明标题、责任者、编制时间、保管期限及归档单位。卷（盒）内要建立材料目录，以便查找。卷（盒）上应标注编号，完整填写相应的栏目。

（3）各种文字材料大小均为 A4 本，图件按此规格折叠，不宜折叠的非标准规格材料和其他载体材料由专柜保管，填写与文字材料一致的卷（盒）编号。

（4）属专项档案并归于其他类档案的材料，应在教学建档的相应卷（盒）内注明去向或复印归档。

（5）打印件的建档材料须附有与之内容相符的电子文档，以便永久保存和利用。

（6）手写的原始材料在填写过程中一律使用黑色碳素墨水或蓝黑墨水的钢笔填写，不得复印。

第十八条 归档时间

各教研室须按学年将材料归档，每学年度结束后整理成卷。

第四章 教学档案工作岗位职责

第十九条 教学档案管理员职责。

（1）做好本学院教学档案的形成积累工作。

（2）督促有关人员按时上交教学档案材料。

（3）收集、积累相关教学文件资料并整理组卷（盒），做到组卷（盒）合理、编目清楚、标题准确、装订整齐，并及时向学校有关职能部门移交档案。

（4）做好学院教学档案的保管、利用等工作。

第二十条 教研室主任的档案职责。

（1）负责收集教研室的教学文件、教学总结、教学研究计划、教研活动计划、业务活动记录、工作总结，完整填写相应信息，向院教学档案员移交。

（2）收集试卷、毕业作业、专（兼）职教师教案。

（3）督促本教研室教师向学院上交各种业务档案。

5.2 师资建设

5.2.1 教师教书育人条例

第一条 为了弘扬高尚的师德师风，提高人才培养质量，特制定教师教书育人条例。

第二条 宣传思想政治工作要重点抓好教师教书育人的主渠道，加强学生的思想政治工作。

第三条 教书育人是高校教师的主要职责。

第四条　教师要加强学习，注重师德修养，不断提高自身综合素质，特别是思想政治素质，做到为人师表。

第五条　教师为人师表主要是要忠于职守、治学严谨、诲人不倦、乐于奉献。

第六条　教师要通过自己的言行举止，通过在课堂上的传道、授业、解惑，以及课余时间对学生的指导辅导，达到教书育人目的。

第七条　教师在教书育人的过程中，要重点注意培养学生的创新精神和实践能力。

第八条　教师要突出抓学生成才的正确方向和培养优良的学风。要突出抓关于学生科研和论文写作的指导；要突出抓学生就业信息的收集，指导学生正确择业。

第九条　禁止教师向学生传播与党的基本理论、基本路线、教育方针不相关的内容及不利于学生健康成长的其他消极内容。

第十条　在院党政领导，院长为第一责任人，各教研室主任、党支部书记为教研室、支部的主要责任人，每个教师都要明确教书育人的具体任务。

第十一条　为使教师教书育人落到实处，学院并行本科生导师制。

第十二条　结合教书育人的实际情况和取得的效果，建立激励约束机制，将具体执行情况与评优、晋职、奖金及其他待遇挂钩，实行奖优罚劣。

5.2.2　教师备课制度

教师在备课时应做到以下几点：

第一，备大纲。教师必须按照教学大纲规定的教学要求，达到教学大纲要求的标准，把课程教学大纲标准贯彻到每一次备课中去。

第二，备教材。根据课表和教材制订好教学进度计划，编写电子教案与课件；在教学中，教师必须熟练掌握教材全部内容和组织结构，掌握课程的"三基"（基本理论、基本知识、基本技能）、"三性"（思想性、科学性、系统性）、"三点"（重点、难点、疑点），明确各章节的内在联系；备课中，既不离开教材，又不照本宣科，根据实际对教材做方法上的加工，使之易为学生接受。

第三，备教具。上课需要教具的，必须提前做好准备。需要在微机室、语音室、模拟实验室、多媒体教室上课的，要提前做好课前硬件准备。

第四，备学生。通过课前了解、课中接触、课后谈话、批改作业、开座谈会等形式，了解学生的思想状况、学习目的、学习态度、知识基础、理解能力、学习方法等，准确预见教学中可能出现的问题，研究引导学生学习的步骤和方法，既要面向全体学生又要根据不同层次学生的特点，分层次提出要求，努力使教学切合学生实际。

第五，备教法。根据教学目标的要求、教材内容和学生的认知程度确定教法。要从实际出发，讲求实效，灵活运用各种教学方法，形成自己的教学特色。讲课时要采用启发式，废除注入式，要有利于学生掌握知识，发展智力，培养能力。

第六，备作业。备课时应设计并试做要布置给学生的课后作业，合理安排课后作业的质和量。

第七，集体备课为辅。备课要以教师个人备课为主，辅之集体备课。各备课组的集体备课情况应当有文字记载，内容包括课程名称、参加人员、时间、地点和讨论内容等。集体备课主要为了统一各章节或单元的教学目的要求，研究教材内容的处理，研究重点、难点，设计教学程序。

第八，对教案的要求。教案要体现教学方法，能反映教师的授课目的和意图；要的是教师的实际授课提纲而不是教材的复印或缩小，要能反映教师的授课风格和特色。教案内容要完整，三维目标要明确。在批注式备课的基础上，3 年以下教龄教师每单元或章节要完成一篇手写详案，其他教师每月要有一篇手写详案。教师还应根据学科发展情况、教学要求的变化及学生的实际水平，及时补充、修改或重写自己的教案，以保持教学内容的先进性和适用性。任课教师必须提前一周备好课，不得无教案或使用旧教案和别人的教案上课。

第九，定期检查教案。各教研室每学期要检查一次教案。每次检查，教研室主任要签字，并签上检查日期。

5.2.3　集体备课实施办法

为保障教学的规范性，促进教师之间相互交流讲授心得，共同提高，以及为改善教学质量和提高教学水平，特制定集体备课制度，规定教授同一课程的教师对该课程中的重点和难点问题及进度安排等问题集体备课。具体要求如下：

第一条 学习和掌握教学大纲的全部内容。

每一课程均应有教学大纲。教学大纲必须按学校规范格式编写，包括教学目的、教学的基本要求、教学内容、教学的重点和难点、教学进度安排、教学方法和手段，以及学生课后应阅读的参考书目。

第二条 按照教学大纲及教学基本要求的规定，认真钻研教材。

全面掌握该课程的教学内容及结构，明确所教章节的内容在本学科及整个专业培养中所处的地位，了解本章节的内容与其他章节及其他学科之间的关系；确定本章节在讲课时的深度、广度及讲授范围，突出重点，注意难点，力求少而精；按照教学大纲并结合教学目的和基本要求，给学生布置思考题和练习题。

第三条　备课过程中要做到：精选教学方法——采用先进的教学方法；精选教学内容——将最前沿的理论知识和理论的渊源、发展及应用等作为讲授的内容之一；精选习题——结合教材内容和教学应达到的目标，选择性地编制习题。

第四条　选择科学的教学方法。选择教学方法要注意两条基本原则：一是要因教学目的、教学内容、教学对象而异，体现多样性和灵活性；二是要符合教学规律，教无定法，教学有法，体现科学性。

第五条　备课要做到"三定""四统一""六备"。

"三定"：定时间——每学期安排特定的时间或固定的时间集体备课，交流在教学中的心得，提出教学中的疑惑；定内容——根据教学进度及教学中的重点和难点，有目的地安排每次备课的内容；定中心发言人——每次备课最好有总发言人，在发言过程中抛砖引玉，引出需要改进和交流的内容及观点。

"四统一"：统一教学目的——在集体备课时，根据教材的内容和该课程理论及实务操作中的发展，更新和统一教学目的；统一重难点——根据课程须达到的目标，有重点地讲授某些内容，要求学生重点掌握；统一作业内容——为了掌握学生的学习情况和教学个体上的差异，须统一不同课堂的作业内容，作为比较学生学习效果和不同教师教学效果的依据；统一教学进度——作为教学规范性的内容之一，同一课程不同课堂的教师应统一教学进度，以便把握相关内容的讲授。

"六备"：在集体备课时，对以后的教学资料也应及时更新和改善，做到"六备"，即备大纲、备教材、备教案、备教法、备学法、备训练，重点研究本课程教与学的改革与创新。

5.2.4　本科生导师制实施办法

为了配合学分制的实施和提高本科学生的培养质量，提高毕业生就业率，加强对学生综合素质的培养，强化教书育人功能，在充分调动学生学习积极性和主动性的同时，根据本科学生的特点，决定在本科学生低年级中间实行导师制度，并制定本规定。

第一条　从本科生一年级开始实行导师制度，与学校实行的辅导员制度并行。

第二条　本办法所称的导师是指全面指导在校本科生学习的有经验的专业教师。

第三条　导师必须具备以下条件：

（1）思想政治觉悟一定要高，坚持四项基本原则，忠实于党的教育事业，懂教育规律，有教育经验，热爱学生，爱岗敬业，为人师表，有强烈的社会责任感和责任心、有正气和奉献精神。

（2）要具有丰富的专业知识和教学经验，有较高的学术理论水平、科技创新能力和一定的学生工作经验和组织活动能力等。

（3）了解本专业的人才培养目标和培养方案，熟悉本专业教学计划和各教学环节的相互关系及全部培养过程，具有专业学习指导能力。

（4）导师一般应具备硕士研究生以上学历或中级以上技术职称。

（5）高级职称教师原则上必须担任本科生导师。

第四条 导师的工作职责是全面关心和帮助学生在德、智、体、美等诸方面全面健康发展；重点是指导学生的学习，帮助学生树立正确的学习目的和严谨的学风，掌握科学的学习方法。具体要求如下：

（1）对学生进行政治思想方面的指导，帮助学生树立正确的世界观、人生观、价值观、择业观，帮助学生做好人生规划和就业设计。

（2）对学生既要热情关怀又要严格要求、认真指导，教书育人。

（3）指导学生了解本专业的特点、人才培养模式、基本情况、发展动态、社会需求，结合专业培养目标教育，帮助学生选择专业发展方向，引导学生明确学习目的，树立专业思想，端正学习态度，激发学习热情，确立正确成才目标，培养学生自我获取知识的能力和习惯。

（4）根据不同年级、不同课程的特点等情况，进行学习方法指导，引导学生开展读书活动，了解专业发展动向，有意识地培养学生的文献检索能力。

（5）熟悉本专业课程结构特点，全面了解每一位被指导学生的兴趣、爱好、特长，以及学习动态、学习状况、智力和能力发展情况等，根据学生的具体情况，指导学生合理制订学习计划和选课计划，帮助学生安排学习进程。

（6）综合考虑学生特长、求职要求及社会需要，指导学生选择辅修专业和制订第二专业学习计划。

（7）指导、推荐所联系的学生，主要指导与培养学生综合素质，特别是提高学生的思想道德素质、科研创新能力、社会实践能力、创新能力，指导学生开展社会实践和科研活动，提倡有条件的导师适当安排学生参与科研课题或教学建设课题的研究或辅助性工作，提升学生的科研素养。导师应尊重学生的学术发展，不干涉学生科研实习选向和研究生报考志愿选择。

（8）协助做好经济困难学生的帮扶工作、学生心理疏导工作和就业指导工作及毕业后的跟踪调查。

（9）导师要与辅导员坚持互通情况，以便及时掌握学生在学习和生活过程中出现的问题，然后有针对性地帮助学生克服困难、解决问题。

（10）导师应定期（每月至少 4 次）与所指导的学生谈话，了解情况，及时指导并建立导师工作记录。

第五条　统筹安排学业导师，努力做到每个学生有导师、每个导师有学生。

第六条　本科生导师制主要是为了因材施教，导师对学生的指导应采取重点指导与一般指导、个别辅导与集体辅导相结合，以重点指导与个别指导为主的方式，使本科教育从过去那种批量式培养转变到个性化教育。导师要充分尊重学生的个体差异，对每个学生的重点与个别辅导平均每学期不得少于 20 次。原则上每位导师指导学生不超过 15 人。导师每届任期 4 年。

第七条　为防止本科生导师制流于形式，要求每位导师建立导师工作卡，导师本人应真实记录工作指导活动，及时填写导师工作记录，作为总结、考核自己工作的重要依据。

第八条　导师的待遇和考核。本学院计算导师相应的工作量，期末（年终）根据学校规定给予奖励。

（1）导师的工作由主管教学的教研室主任与教学干事统一管理。

（2）成立导师组，由学院分管教学的负责人组成，定期就导师的工作情况、考核、评优等进行研究；每个学期组织导师开展工作经验交流会至少 3 次，布置、协调、检查、总结与考核导师的有关工作，不断提高指导水平。

（3）要对导师的指导过程与效果进行考核。考核的依据是将导师的政治思想表现、指导学生的平均学分绩点、外语等级考试通过率、计算机二级考试通过率、所指导学生参加各种学习竞赛和科技活动的获奖和论文发表情况等。还要通过召开学生座谈会、问卷调查等多种形式，充分听取学生的意见，从多方面进行综合评价。

（4）导师的考核工作由教研室主任牵头，教学干事协同组织实施，一般一年一次，考核结果记入本人业务档案，作为教师年度考核、专业技术职务等级、岗位聘任和奖金发放的依据。

（5）每学年对工作成绩突出的优秀导师，在院级会议上表彰奖励。对不能认真履行导师职责或考核不合格的导师，要加强教育管理，甚至取消其导师资格。应视不同情况给予相应处理，并将处理情况记入教师年度考核档案。

第九条　学生的权利和义务

（1）有申请导师指导和解除被指导关系的权利；有学业取向和学术发展的自由选择权。

（2）尊重导师，遵守纪律，服从导师的工作管理；尊重科学，学会学习，学会协作，学会工作。

（3）主动与导师保持经常联系，虚心求教，寻求导师的指导和帮助，认真完成导师交付的任务。

（4）每学年要客观、公正地对导师的指导情况进行评议。

5.2.5 "双师型""双师素质"教师认定及管理办法

第一条"双师型""双师素质"教师的认定。

（1）"双师型"教师是指取得讲师及以上高教系列专业技术职称，又具备下列条件之一的教师：

①通过申报和评审，在本专业领域取得国家承认的非在聘系列的中级以上专业技术任职资格证书（如建筑工程师、电气工程师、机械工程师等）。

②通过考试，取得国家承认的中级以上专业技术职务任职资格（如计算机软件工程师、会计师、经济师、统计师、审计师等）。

③通过各类职业资格考试，取得国家承认的中级以上职业资格证书（如律师、注册会计师、注册工程师等）。

④通过国家技能鉴定获得高级工以上技术等级证书（如家电维修高级工、技师、高级技师等）。

⑤具有国家职业技能鉴定考评员资格证书。

⑥近5年有连续1年或累计2年在业内从事本专业实际工作的经历。

⑦近5年主持或主要参与（排名前3名）两项应用技术研究（或2项校内实践教学设施建设及提升技术水平的设计安装工作），成果已被企业（学校）使用，达到同行业（学校）先进水平。

（2）"双师素质"教师是指取得讲师及以上高教系列专业技术职称，又具备下列条件之一的教师：

①近5年有连续半年或累计1年在业内从事本专业实际工作的经历。

②参加教育部组织的教师专业培训，获得合格证书。

③近5年主持或主要参与（排名前3名）1项应用技术研究（或1项校内实践教学设施建设及提升技术水平的设计安装工作），成果已被企业（学校）使用，达到同行业（学校）先进水平。

④在教育行政部门或行业主管部门组织的实践技能等专业技术比赛中，获国家级

三等奖或省（部）级二等奖，个人排名前 3 名；或获地（厅）级一等奖；个人排名前 2 名。

⑤指导学生参加各类技能竞赛并获得地（厅）级一等奖或省级二等奖、国家级三等奖以上奖励。

⑥近 5 年，由学校选派到机关、企事业单位或基层单位挂职锻炼一学期，并取得挂职单位采用的实践性成果。

⑦近 5 年主持或主要参与（排名前 3 名）一项应用技术研究，取得 1 项以上发明专利，或 3 项以上实用新型专利或外观设计专利。

（3）认定程序：

①教师向教学隶属分院提出申请，填写"双师型""双师素质"教师资格认定申请表并提交相关佐证材料。

②各教学分院根据认定条件对申报教师材料进行初审，并签署审核意见，填写"双师型""双师素质"教师申报汇总表连同申报材料一起报送学校人事处（教师工作处）。

③人事处（教师工作处）牵头组织有关专家对申报教师的资格、条件、专业、材料、经历等进行评审，确定入选名单。

④"双师型""双师素质"教师入选名单提交院长办公会议审批，在校内公示 1 周，由院长签发认定文件。

⑤"双师型""双师素质"教师资格认定每年受理 1 次，一般为每年 12 月。

第二条"双师型""双师素质"教师的管理。

（1）激励办法：

①学校鼓励教师参加国家组织的各类行业资格和资质等级的培训考试，对通过考试获得相应资格证书的教师，其培训费、报名考试费、差旅费等，学校按相关规定给予报销。

②学校鼓励教师参与专业（行业）职业技能竞赛，对参加专业（行业）职业技能竞赛的教师，其差旅费按相关规定给予报销，获得奖金的给予同等奖金奖励。

③学校有组织、有计划地安排专业教师到企业、科研单位进行专业实践，安排青年教师到企事业单位挂职锻炼，为本地的企事业单位提供管理咨询和技术服务。对于非师范专业教师，教学分院每学年可安排 10% 以内的人员到生产、服务一线参与实践活动。参加实践活动的教师其待遇与在校内工作同等对待。

④学校鼓励教师在完成规定的工作任务后，从事本专业或跨专业的科技开发、技

术服务和管理实践等兼职活动。

⑤对于已经具备高等学校教师系列专业技术职称并获得其他系列专业技术职称、国家认证的专业（行业）职业资格的申请调入人员，学校在遴选时给予优先考虑。

⑥在工作中履行"双师型""双师素质"职责的教师，在职称晋升推荐、聘任及各种评优评奖时，同等条件下给予优先考虑。

⑦在年度工作中履行"双师型""双师素质"职责的教师，在计算当年教学工作量时，所承担的课程分别增加 0.1 和 0.05 的计酬权重。

⑧"双师型""双师素质"教师培养工作纳入校内目标绩效管理。该项工作成绩突出的分院，在进行目标绩效管理奖评定时给予适当的分值倾斜。

（2）"双师型""双师素质"教师的职责。

"双师型""双师素质"教师在年度工作中须完成下列工作职责之中的两项：

①承担一门以上与获得"双师型""双师素质"教师条件相关的实践课程（课程设计、实验、实训、实习等）或指导学生毕业实习和设计。

②积极参与专业建设或课程建设，并有实践成果应用或校级以上应用型规划教材出版或论文发表。

③非实验室负责人或实验系列教师，积极参与学校实验室建设，并做出所在学院、教学部认可的业绩贡献。

④指导学生参加大学生创新、创业或职业技能大赛，并取得较好成绩；或参加各类专业实践活动，并取得所在分院认可的业绩。

⑤积极参与应用型项目的研发，并取得相关成果，效益良好或有论文发表。

⑥学校根据工作需要安排其到企事业单位、政府机关等挂职、兼职半年以上的，了解行业，企业信息，增强行业职业实践能力，并取得一定的实践成果。

⑦承担一门以上"双师"课程（与受聘"双师型""双师素质"教师条件相关的课程）教学任务。

第三条 相关要求。

（1）"双师型""双师素质"教师在年度考核中就其"双师"职责履行情况加以陈述。

（2）"双师型""双师素质"教师不履行"双师型""双师素质"教师应尽职责的，人事处（教师工作处）可以提请院长办公会议取消其"双师型""双师素质"教师资格及其享受的相应待遇。

（3）经学校认定的"双师型""双师素质"教师，其资格有效期为 5 年，期限届满，应当重新认定。

第四条 经费开支。

（1）"双师型""双师素质"教师的培训费、报名考试费、差旅费等，从学校教师培养培训经费列支。

（2）"双师型""双师素质"教师的奖金奖励从学校统筹业绩奖列支。

第五条 相关说明。

（1）申请"双师型"教师资格认定，应当提供以下佐证材料（原件面验，提交复印件）：

①高等学校教师资格证书。

②讲师及以上高教系列专业技术职称资格证书（职称证书）。

③下列有效期内佐证材料之一：

a. 中高教系列、科学研究系列、实验系列、中小学教师系列（含中专、中师、中技）、党校系列以外职称资格证书。

b. 国家部委组织的以考代评职称资格证书。

c. 国家部委颁发的执业（职业）从业资格、行业特许资格证书。

d. 行业培训认证证书或国际、国内著名高新技术企业认证工程师证书、MVP证书。

e. 各级各类劳动技能等级鉴定考评员资格证书。

f. 劳动技能等级高级以上等级证书。

g. 近5年中两年以上（可累计计算）在企业第一线从事本专业实际工作的证明材料。

h. 近5年主持（或主要参与）两项已被企业（学校）使用，达到同行业（学校）先进水平的应用技术研究（或两项校内实践教学设施建设及提升技术水平的设计安装工作）的证明材料。

i. 其他足以证明其专业实践实训工作能力、技能的证书。

（2）申请"双师素质"教师资格认定，应当提供以下佐证材料（原件面验，提交复印件）：

①高等学校教师资格证书（从业证书）。

②讲师及以上高教系列专业技术职称资格证书（职称证书）。

③下列佐证材料之一：

a. 近5年中一年以上（可累计计算）在企业第一线从事本专业实际工作经历的证明材料。

b. 近 5 年主持（或主要参与）一项已被企业（学校）使用，达到同行业（学校）先进水平应用技术研究（或一项校内实践教学设施建设及提升技术水平的设计安装工作）的证明材料。

c. 教育部组织的指导学生专业实践实训活动的专业培训合格证书。

d. 近 5 年中一年以上挂职、支教等经历的证明材料。

e. 在教育行政部门或行业主管部门组织的实践技能等专业技术比赛中，获国家级三等奖或省（部）级二等奖前 3 名或地（厅）级一等奖前 2 名奖励证书及参赛文件等证明材料。

f. 指导学生参加各类技能竞赛并获得地（厅）级一等奖或省级二等奖、国家级三等奖以上奖励证书及学校下发的参赛文件。

g. 近 5 年主持（或主要参与）一项应用技术研究，取得 1 项以上发明专利或 3 项以上实用新型专利或外观设计专利授权证书等证明材料。

5.2.6　双语教学师资建设方案

高校实施双语教学是高等教育国际化趋势和人才培养综合化的客观要求，是提高学生素质能力的重要手段。双语教学的实施必定会增强学生的国际竞争能力，培养大批高级专门人才。双语教学的推广，最重要的是师资。为切实推进我院双语教学工作，加快我院双语教学的开展，培养、提高教师进行"双语教学"的能力，保证双语教学教师培训工作规范化、常规化、制度化，根据我院实际情况和专业特点，特制订本双语教学师资建设方案。

第一条　建设目的。

使我院教师尽快提高双语教学水平，提升专业教学质量，促进教师专业成长，增进学科的对外交流，尽快适应本科教学要求和学科发展的需要。

第二条　培训对象。

英语或其他外语基础较好的，教学经验丰富、教学效果良好的骨干教师。

第三条　培训内容。

外语培训，主要是英语培训。

首先，应该对双语教师进行英语口语培训。英语口语培训应从两方面着手。一方面是日常英语口语的培训，主要以组织上课、管理课堂常用的课堂用语培训为主，辅以语音、语调的"正音"训练。另一方面是专业英语培训。这种培训与学科教学密切结合，让学科教师熟悉专业英语。

其次，应针对不同学科，对双语教师进行有关学科英语特点的培训，加强他们对学科英语特点的认识，使他们逐步了解、掌握学科英语的使用特点。

运用外语进行"双语教学"能力的培训。

第一阶段，引进双语师资和加强对本院教师的培训。

第二阶段，积极鼓励现有教师参加各级各类双语师资培训。与兄弟学校合作聘请外教做定期或不定期的短期培训；将骨干教师送到高校甚至国外参加专业培训；鼓励现有教师积极参加各类双语师资培训，不断提高双语教学师资质量。

第三阶段，形成稳定的双语教学师资队伍。经过几年、十几年的再学习、再培训，以及让成熟的双语教学骨干教师对新引进教师进行岗前双语教学指导培训，以期形成一个完整的、稳定的双语教学师资队伍，更好地为教学服务。

第四条　培训形式。

常规培训：计划开设双语教学课程的教师应提前一学期至两学期提出教学计划，报学院审核、备案。经学院同意，由学院统一组织，对需要进行英语培训的教师，利用暑期在校内集中进行英语强化培训；培训合格者方可进行教学的准备工作。

双语教学实验专项培训：在申报双语教学计划和参加英语强化培训的教师中，学院创造条件选派骨干教师到国外进行 4~5 个月的短期培训。进修计划开设的双语教学课程，包括提高英语交流与运用能力，以及了解课程的教学理念、教学内容、教学方法、教学手段、相关教材、课程相关内容的最新发展情况。

第五条　培训职责和任务。

（1）职责与任务

制订双语教师培训要求及计划。

每学期组织每位被培训人员进行两次双语教学示范课。

督促检查培训计划执行情况。

针对考核情况对接受培训的双语教学教师进行奖励。

（2）教研室职责和任务

教研室于每学期结束前 1 个月内向学院提交下学期双语教师培训计划，并填写培训计划表。

教研室每学期对被培训教师安排 2 次双语教学试讲，并填写听课记录表。

教研室于每学期结束前 1 周对每位被培训教师进行总体评价。

（3）受培训教师的职责和任务

参加培训的教师接到培训通知后，应及时制订个人计划并上交教研室，按规定的时间参加培训。

被培训教师在培训课程结束后将听课记录、受训小结交学院审阅。

双语教学教师经过培训考核合格后方可担任双语教学任务。

经过双语教学培训，担任双语教学任务的教师试讲课时要达到 4~6 课时。

第六条 双语教学教师培训的具体方案。

每年根据教师的结构情况和开课情况，适时制订具体培训方案。

5.2.7 教师参加学术会议管理办法

为及时交流学术信息，扩大本学科的学术影响，并努力提高教师的学术研究水平，鼓励教师积极参加国内外各类学术会议。同时，为加强对教师外出参加学术会议的管理工作，特制定本办法。

第一条 鼓励教师参加各种具有重要学术影响的专业学术会议。这类会议是指同行专家一致公认的、由权威学术机构或中央级政府部门组织的、具有较高学术价值的全国性或国际性专业学术会议。如教育部、财政部、国家税务总局、中国财政学会、中国税务学会、中国法学会及其各专业委员会等组织的学术会议、专题研讨会，以及境外、国外学术机构组织的学术研讨会。

第二条 鼓励教师参加教育部所属高校及兄弟财经院校举办的具有重要学术影响的学术会议。

第三条 原则上不资助除"具有重要学术影响"会议以外的其他学术会议的参与者。特殊情况需要参加会议的，由院务会决定。

第四条 具有教授职称的教师，外出参加学术会议，可以乘坐飞机、软卧，并可报销相关路费；具有副教授职称的教师外出参加学术会议，如交通不便，原则上可以乘坐单次飞机，但必须事前向院长说明情况，经同意后可报销相关路费；副教授职称以下的教师外出参加学术会议，原则上不能乘坐飞机，特殊情况下需要乘坐飞机的，事前应向院长请示，经同意后方可乘坐，报销路费。

第五条 批准参加学术会议的教师，必须向会议提交论文并入选。未有论文入选而又非特别邀请者，一般不予批准。

第六条 为学科带头人、学术骨干参加学术会议提供便利。同时，特别鼓励青年教师积极参加各种重要学术会议。

第七条 鼓励教师利用自己掌握的科研经费或自筹经费参加学术会议，在调课等方面将予以支持。

第八条　教师外出参加学术会议，必须履行学校及学院规定的相关手续，并妥善处理好教学等有关事宜。

第九条　教师外出参加学术会议，须凭明确记载论文入选信息的正式会议通知（或邀请函）交院长签署意见。返校后应及时在学院科研干事处登记参会的相关信息，包括会议名称、主办单位、会议时间与地点、提交论文名称、本人在会议期间担任的角色（如大会或小组的发言人、主持人、评论人）等，并提交整套会议资料交学院图书馆存档。参会个人如果需要相关资料，可保存复印件。同一会议如有多人参会，则只须在同一控制表上提供所有参会人信息，并交一份材料到图书馆保存。

第十条　教师外出参加各类学术会议回学院后，应及时报道会议基本情况交办公室上网发布，并在全院会议上汇报学术会议的主题、参会单位、重要学术观点等，均应有专人记录并保存。

5.2.8　教师教学竞赛实施办法

第一章　总则

第一条　为了强化本科教学工作的中心地位，加强主讲教师队伍建设，鼓励广大教师投身教学工作，提高教学质量，每年举办一次教师教学竞赛。为进一步规范此项工作，使之制度化，特制定本办法。

第二章　竞赛组织

第二条　为做好竞赛的组织工作，每次教学竞赛前学校成立"教师教学竞赛委员会"，由院教学督导组及 2 名任课教师组成，研究决定竞赛活动中的重大事宜，同时担任竞赛评审工作。

第三章　参赛资格

第三条　各教研室从事本科生理论教学工作的在职教师可报名参加课堂教学竞赛。

第四条　申请参赛的教师必须担任本年度课堂教学任务，态度认真负责，教学效果优良（学生评教平均分在 85 分以上），近一年来未发生教学事故。

第四章　竞赛程序

第五条　教师教学竞赛分为预赛、决赛两个阶段。

第六条　预赛由各教研室组织实施。各教研室 45 周岁以下的教师必须全体参加预赛，同时欢迎 45 岁以上的教师踊跃报名。各教研室应将预赛作为一项重要的教研活动，将预赛结果作为教师年度教学考核的一项重要内容。预赛成绩优秀者可以参加学院决赛。

第七条　决赛由学院组织实施。学院应成立竞赛评审组，对各教研室推荐的参赛教师进行以课堂竞赛为重点的评比，结合参赛教师平时教学工作的表现和水平，评出相应奖项，同时将决赛结果报教务处。

第八条 决赛分两个阶段进行。第一阶段由校评委会组织有关专家深入课堂（实验室），对各单位推荐人员的平时课堂教学（实验教学）、备课笔记（教案）、学生评价等情况进行综合考核，确定最终参加决赛第二阶段的人员名单。

第九条 决赛第二阶段以课堂教学的形式分 4 个组进行，即课堂教学竞赛的初级职称组、中级职称组、高级职称组和实验教学竞赛组。校评委会专家对决赛教师的课堂教学效果进行现场评价，各组竞赛总成绩采用决赛成绩与综合考核成绩加权平均的方法确定，根据各组竞赛总成绩确定参赛者的获奖等级。

第五章 决赛成绩评定

第十条 决赛第一阶段成绩为综合考核成绩，其中课堂教学竞赛组的综合考核成绩由平时课堂教学、备课笔记（教案）、近两年学生评价成绩 3 部分组成，所占比例分别为 50%、25%、25%，其中平时课堂教学和备课笔记（教案）成绩由专家组考核认定。实践教学竞赛组的综合考核成绩即平时实践教学成绩，由专家组考核认定。校评委会根据各竞赛组的综合考核成绩确定参加决赛第二阶段的人员名单。

第十一条 决赛第二阶段成绩为竞赛总成绩，由决赛成绩和综合考核成绩两部分组成。具体计算办法如下：

理论教学组总成绩 = 综合考核成绩 ×20%＋决赛成绩 ×80%；

实验教学组总成绩 = 综合考核成绩 ×50%＋决赛成绩 ×50%；

决赛成绩 = 现场得分－时间扣分；

现场得分为去掉最高分和最低分后的平均分。

时间扣分规定：决赛讲课时间为 18~20 分钟 / 人。讲课时间不足 18 分钟或超过 20 分钟者，在 1 分钟之内的扣 0.2 分，超过 1 分钟的扣 0.5 分。

5.3   课程建设

5.3.1   教师本科教学工作规范

第一章 总则

第一条 为适应高等教育改革和发展的需要，规范教学管理，保证教学秩序，明确教师工作职责，维护教师教学权益，加强教学工作，提高教学质量，实现本科教学工作的科学化、制度化、规范化，特制定本规范。

第二条　育人是高等学校的根本任务。教书育人是每位教师的职责。教师应加强师德修养，研究和遵循教育教学规律，遵守教师教学工作规范，培养德智体美全面发展的高素质人才。

第二章　教师教学权利与义务

第三条　根据教学大纲要求和学生的具体情况，在学院指导下制订课程教学计划，选择先进、适用教材，合理组织教学内容，采用特色的教学方法，运用现代化的教学手段进行教学。

第四条　在教学活动中，对学生进行组织、管理和指导。

第五条　对学生的考核成绩进行科学合理的评定，除接受学校或学院主管部门组织的复查外，拒绝其他任何组织或个人的干预。

第六条　根据教育教学改革的实际需要，在学院指导下提出并实施相关的教改实施方案。涉及面较大的，须经学院审核批准、教务处备案后执行。

第七条　教师有权了解各种教学评估、业务考核及教学事故认定和处理的结果。对结果有异议的，有权向相关部门提出申诉。

第八条　热爱祖国，忠于人民教育事业，热爱教学工作。具有高尚师德、优良教风和敬业精神；具有追求真理，严谨治学，求实创新的科学态度；具有积极承担和认真完成教学任务、不断充实和改进教育教学内容和方法的责任心。

第九条　遵守国家宪法和法律，遵守学校的各项规章制度和教学管理规定，维护学校的荣誉和声誉。

第十条　关心和爱护学生，尊重学生人格，严格要求，严格管理，因材施教。发挥教师主导作用，促进学生德、智、体、美全面发展。

第十一条　积极开展教育研究和科学研究，不断提高业务能力和教学水平。

第三章　教学上岗要求

第十二条　本科课程的主讲教师应具有讲师及以上专业技术职务或具有硕士及以上学位，具备独立讲授该门课程的能力和水平，特殊情况报教务处审批。同时，凡毕业后到学校工作的青年教师和校外调入没有教学经历的教师，必须参加教学岗位前培训并取得合格证书。

第十三条　青年教师教学岗位前培训包括教师职业培训和助课培训两部分。教师职业培训每年由人事处组织，对合格者颁发相应的合格证书。助课培训是指学院指定教学经验丰富的教授或副教授担任青年教师的指导教师，青年教师必须为指导教师完成一门课程的完整助课，验收合格后，由学院办理助课培训合格证书。青年教师只有拿到上述两个证书，方可主讲本科课程。

第十四条 青年教师助课培训包括熟悉该门课程教学的各个环节，为助课班级的学生进行答疑、批改作业、上习题课、指导学生实验等。助课期间应认真记录每一节课的教学内容和教学体会。青年教师在助课期间，可在指导教师的指导下，试讲课程的部分章节。

第十五条 青年教师完成一门课程的完整助课后，应由学院组织专家组对其进行讲课合格验收。专家组至少由 5 名专家组成，其中至少 2 名为学校本科教学督导组成员。参加验收的青年教师要提交助课记录并提供参加验收课程的 16 课时的教案，验收时由专家组当场选定其中 1 课时内容作为听课验收的内容。验收成绩由专家组集体讨论评定。验收不合格者，须再经过一次完整助课后方可再申请验收。

第十六条 60 岁以下（含 60 岁）的教授、副教授每学年至少要为本科学生讲授一门课程。连续两年不讲授本科课程的，不再聘任其担任教授、副教授职务。

第四章 教学工作

第十七条 教师的教学工作，包括理论教学、实验教学、实习实训、课程设计（论文）、毕业设计（论文）指导，以及批改作业、辅导等日常教学工作的各个环节。除日常的教学工作外，教师还要积极完成课程建设、教材建设及教育教学研究与改革等任务。

第十八条 教师的教学工作任务由教师所在学院下达，无极特殊原因，教师必须接受并承担教学任务。

第十九条 教师在开课前要熟悉教学大纲，了解各个教学环节的工作程序，熟练地掌握课程内容，把握好教学重点和难点，认真书写教案，开课前至少先完成三分之一以上讲稿写作；采用先进、适用的教材和教学参考书；采用先进教学方法和教学手段；合理制定教学进度并经学科部审定。

第二十条 课程实行主讲制。一门课程由两位及以上教师讲授时，必须为课程负责任，对该门课程提出统一要求，并对教学质量负责。

第二十一条 教师开新课，其教学内容应经学科部讨论认可。

第五章 课堂教学

第二十二条 课堂教学是指教师在课堂上进行的教学活动。教师应按照专业培养计划及课程的教学目的和计划，依据教学大纲安排讲授内容。

第二十三条 课程教学大纲是教师进行教学工作的基本文件，是对学生考核的依据，也是检查教师教学的依据。教学大纲应包括教学的目的和要求、课程的讲授内容、教学重点与难点、学时分配与进度计划、教学环节安排、教学手段和教学方法、考核方式等。教学大纲制定并经学院审核批准后要认真执行，执行中基本内容不得轻易改动。如有改动，须经学科部同意，报学院审核批准。

第二十四条 教师开课选用教材的原则：符合教学大纲的要求，体系完整、结构合理、实用性强。对于国际通用性、可比性强的学科和专业课，直接引进先进的、能反映学科发展前沿的原版教材。积极使用"面向 21 世纪课程教材"、教育部推荐的本学科最经典的教材。宜选用近 3 年出版的新教材。双语教材课程宜直接采用国外原版教材。主干课程使用自编教材，须经学院同意、教务处备案。

第二十五条 教师所授课程情况及教学进度应及时在课程档案中的相应栏目填写，对单独安排的习题课、讨论课等应填写相应的教学日历。

第二十六条 开课伊始，教师应做自我介绍，并对该课程在本专业培养目标中的地位、作用、课程的概况、特点、学习方法等进行介绍，并扼要介绍本课程的教学计划和基本内容。说明在本课程教学中，其作业、实验、测验、期中和期末考试在总成绩中所占的比例等。有实验环节的课程应讲清实验考核方法。

第二十七条 任课教师必须认真备课，按教学大纲要求努力钻研教材，抓住基本概念、基本理论、基本方法和每个章节的基本要求，写出详细教案。要根据学科前沿的发展，适时更新教案内容。

第二十八条 教师要运用灵活的教学方法，应积极探索启发式、讨论式、互教互学式、案例教学等多种授课模式，发挥学生的学习主动性，培养学生的科学思维方法，激发学生的创新精神和能力。

第二十九条 教师要根据课程特点，科学、合理地运用现代化教学手段，注重多媒体课件与板书的结合。

第三十条 教师要安排时间进行辅导、答疑。通过辅导答疑多接触学生，了解学生情况，征求学生对教学的意见。

第三十一条 教师要认真批改作业，保证批改质量。对不交作业或作业不合格的学生，要予以督促，使之按要求完成。对作业中存在的普遍问题，教师应为学生做进一步讲解或加强训练。

第六章 实践教学

第三十二条 实践教学，是指培养学生理论联系实际、提高实践动手能力和创新能力的教学活动。实践教学包括实验、实习实训、社会实践、课程设计（论文）、毕业设计（论文）等。

第三十三条 实践教学课程应有教学大纲，承担实践教学任务的教师必须按照各实践教学环境的要求履行职责。任课教师或指导教师要严格按教学大纲组织实施实践教学。

第三十四条 实验课组织实施时，指导教师要认真设计和准备，实验项目应经过试做。要分析实验中可能出现的问题及其解决方法和措施，保证学生实验顺利进行。实验中，教师必须在场指导巡视，应对学生实验要求严格，认真登记考勤。实验前，要求学生必须预习。教师应指导学生撰写实验报告，并认真批改和评定成绩。

第三十五条 课程设计（论文）必须有布置，有指导，有检查。教师要立足启发引导，充分发挥学生的主观能动性和创新设计能力，应指导学生编写设计说明书。要严格按照课程设计（论文）质量标准评定成绩。

第三十六条 实习实训，教师要认真负责地组织实施和指导。学生要完成教学计划规定的实习任务，达到实习要求。实习结束后，要进行实习总结，教师要认真评定出每个学生的实习成绩。

第三十七条 毕业设计（论文），是学习、实践、研究和创新相结合的综合性实践教学环节。教师应根据培养目标要求，指导学生进行有关的理论研究、社会调查、科学实验、工程设计等，使学生初步掌握进行自然或社会科学研究的方法。一般要经过开题、收集资料、研究或调查、设计（写作）、修改和答辩等过程。教师要认真地组织开题，了解每位学生设计（论文）的准备情况并帮助学生确立研究内容和方法。

第七章 考核与成绩评定

第三十八条 教师应根据课程的性质、特点和考试目的、考试要求确定适当的考试方式。

第三十九条 试卷命题要规范，符合教学大纲要求。试题能覆盖课程的基本内容，题量及难易程度适当，综合性、提高性题目比例适当且质量高。应同时完成试卷A卷、B卷的命题。试卷应有标准答案，其评分标准科学、合理、规范。试卷版面规范，文字插图工整，表述清楚、准确。

第四十条 基础课程的命题必须实行考、教分离。公共基础课的各专业主干课程要逐步建立起试题库，并做好选题和审题工作。

第四十一条 教师要严格遵守考试纪律，维护考试的公正性。教师不得以任何方式泄露考题。

第四十二条　每位教师都有责任和义务参加监考工作，并认真完成任务。监考教师要执行学校规定的监考职责。

第四十三条　阅卷评分要严格执行评分标准且公正无误。阅卷的减分或加分记号统一且清楚无误。考试成绩应由任课教师录入并签字。如有特殊情况须改动成绩，必须写明原因并经学院主管领导批准，报教务处备案。任课教师在考试结束后 2 天内将学生答题试卷及成绩单送交学院教务办公室。

第四十四条　评卷结束后，教师应对试题和考核情况进行分析。试卷分析应规范透彻，认真填写试卷分析表。

第八章　教学纪律

第四十五条　教师应按课程表规定的时间上课。授课教师应提前进入教室，做好讲课准备。不得无故提前下课或离开课堂。上课时应关闭携带的通信工具。

第四十六条　教师应当按照学校执行计划安排课程进度，按规定的学时和进度授课，不得随意提前结课。要自觉维护课堂教学的严肃性，不应讲述与本课程无关的内容。

第四十七条　教师不得随意更改上课时间和地点，不得擅自停课和换课。教师因特殊原因须调整上课时间和地点，应按学校的有关规定办理调课手续。

第九章　教学研究与改革

第四十八条　教师要积极参与教育教学研究与改革。不断更新教育思想观念，不断进行课程内容、课程体系、教学方法和教学手段的研究与改革，推进素质教育，推进教育创新。

第四十九条　教师应积极参加教育部、学校的教育教学研究的立项工作，加强专业建设、课程建设、教材建设、推进双语教学。

第十章　教学考核

第五十条　学校建立高效的教学质量评价体系和教学质量考核制度。教师应接受校、院两级对其基本职责、师德表现和业务能力进行的考核。

第五十一条　对教学考核不合格的教师，暂停其担任课程主讲的资格，经培训并由同行教师和学生评价合格后，才能重新担任主讲。对连续 3 次教学考核不及格的教师将取消其授课资格。

第五十二条　在教师职务评聘中，实行教学考核一票否决制。对于不主讲本科生课程或未达到本科教学质量要求的教师，不能聘任其担任教授或副教授职务。

第五十三条　教师发生教学事故者，依据《教学事故认定及处理办法》予以处理。

第五十四条　对在教书育人、教学质量、教材建设、教学研究与改革、教学管理等方面做出突出成绩的教师，按照学校有关规定予以奖励。

5.3.2 科研项目经费管理办法

第一章 总则

第一条 为了进一步适应科研经费管理制度改革，调动广大教师的科研积极性，规范院校科研项目经费的管理，根据相关法律、法规和上级有关文件精神，结合学校实际，制定本办法。

第二条 坚持对高层次科研项目和横向项目予以配套，对自筹经费项目和校级项目予以资助的原则，鼓励广大教师多渠道筹措科研经费、争取高层次重大科研项目。

第三条 科研经费是指国家、省（部）、教育厅等有关部门下达的纵向科研项目经费、企事业单位委托的横向科研项目经费，学校从事业费中划拨的校级项目研究费，各类科研项目的配套、资助经费等。

第四条 科研项目经费的管理遵循"统一管理、单独建账，分类编号、专款专用"的原则，所有列入院校科研计划的项目，其经费一律纳入学校统一进行管理。

第二章 项目资金开支范围

第五条 项目资金支出是指在项目组织实施过程中与研究活动相关的、由项目资金支付的各项费用支出。项目资金分为直接费用和间接费用（根据立项单位要求预算）。

第六条 人文社科类项目直接费用是指在人文社科项目研究过程中发生的与之直接相关的费用，具体包括：

资料费：在项目研究过程中需要支付的图书（包括外文图书）购置费，资料收集、整理、复印、翻拍、翻译费，专用软件购买费，文献检索费等。

数据采集费：在项目研究过程中发生的调查、访谈、数据购买、数据分析及购买相应技术服务等支出的费用。

会议费/差旅费/国际合作与交流费：在项目研究过程中开展学术研讨、咨询交流、考察调研等活动而发生的会议、交通、食宿等费用，以及项目研究人员出国及赴我国港澳台地区、外国专家来华及我国港澳台地区专家来内地开展学术合作与交流的费用。其中，不超过直接费用 20% 的，不需要提供预算测算依据。

设备费：在项目研究过程中购置设备和设备耗材、升级维护现有设备及租用外单位设备而发生的费用。应当严格控制设备购置，鼓励共享、租赁及对现有设备进行升级。

专家咨询费：在项目研究过程中支付给临时聘请的咨询专家的费用。专家咨询费预算由项目负责人按照项目研究实际需要编制，支出标准按照国家有关规定执行。

劳务费：指在项目研究过程中支付给参与项目研究的研究生、博士后、访问学者及项目聘用的研究人员、科研辅助人员等的劳务费用。

项目聘用人员的劳务费开支标准，参照当地科学研究和技术服务业人员平均工资水平，以及在项目研究中承担的工作任务确定，其社会保险补助费用纳入劳务费列支。劳务费预算应根据项目研究实际需要编制。

印刷出版费：在项目研究过程中支付的打印费、印刷费及阶段性成果出版费等。

其他支出：项目研究过程中发生的除上述费用之外的其他支出，应当在编制预算时单独列示，单独核定。

第七条 自然科学类项目直接费用是指在自然科学类项目研究过程中发生的与之直接相关的费用，具体包括：

设备费：在项目研究过程中购置或试制专用仪器设备，对现有仪器设备进行升级改造，以及租赁外单位仪器设备而发生的费用。

材料费：在项目研究过程中消耗的各种原材料、辅助材料、低值易耗品等的采购及运输、装卸、整理等费用。

测试化验加工费：在项目研究过程中支付给外单位（包括依托单位内部独立经济核算单位）的检验、测试、化验及加工等费用。

燃料动力费：在项目研究过程中相关大型仪器设备、专用科学装置等运行发生的可以单独计量的水、电、气、燃料消耗费用等。

差旅费：在项目研究过程中开展科学实验（试验）、科学考察、业务调研、学术交流等所发生的外埠差旅费、市内交通费用等。差旅费的开支标准应当按照国家有关规定执行。

会议费：在项目研究过程中为了组织开展学术研讨、咨询及协调项目研究工作等活动而发生的会议费用。会议费支出应当按照国家有关规定执行，并严格控制会议规模、会议数量和会期。

国际合作与交流费：在项目研究过程中项目研究人员出国及赴我国港澳台地区、外国专家来华及我国港澳台地区专家来内地工作的费用。国际合作与交流费应当严格执行国家外事资金管理的有关规定。

出版/文献/信息传播/知识产权事务费：在项目研究过程中，需要支付的出版费、资料费、专用软件购买费、文献检索费、专业通信费、专利申请及其他知识产权事务等费用。

劳务费：在项目研究过程中支付给项目组成员中没有工资性收入的在校研究生、博士后和临时聘用人员的劳务费用，以及临时聘用人员的社会保险补助费用。

专家咨询费：在项目研究过程中支付给临时聘请的咨询专家的费用。专家咨询费标准按国家有关规定执行。

其他支出：项目研究过程中发生的除上述费用之外的其他支出，应当在申请预算时单独列示，单独核定。

第八条 间接费用是指依托单位在组织实施项目过程中发生的无法在直接费用中列支的相关费用，主要用于补偿依托单位为了项目研究提供的现有仪器设备及房屋，水、电、气、暖消耗，有关管理费用，以及绩效支出等。

绩效支出是指依托单位为了提高科研工作的绩效安排的相关支出。绩效支出比例为，国家自然科学基金项目不超过直接费用扣除设备购置费后的5%。

省级财政科研项目的间接费用中绩效支出在扣除间接成本和管理费后不受比例限制。

其他设置了间接费用的项目的绩效支出参照上一条执行。

第九条 人文社科类项目间接费用一般按照不超过项目资助总额的一定比例核定。具体比例如下：50万元及以下部分为30%；超过50万元至500万元的部分为20%；超过500万元的部分为13%。

第十条 自然科学类项目间接费用一般按照不超过项目直接费用扣除设备购置费后的一定比例核定，并实行总额控制，具体比例如下：500万元及以下部分为20%；超过500万元至1000万元的部分为13%（省级财政科研项目为15%）；超过1000万元的部分为10%（省级财政科研项目为13%）。

第十一条 横向项目经费开支范围根据不同学科类别参照执行；绩效支出一般为不超过引进横向经费结余部分的50%，其中软件开发类、设计类、规划类、咨询类等主要依靠智力投入的科研项目为引进横向经费结余部分的70%。

第十二条 立项单位不设置间接科目的项目、立项单位没有提供经费资助的项目、校级各类项目不预算间接费或绩效。

第三章 科研项目的经费配套

第十三条 科研项目的经费配套是指对已立项并由立项单位资助经费的州厅级以上各类纵向项目和横向项目给予一定的经费配套，帮助和鼓励项目负责人如时保质地完成科研任务。

第十四条　项目级别界定

适用经费配套的科研项目分为纵向项目和横向项目，纵向课题由本条以下各款界定的内容构成；横向项目是指受各级政府部门、企事业单位或个人委托所进行的基础研究、应用研究、决策调研、咨询服务及其他内容的横向科研合作项目。

国家级科研项目包括社会科学类、自然科学类等两大类。

（1）社会科学类国家级项目

全国哲学社会科学规划办公室下达的国家社会科学基金各类项目，包括艺术学、教育学、军事学3个单列学科项目。

（2）自然科学类国家级项目

科技部、国家自然科学基金委员会等下达的冠以"国"字头的科研项目，主要包括国家重点基础研究发展计划（"973"计划）项目、国家高技术研究发展计划（"863"计划）项目、国家科技支撑计划项目、国家科技攻关项目、国家政策引导类科技计划及专项项目、国家科技重大专项项目、国家自然科学基金各类项目等。

省部级科研项目是指由专门的科研管理机构根据既定的科研项目管理办法，定期组织、开放申报、评审严格、管理规范，并以国家部委办局、省（直辖市、自治区）名义下达的科研项目及其他公认的省部级科研项目。

主要包括教育部、文化部、国家民委、司法部及其他国家相关部委下达的科研项目，全国高校古籍整理工作委员会项目，省哲学社会科学规划办公室下达的科研项目，省科技厅下达的省自然科学基金各类项目、省高技术研究发展计划、省科技支撑计划项目、省科技攻关项目、省政策引导类科技计划及专项项目、省科技重大专项项目等。其他省属部门下达的重大专项、重点攻关项目、重大招标项目等。

州厅级科研项目是指除上述省部级项目之外的其他中央部委办局下属部门、省直部门下达的科研项目（含重点项目、一般项目、青年项目、培育项目等）等。

第十五条　配套额度。

对符合配套条件的科研项目，项目立项单位有配套要求的，原则上按要求进行配套，配套经费纳入经费总预算；立项单位无配套要求的，间接费部分不予配套，直接经费部分按以下标准进行配套。

（1）国家级项目

①重大招标项目：按1：1.5。

②重点项目：按1：1.4。

③一般项目：5万元以下（含5万），按1：1.4；5万元以上，超过5万元的部

分按 1∶0.5。

（2）省部级项目

①教育部、科技部项目：5 万元以下（含 5 万）按 1∶1.2；5 万元以上，超过 5 万元的部分按 1∶0.5 配套。

②其他省部级项目：5 万元以下（含 5 万），按 1∶1 配套；5 万元以上，超过 5 万元的部分按 1∶0.5 配套。

（3）州厅级项目

5 万元以下（含 5 万），按 1∶0.7 配套；5 万元以上，超过 5 万元的部分按 1∶0.3 配套。

（4）横向项目

①行政事业单位委托项目的配套金额，经校党委会或院长办公会专门研究决定的，按会议纪要确定的金额予以配套。

②其他横向项目，引进经费在 100 万元以内的按到账经费的 30% 配套，超出 100 万元部分按 10% 配套。

③横向项目的经费配套金额原则上不得超过项目委托单位拨付的研究经费金额。

第四章 科研项目的经费资助

第十六条 科研项目的经费资助是指对已立项但立项单位没有提供资助经费的州厅级以上各类纵向项目，学校立项的校级规划课题、专项课题等提供一定的研究经费，为项目研究提供一定数量的经费支持。

第十七条 资助额度。

（1）国家级项目：3.0 万元；

（2）省部级项目：1.0 万元；

（3）州厅级项目：0.5 万元；

（4）自筹经费项目另按自筹引进的科研经费（以财务进账为准）的 15% 进行资助；

（5）校级规划课题的资助标准，按《学院院级科研规划课题管理暂行办法》有关规定实行；校级专项课题的资助标准由学校根据专题另行研究决定。

第五章 项目经费的审批、拨付和使用

第十八条 以项目立项通知、签订的项目合同或财务进账通知单为依据，学校下发相关项目的立项、配套、资助的通知，规划财务处按照本办法"第十四条"和"第十六条"规定划拨配套经费，并按项目制作学院科研课题经费使用登记簿（可多项课题合用同一登记簿，项目立项后须携带经费预算文件到科研处进行核实登记），项目负责人凭登记簿办理经费使用手续。项目负责人报账时应如实按科目填写学院科研课题经费使用登记簿，并交科研处或规划财务处审核。

第十九条 科研项目经费的使用必须符合立项单位的经费管理办法及省市、本校的财务管理相关规定。

第二十条 科研项目经费的使用严格执行经费预算，如果经费预算与经费管理办法要求不符，则须修改预算，使之与经费管理办法相符。

第二十一条 立项单位没有经费支持的自筹经费项目，由学校资助经费的项目，其资助经费须进行预算，按批准后的预算执行。立项单位要求学校做出经费配套，配套经费须纳入项目的总经费中进行预算并执行。立项单位没有要求学校做经费配套，学校进行配套的经费须单独做出预算，重在购置支持研究的设备、图书资料，预算时一般不列支合作研究费、劳务费、专家咨询费等外拨科目。

第二十二条 根据立项单位经费管理办法规定，可以进行调剂使用的经费项目，需要调剂时须向科研处提交经费调剂使用报告，批准后方可调剂使用。

第二十三条 项目经费使用者一般局限在课题组成员，严格控制非项目组成员使用。

第二十四条 劳务费的开支，在使用劳务之前须向科研处提交劳务费使用报告，报告中注明劳务人员姓名及个人基本情况、详细劳务事项、经费额度等，批准后方可开支；临时聘用人员适用《劳动合同法》的，须在用工前与学校签订劳动合同。

第二十五条 专家咨询费的使用参照《中央财政科研项目专家咨询费管理办法》（财科教〔2017〕128号）执行，使用前须报科研处备案，报账时须提供相应的支撑材料交科研处存档。

第二十六条 项目结题后，须在半年内到规划财务处办理报账手续；立项单位对结题后剩余经费如何使用，有规定的按立项单位的规定执行。

第二十七条 项目负责人的科研经费报账要根据研究所发生的实际开支填写报账单，经科研处和计财处审核批准方可报账。课题经费原则上分为研究期间和结题后两期列支。研究期间的列支一般为该课题资助总经费的50%；个别课题视研究需要和研究情况，研究期间可以列支到75%，剩余经费在结题后列支。纵向课题立项单位拨付的经费按相关文件执行。

第二十八条 纵向课题绩效支出分两次发放：项目中期检查合格后发放40%，项目结题后发放60%。横向课题绩效结题后一次性发放。发放手续按财务相关规定。

项目组成员的绩效分配由项目负责人统筹。

第二十九条 立项单位分年度、分研究阶段拨款的，列支时不能突破实际拨款额；配套经费的列支比例限制与实际拨款列支比例一致。如遇项目经费被立项单位收回或责令停止使用，学校配套经费也相应地收回或停止使用。

第三十条 学校从纵向课题的直接经费和配套经费中各提取5%的管理费用于科研管理工作，管理费从间接费中列支，但不得影响绩效的发放比例；从学校经费资助的项目（人才项目和学生项目除外）中提取5%的管理费；管理费的4%作为科研处科研管理费用，1%作为财务管理费用。从横向项目经费总额中提取5%的管理费用，其中4%作为科研处科研管理费用，1%作为财务管理费用。

第六章 课题经费的管理

第三十一条 项目经费一次核定，分期拨付，包干使用，超支不补。

第三十二条 科研项目实行项目主持人（或负责人）负责制，课题主持人要按照立项书、经费预算回执、相关规章制度严格管理、使用科研经费，按计划开展课题研究，按时高质量完成课题。

第三十三条 学校科研处、规划财务处共同负责管理和监督科研项目经费的使用。如发现挪用、浪费、违反规定的现象，视情节轻重予以追究责任，终止、收回经费并按规定予以处罚。

第三十四条 各级各类课题及经费必须纳入学校科研处和规划财务处管理。对课题外挂、经费转移、弄虚作假等，学校一律不承认其科研项目与相关成果，一经查实，学校视情节轻重按照有关规定对有关人员进行处理。

第三十五条 项目进行过程中，有下列情形之一者，暂停拨款。

（1）经费开支不符合本办法及有关规定的。

（2）无故变更课题负责人、课题管理单位的。

（3）未经立项单位批准，改变课题名称、成果形式，对研究内容有重大调整的。

（4）未能按计划完成研究任务的。

凡有以上情形且要求继续进行项目研究者，须提出相应的变更申请，待立项单位和科研管理部门同意后才能恢复拨款。

第三十六条 中期检查被撤销的项目，负责人应在撤销之后1个月内归还已报账的课题费。未及时归还的，由规划财务处在工资中扣除。中检合格，但项目最终被立项单位中止、撤销的，剩余经费不再报账，按立项单位规定处理或收回学校。因违反学术道德被撤销的项目，已使用经费全部追回，未及时归还的，由规划财务处在工资中扣除。

第三十七条　各单位负责人要高度重视延期项目的完成工作，要会同有关项目负责人在短期内拿出解决方案，支持其在延期时间内完成项目。延期时间内，项目经费可以正常使用。

第三十八条　因故调离学校的，校级各类项目终止，经费不再拨付；纵向项目和横向项目根据项目负责人的申请可以保留，但学校配套、资助经费不再拨付，立项单位拨付的经费按学校管理规定使用。

5.3.3　教研室工作管理办法

第一章 总则

教研室是联系教学双方的纽带，在教学质量管理中有其独特的作用，是保证和提高教学质量的基层教学组织；为了充分发挥教研室在教学组织和教学研究工作中的积极作用，使教学研究工作规范化、制度化，不断提高我院教学质量，特制定本办法。

第一条　教研室是按学科、专业或课程设置的教学研究基层组织，在学院负责人领导下，具体承担组织教师开展教学与研究、进行教学建设和教师队伍建设等任务。

第二条　教研室在人才培养方案的制订、课程教学大纲的制定和实施、教学研究与改革、实习安排和指导、课程与教材建设等方面，承担着重要的基础工作。

第二章 教研室的设立

第三条　教研室按同一学科（专业）的相同或相近课程组群设立。

第四条　教研室组成人数：每个教研室原则上由 5 个以上的专任教师组成，15 人以下（含 15 人）的教研室设主任 1 名，15 人以上的教研室可增设副主任 1 名。

第五条　设置调整或撤销教研室，由学院办公室向学院领导提出推荐意见，经讨论后提交批复。

第三章 教研室的职责范围

第六条　落实教学任务。

教研室按照教学计划的要求，组织完成教学任务。主要包括：落实课堂教学任务和课外辅导工作，准备和组织教学中的实验实习环节；组织完成命题、阅卷任务；广泛与社会联系，组织完成学生学习期间的社会调查任务，指导毕业生的毕业实习、毕业论文（设计）。

第七条　组织并实施课程建设工作。

教研室是学院课程建设的主体，其主要的职责包括：制定课程建设工作规划，根据教学计划组织教学大纲的编写工作，组织对教材的选用和编写工作，引进或开发多媒体课件，参与课程相关的实验室和资料室等辅助教学设施的建设。

第八条 开展教学质量检查工作。

教研室应定期组织教师互相听课，组织观摩教学。同时，应经常收集学生的意见和要求，帮助教师改进教学，不断提高课堂教学的效果。教学任务下达后，督促教师按照课程教学大纲的规定，认真备课，钻研教材，写出教案、讲稿，并尽可能采用现代化教学手段，精心组织教学，对青年教师和新开课程教师要明确指导教师进行指导。

第九条 组织业务学习和教学研讨活动。

组织教师学习教育理论，总结交流教学情况和经验，集体研讨、解决教学活动中出现的各种问题，不断提高教学质量。建立教研室例会制度，至少每两周开展一次教研活动。教研活动要做到有主题、有计划（方案）、有记录，必须有2/3以上的教研室成员参加。

第十条 开展教育教学研究和各种学术性活动。

结合课程组群的特点，制定教学研究的规划，组织教师确定和申报教学研究课题，加强对课程的教学内容、教学手段和方法的研究，定期检查规划的落实情况；定期或不定期组织有关学术讲座，参加学术交流，活跃学术氛围。

第十一条 加强师资队伍建设。

在学院统筹安排下，制订本教研室教师的进修、培训计划，检查、考核教师的业务进修情况；根据教学任务和课程建设的需要，提出补充、调整教师的建议；关心中、青年教师的成长，在教学、科研工作中，充分发挥中老年教师的传、帮、带作用；做好教师的政治思想工作，树立良好的师德师风；配合学院对本教研室教师的任职情况进行全面考核。

第四章 教研室主任岗位设置及岗位职责。

第十二条 教研室主任是教研室教学与科研工作的组织者。教研室主任、副主任由学院提名，民主推荐考核，学院任命（聘任）。

第十三条 教研室主任的任职条件：

（1）热爱教育事业，认真贯彻党的路线、方针、政策。

（2）具有较强的事业心、责任感和敬业精神。

（3）具有较高的业务水平，能全面掌握本教研室所承担教学任务的情况，并在本学科领域中有较深的学术造诣和较高的管理水平。

（4）担任教研室主任必须具有副教授及以上职称或同时具有博士学位和讲师职

称；担任教研室副主任必须同时具有讲师及以上职称和硕士及以上学历（学位）。

（5）作风正派，治学严谨，善于团结同事。

（6）了解国家有关教育教学的法律、法规和学院的相关规章制度，并认真宣传、贯彻。

第十四条 教研室主任职责：

（1）在学院主任领导下，全面负责本教研室工作。

（2）根据学院的教学和科研任务，制订教研室工作计划，搞好学期、学年工作总结。

（3）负责本教研室教学任务的安排和实施，包括审核开课教师名单，组织好新开课程及新开课程教师的试讲工作，并提出初审意见；负责检查教师的备课、讲课、辅导、实验、教学进度和教学效果；审批考试题、标准答案和评分标准；抽查考卷，掌握评分情况；根据教学需要及学院下达的任务，组织有关教材、教学大纲、教学参考资料等编写工作。

（4）负责组织本教研室教师开展观摩教学、教学经验交流等教学研究活动；负责组织和指导教师开展学术交流活动。

（5）负责本教研室师资队伍建设。制订本教研室师资培训、进修计划，检查、考核教师的业务进修情况；加强对青年教师的培养和指导，指定专人负责青年教师的传、帮、带工作；对教研室全体成员进行经常性的职业道德教育和纪律教育，做好思想政治工作。

（6）教研室副主任协助主任完成以上工作。

第五章 教研室成员职责

第十五条 认真遵守和贯彻执行学院各项规章制度。

第十六条 不断加强师德和业务道德修养，主动关心教研室建设。

第十七条 对教研室的建设有提出建议和意见的权利。

第十八条 服从教研室主任所分配的教学、科研等工作。

第十九条 加强团结、互相尊重、取长补短、发挥集体力量，努力做好教书育人工作。

第六章 教研室管理与考核

第二十条 教研室设于学院内，接受所在学院领导以及教务处的业务指导和管理。

第二十一条 学院建立教研室主任例会制度，每月至少召开1次教研室主任会议。

第二十二条 教研室工作的考核由学院与教务处共同实施，以教研室活动记录和活动成效为考核依据，对教研室主任、副主任履行职责及教师落实教学工作情况进行考核。

第二十三条 学院每两年开展一次优秀教研室、优秀教研室主任（副主任）评选活动，并给予表彰和奖励。

5.3.4 课程建设与管理办法

课程建设是教学质量与教学改革工程的关键。为了加强课程建设，规范课程管理，全面提高教学质量，结合我院实际，特制定本办法。

第一条 课程建设的总体目标是将院内全部专业必修课程建设成校级精品课程，其中部分成为高级精品课程。

第二条 学院负责制定课程建设的总体规划；各教研室负责课程建设总体规划的实施，并及时检查和评估各门课程的建设工作及其质量，确认各门课程的课程负责人；各课程负责人负责课程建设的具体工作。

第三条 对各门课程实行日常监督与年度评估，评估工作由本学院组织有关校内外专家进行。评估采取听课、座谈、调研、查阅档案及课程网上内容更新等方式进行，每学年第二学期进行。

第四条 各课程负责人应组织该课程组教师定期（每月一次）交流教学体会与经验、组织该课程的教研活动、讨论课程建设的相关工作，并做好记录，建好档案。

第五条 精品课程建设中所需要的课程网络材料，由各课程负责人提供。

第六条 校级以上精品课程申报是课程建设的一项重要工作。相关课程负责人应按要求完成精品课程的申报工作。各教研室应督促相关课程负责人落实精品课程的申报工作，并进行质量检查。本学院为省级、国家级精品课程申报分别提供不少于1000元、2000元的经费。

第七条 学校评定的各课程优秀主讲教师，应当积极主动地参与相关课程的建设工作。优秀主讲教师应当每年度提供一份主持或参与课程建设情况的工作报告。

第八条 各教研室应当组织专家对新课程开发进行论证，并由院长牵头组织相关教师进行新课程开发。新课程开发应当提供可行性分析报告。学院对新课程开发提供必要的资金支持。

第九条 鼓励将科研课题研究和课程开发与建设有机结合，鼓励青年教师积极从事新课程开发工作。

5.3.5　教材管理试行办法

教材是体现教学内容和教学方法的知识载体，是进行教学的基本工具，也是深化教育教学改革，全面推进素质教育，培养创新人才的重要保证。教材的质量直接影响着教学质量和人才培养质量。为加强教材管理的科学化、规范化，保证和促进教学质量的提高，特制定本试行办法。

第一条　选用教材的基本原则。

选用教材必须以质量为标准。鼓励优先选用获得部级以上奖励的优秀教材、教育部各专业教学指导委员会推荐的教材、国家级规划教材、精品教材及其他深受社会欢迎，得到专家好评、公认的优秀教材。鼓励使用优秀的外国原版教材。提倡选用近3年出版的财经类新教材或修订版教材。

第二条　对所选用教材的基本要求。

正确选用教材是高校教材建设的重要组成部分，是保证教学质量的重要前提条件，也是教学管理的一项重要任务。为确保选好教材，各教研室在选用教材时必须遵循如下要求：

（1）思想观点正确，无政治性和政策性错误。

（2）能科学系统地表达本学科的理论和概念，反映本学科国内外科学研究和教学研究的先进成果，注意理论联系实际，保证基本内容的科学性、系统性和先进性。

（3）符合教学计划、课程基本要求和教学大纲的要求。

（4）被选教材必须有很强的教学性，适合教学，有利于学生分析问题、解决问题能力的培养和提高。

（5）符合专业人才培养目标要求，注重素质教育，有利于各种能力的培养。

（6）符合教学规律和认知规律，富有启发性，有利于激发学生学习兴趣，便于自学。

第三条　教材选用程序。

（1）每学期课程排定后，任课教师在对现有教材进行比较的基础上提出拟选用教材，教研室进行初审，由院长和教研室主任组织有关专家进行复审。

（2）根据教务处教材科提出的教材征订意见和提供的教材订购目录，按教学计划和教学大纲认真选定教材，并详细汇总填写教材选用情况统计表，由学院主任及教研室主任审核、签字、盖公章后，报教材科。

（3）填写的教材选用情况统计表经教务处最终审定、盖章签字后，不得随意更改。只有当各教研室预订的教材在订购时因缺书或其他原因不能订到，方可予以更换。

（4）因非常原因而临时急需的教材，经学院审核后报教材科处理。

第四条 教师主编、参编教材、讲义的基本原则

本学院从教学改革的总目标出发，大力鼓励支持教师更新教学内容、编写新教材。编写时要立足提高学术水平和编写质量，要增强新编教材的适应性、学术性、前沿性、前瞻性和创造性，减少教材编写的随意性、功利性和盲目性，尽量避免低水平的重复编写，力争多出精品，多出深受学生欢迎的好教材。

第五条 建立规范的教材建设制度，完善申报、评审、立项、资助等办法。

（1）因本学院专业建设需要，由本院教师主编、参编的教材和自编教材、讲义，均应列入本学院的教育科研项目，由教师向学院提交资助申请，并将大纲（清样）交学院评审，评审通过者给予 2000 元 / 本的资助（由学院统一出版的不给予资助）。

（2）注重编写教材的规范化、系列化，保持教材的先进性，每种教材一般每 3 年须重新修订一次。

（3）对本院教师主编、参编教材的订购，经各方核定后，预订原则上不超过两届的使用量，各教研室应负责将这些教材使用完。结余亏损须经一定的审批程序，从教学业务经费中列支。

（4）列入计划的自编教材、讲义的打印、核价、经费开支及编写教师工作量计算等均按学校教务处和科研处的相关办法操作。

（5）教案、讲义应提前 6 个月交稿，胶印教材、讲义应提前 3 个月交稿。要求文稿字迹清楚、插图正确、英文用正楷书写，不得用铅笔抄写或修改。凡不符合上述规定，将退回文稿，校对过程由编者负责。

（6）经批准印刷的教材、讲义，必须按计划完成后才能重新申报计划。

（7）未经审批同意，自行联系印刷的计划外教材、讲义，不得擅自发放。

5.3.6 本科生学士学位论文盲审制度

为了加强本科生学位论文学术水平和本科生的培养质量，在全院实施本科生学士学位论文盲审制度，特制定本细则。

（1）凡在本学院攻读学士学位的本科生，在学制规定的年限内，完成培养计划要求的各个培养环节，成绩合格，方可参加申请学位论文送审。

（2）为了保证评审结果的公正性，盲审论文采用匿名制，本科生提交用于盲审评审的学位论文不得出现作者和指导老师姓名。匿名评审结果分为"同意答辩""同

意修改后答辩""不同意答辩"。

（3）当两位评审人的评审意见均为"同意答辩"，但有评审人提出修改意见时，申请人应按照评审意见认真修改论文，撰写"学士学位论文修改说明"，经过导师签字同意后，直接申请答辩。

（4）当有1位评审人的意见为"不同意答辩"时，则须增加1份盲审评审，评审意见仍按前述条款处理。

（5）当有2位评审人的意见为"不同意答辩"时，申请人不得进行答辩，此次学位申请终止，申请人需要修改其学位论文，重新参加盲审。

（6）盲审论文提交时间为每年4月20日，过期不予受理。

5.4　实验教学

5.4.1　实验教学管理制度

第一章 实验教学管理制度

第一条 为切实加强实验教学工作的科学化、规范化管理，建立良好的实验教学秩序，提高实验教学质量，特制定本规定。

第二条 实验教学的根本任务：对学生进行实验技能的基本训练，使学生提高科学的实验能力和学科现代实验管理方法；使学生通过理论结合实际，对问题认真分析，切实提高解决实际问题的能力。

第三条 努力提高教学质量。实验教学应当不断更新实验内容，深化实验教学改革，对实验教学实行科学化、标准化、规范化管理。

第四条 实验教学一般根据教学需要与理论课程相配合。实验教学内容要充分考虑使学生知识能力结构与课程教学内容相一致，优化教学内容结构，增强学生综合技能，培养学生理论结合实际的能力，全面提升实验教学质量，建立科学、先进的实验课程教学体系。

第二章 实验教学计划

第五条 实验教学计划是专业培养计划的有机组成部分，由学院制订，教务处负责审定和管理，其制订按照专业培养计划的原则、要求和程序同步进行。在培养计划中应对课程的设置、科室的安排、教学进程等进行全面、系统、科学的安排，以便安排实验教学课程的教学。

第六条 学院负责编制实验教学计划，各教研室根据课程设置，合理安排实验教学任务并负责具体实验教学活动。

第七条 凡因教学改革需要调整实验教学计划，须提前一学期向学院申报，由学院统一申报教务处，经审核通过后，方可调整。

第三章 实验教学大纲及实验教材

第八条 凡培养计划设置的实验课程，都必须制定相应的实验教学大纲。实验教学大纲编制应遵循科学性、可行性、先进性、整体优先原则。应注意如下问题：

（1）课程实验教学在专业人才培养中的地位作用。

（2）课程实验教学应达到的基本要求与内容。

（3）明确实验教学质量的考核办法。

（4）明确实验教学项目选定的原则和学时分配，明确各个实验项目应达到的目的和要求。

第九条 实验教学大纲的制定由学院、各教研室人员拟定，并组织教研室主任、专业学科带头人对实验教学大纲进行论证，经教务处批准后实施。

第十条 实验教学课程必须要有专业的实验教材，选用高质量的教材。

第四章 实验教学任务

第十一条 任课教师将本学期的实验项目、实验课时、实验班级、学生人数、实验时间等报送学院，经各教研室审核后，统一安排。

第十二条 因教学要求须变更实验教学项目，由相关任课教师向学院反映，经学院主要教学领导审批后报教务处备案；未经批准，不得随意变更实验项目、实验内容和实验教学安排。

第十三条 实验课程指导教师负责指导该课程所有实验项目，学期末，教研室主任要对实验室的学期工作做总结，并报教务处。

第五章 对实验指导教师的要求

第十四条 实验指导教师要认真履行岗位职责，以严谨务实的科学态度完成实验教学任务和实验室的各项工作。做好教书育人、管理育人、服务育人工作。

第十五条 在实验开课前，按照实验项目具体要求，做好实验前期准备工作。课前发放"实验项目记录表"，课后进行汇总。

第十六条 实验指导教师要积极开展实验教学研究工作，努力改进教学方法，提高自身学术水平和实验教学质量。

第六章 对学生的要求

第十七条 学生上实验课前应提前预习，按时上课，不得迟到、早退或缺课。应主动遵守实验室各项规章制度，尊重老师，服从安排，自觉维护实验室教学秩序。

第十八条 学生在实验中应独立完成规定的实验内容，认真做好记录，不得弄虚作假，不得抄袭他人的实验记录，认真完成实验报告。

第十九条 学生要主动爱护实验室设备和公物，自觉维护实验室环境卫生。

第二十条 学生应严格遵守实验室操作规程，不得随意毁坏实验设备；如有毁坏，按照规定进行赔偿，视其情节给予处分。

5.4.2　专业实验课开设计划

实验是教学过程中重要的实践性教学环节。通过实验能加深学生对课程中所学知识的理解，更好地掌握课程的基本理论和基本概念，并进一步培养学生分析问题与解决问题的能力，为从事生产与科学实践打下初步基础。为了提高实验教学质量，确保实验教学正常进行，特制订本计划。

（1）实验课教学要严格按照教学大纲的规定进行，不得随意减少实验项目和课时。

（2）实验课前要做好实验准备工作，理论课教师必须参加实验课指导。第一次实验课前，指导教师必须进行试做并认真解决试做中出现的问题。

（3）实验课前，学生必须预习实验内容，经教师认定合格后方可参加实验，否则取消实验资格。

（4）学生第一次上实验课时，指导教师必须宣讲实验守则和有关规章制度及注意事项，对学生进行遵规守纪教育。对破坏规章制度、违反操作规程或不听指导的学生，指导教师或实验教师应进行批评，责令其改正，严重者停止其参加实验。

（5）实验前应扼要讲解本次实验有关的理论知识、操作方法及注意事项，实验中应尽量由学生自己独立操作，指导教师或实验教师不能包办代替，在实验进行时指导人员要巡回观察并做具体指导。

（6）学生要按教师规定的时间完成实验作业，教师对学生的实验作业要认真批改，加注评语。不合格的要根据具体情况，要求重做实验或重写实验报告。

（7）根据学生在实验中的表现、完成的实验任务、实验技能水平的提高情况和实验报告等进行综合考核。不参加全部实验或实验不合格者，不能参加本门课程考试。考核成绩由指导教师和实验技术人员共同评定，按教研室规定计入该门课程总成绩中。

（8）实验课结束后必须及时进行总结，并征求学生对实验教学的意见，以不断提高实验教学水平。

（9）实验课表一经排定后，不得随意改动，如须调课、代课，指导教师必须提出书面报告，经教研室、系批准后，方能实施。

（10）实验要求：

①实验前做好充分的准备，备齐实验所需原始凭证、记账凭证、账簿和相应的实验用品。

②清楚实验目的、了解实验内容，对理论知识进行事前的复习与巩固，为实验操作打好基础。

③实验过程中态度认真，按规定程序进行操作，按照《企业会计制度》的要求对经济业务进行会计处理。

④实验过程中爱护实验设备，整理保存好会计资料，为下一次实验的顺利进行创造条件。

5.5　实践教学

5.5.1　讲座管理办法

第一章 总则

第一条 为弘扬我院学术文化，推进教学与科研，开阔师生视野，营造浓厚的学术氛围及良好的育人环境，促进讲座活动健康有序地开展，特制定本管理办法。

第二条 学院讲座是指以学院名义邀请校内外专家和学院教师向全学院学生举办的学术讲座或报告。各种动员会报告、形势报告、会议讲话、文件宣讲、活动演讲等，均不在此范围内。

第三条 讲座工作由学院统一管理，并负责组织实施。每次举办讲座前须填写讲座审批表，经院领导审批后方可组织讲座。

第四条 学院开展的讲座分 3 个层次进行管理：

（1）院级学术讲座，面向全院师生或部分师生举办，由学院办公室负责。

（2）校内教师讲坛，面向全体师生或部分师生开展，由学院办公室负责。

（3）工商英才讲坛，面向全院学生或部分学生举办，由学院团总支、学生会负责。

第五条 举办讲座必须遵循以下原则：

（1）遵守国家宪法和有关法规。

（2）坚持"百花齐放、百家争鸣"的方针。

（3）选题和内容应力求科学性、前沿性、严谨性与生动性的统一。

第六条 讲座主讲人条件：

（1）院级学术讲座须聘请院内外某一学科领域内的知名专家或具有影响力的学者、知名大型企业高层经营管理人员、副厅级以上政府公务员和知名社会活动家。

（2）院专业学术讲座原则上须聘请具有副高（含）以上职称或博士学位的人员。

（3）校内教师讲坛，应由学院有造诣的优秀教师负责主讲。

（4）工商英才讲坛，由学院优秀毕业生、优秀高年级学生主讲。

第二章 学术讲座申办程序

第七条 原则上要求学院在每学期开学后两周内策划好本学期讲座计划，经审定后，由办公室统一张贴宣传海报后实施。若有调整，可在审核期间向办公室提出。

第八条 根据本学院学生的学习及教学需要，可临时申请增加讲座计划。由承办人员提前报办公室审核、办公室主任批准后，再行组织安排。

第九条 讲座举办的具体时间、场所和所需设施，由承办人员与有关部门协调落实。承办人员应当在举办前两日通过海报等形式予以公布。

第十条 讲座结束 3 日内，承办人员须向学院办公室提交讲座新闻稿并附讲座照片及主讲人简介资料。

第十一条 每学期办公室对讲座开展情况进行抽样调查，发放和回收讲座意见反馈表，分析学术讲座开展的质量和效果。

第十二条 经讲座主讲人同意，录制的声像资料由承办单位妥善保存，学院内部统一使用。

5.5.2　学生课外学分管理办法

第一章 总则

第一条 为发展学生个性，提高学生学习的自主性，加强学生创新意识的培养，提高学生的实践应用能力和社会适应能力，营造良好的学习氛围，学院实行课外学分制度。为进一步加强和规范课外学分的管理工作，鼓励学生通过各种方式取得课外学分，提高应用型人才的培养质量，根据学院实际，特制定本办法。

第二条 课外学分认定的范围共分为五大类，分别是学术科研类、学科竞赛类、考证过级资格认证类、社会实践类和校园文化活动类。

第二章 学术科研类

第三条 在正式公开刊物上发表学术论文者，按以下标准记相应学分：

（1）被 SCI、EI、SSCI、国家一级期刊收录文章或发表论文，每篇第一作者记10分，第二作者开始依次以1分递减。

（2）在国内核心期刊发表学术论文，每篇第一作者记6分，第二作者开始依次以1分递减。

（3）在非核心期刊或正式公开出版的学术论文集发表学术论文，每篇第一作者记3分，第二作者开始依次以1分递减。

第四条 在各级科研成果评选中获得奖励者，参照以下标准记相应学分：

（1）省部级及以上：一等奖10分，二等奖9分，三等奖8分，参赛奖视情况记4分或2分。

（2）厅级：一等奖7分，二等奖6分，三等奖5分，参赛奖3分或1分。

（3）市校级：一等奖4分，二等奖3分，三等奖2分，参赛奖1分。

（4）院级：一等奖3分，二等奖2分，三等奖1分，参赛奖不给分。

第五条 参加大学生科研课题申报立项并结题，参照以下标准记相应学分：

（1）省级及以上：课题负责人8分，项目参与人排名前三位各记4分，其他参与人各记2分。

（2）厅级：课题负责人6分，项目排名前三位各记3分，其他参与人2分。

（3）市校级：课题负责人4分，项目参与人排名前三位各记2分，其他参与人各记1分。

（4）院级：课题负责人3分，项目参与人排名前三位各记1分。

第六条 参加科学研究、发明创新、技术开发并获得专利授权者，每项记6分。

以上第三条至第六条所列项目可累加相应级别应记的学分，集体奖项与个人奖项重复时采用两项认定的最高学分。

第三章 学科竞赛类

第七条 参加各类学科竞赛获奖，如高等数学竞赛、数学建模竞赛、电子设计竞赛、大学生挑战杯、创业设计大赛、财会信息化竞赛、机械创新设计大赛、结构设计大赛、网页设计大赛、大学生英语竞赛、多媒体作品设计竞赛等，参照以下标准记相应学分：

（1）省部级及以上：一等奖10分，二等奖9分，三等奖8分，参赛奖3分。

（2）厅级：一等奖7分，二等奖6分，三等奖5分，参赛奖2分。

（3）市校级：一等奖5分，二等奖4分，三等奖3分，参赛奖1分。

（4）院级：一等奖4分，二等奖3分，三等奖2分，参赛奖不给分。

第四章 考证过级资格认证类

第八条 在校期间通过各级各类等级考试，经认定后参照以下标准记相应学分：

（1）非英语专业学生通过全国大学生英语六级考试成绩在425分（含425分）以上记4学分，成绩在568分（含568分）以上记6学分；大学英语四级考试成绩在568分（含568分）以上记4学分；英语专业学生通过专业八级记4学分。

（2）通过计算机一级的相关专业学生，一级成绩优秀或通过二级记2学分；通过计算机二级的相关专业学生，二级成绩优秀记2学分；通过省计算机三级考试记4学分。

（3）通过软件水平考试，获程序员资格记4学分，获高级程序员或软件设计师资格记6学分。

（4）取得相关社会技术等级证书，如普通话等级证书、驾驶证、手语证、健美操证等，记2学分；取得相关职业资格证书，如高级物流管理员、国际商务单证员、高级营销员、英语口译证书（中级）、全国保险代理资格证、跟单员等均记4学分。

（5）获得相关正式专业机构认证，如信息技术及应用培训教育工程认证、全国IT & AT技能资格认证、CCNA认证等认证资格者记4学分。

（6）获辅修和双专业证书，记4学分。

（7）其他等级证书、资格证书学分的计算，经学院审核后认定。

第五章 社会实践类

第九条 我院大学生参加社会实践活动，经认定后参照以下标准记相应学分：

（1）当年参加学院社会实践活动按规定完成社会主题调研报告或实践小结，经学院团委认定，记1分。

（2）在社会实践活动中表现突出，社会实践报告获厅、市、校级奖励的，记2学分/篇，参与人各记1分。

（3）同一个人或团队获不同级别荣誉，按较高分值记分，不重复记分。

（4）同时获个人和团队荣誉，不重复累计。

（5）高年级参加与专业相关的兼职工作每满120小时者，记2分；结合专业成功创业，并在社会上形成良好影响者，记4分；学生4年中社会兼职工作满250小时者，记3分。

（6）参加学院举办或组织的各类学术报告会并提交不少于2000字的总结报告，记0.3学分。累计不超过3学分。

（7）每做1场正式公开的读书报告，经认定记1分；学生做读书笔记（手稿）累计满6万字，记2分；学生在正式新闻媒体上发表作品（每200字）、图片、漫画、诗歌等记1分/篇。

（8）学生完成开放性实验环节，每项记1~2分。

第六章 校园文化活动类

第十条 参加文化、艺术活动参照以下标准记学分：

（1）参加省级及省级以上相关活动与竞赛，个人获一、二、三等奖者，分别记6分、5分、4分每项。未获奖的参加者，每人计1学分/项，集体项目以50%计算。

（2）参加校级组织的各类文化活动，如演讲比赛、辩论大赛、歌咏比赛、征文比赛、书法、绘画比赛等活动，个人获一、二、三等奖者，分别记4分、3分、2分每项。参赛奖不记分，集体项目以50%计算。

（3）参加学院级各类文化活动，如演讲赛、辩论、歌咏、征文、书法、绘画等，个人获一、二、三等奖者，分别记3分、2分、1分每项。其他奖项不记分，集体项目以50%计算。

（4）同一年度同一类活动不同级别获奖，不重复记分，按高分值计算。

（5）同年度在不同类活动中获奖可以重复计算学分。

（6）同时获个人与集体奖者，按高分值计算学分不累加。

第十一条 参加课外体育活动参照以下标准记学分：

（1）参加省级及省级以上体育比赛，个人项目获前6名者，分别计6分、5分、4分、3分、2分、1分每项。集体项目获前6名者，主力队员分别按50%计算。未获名次的参赛队员，每人记0.5分。

（2）参加市级田径运动会，个人项目获得前3名者，分别记4分、3分、2分每项。集体项目获前3名者，主力队员分别按50%计。

（3）参加由绍兴文理学院组织的正式体育比赛的学生个人项目获得前3名者，分别记3分、2分、1分每项。集体项目获前3名者，主力队员分别按50%计算。

（4）参加学院组织的正式体育比赛的学生个人项目获第一名者，记1分每项。集体项目获第一名，主力队员分别按50%计算。

（5）同一年度获不同级别比赛有效名次者，不重复记分，按最高分值计算。

（6）同时获个人和集体项目有效名次，可以重复计算学分。

第十二条　课外学分的管理：

（1）学生毕业必须获得课外学分 8 分。

（2）入学教育、教育性活动、公益劳动、毕业教育等必须参加的活动，不记学分。

（3）课外学分可以抵冲相应选修课学分（原则上不超过 4 学分）。一些综合性获奖项目经学院同意，经教务处组织审核认定，可作为同类大型实验、课程设计等课程的学分。

（4）课外学分的认定，以学年为单位，于每年的 9 月份进行。由学生按照规定填写课外学分认定申请表，连同相关资料，以班级为单位，报学院审核。教务处进行审查确认，进行课外学分的认定，并录入教学管理信息系统。

（5）如检查发现材料中存在弄虚作假者，取消申报者当年申报资格并给予相应处理。

5.5.3　本科毕业论文选题指南

（1）毕业论文的性质、目的与任务

按照学院本科培养方案的要求，毕业论文是在校学生的必修实践环节，是对学生所学知识、技能和能力的考查。目的是：综合培养学生分析问题和解决问题的能力，培养学生对知识的综合运用能力，锻炼学生查阅文献资料和运用工具书的能力，培养学生调查研究及收集整理资料的能力，培养学生计算机和外语的运用能力，培养学生能够运用专业知识对工商管理实际问题和理论问题进行分析和阐述的能力，等等。

在整个毕业论文撰写过程中，应根据所选题目，对学生进行综合训练，以提高学生独立分析和解决问题的能力。

（2）选题要求

在进行毕业论文选题时，学生应当做到：

①加强与毕业论文指导教师之间的沟通。学生应当与有关指导教师商讨选题事宜，指导教师负责为学生解答相关课题的难点、可能遇到的问题等事项的责任。

②谨慎选题。根据自己的兴趣爱好、掌握的学科知识点、工作需要等情况，在指导教师的指导下进行选题，切忌选择自身根本不能把握的课题。

③选题的范围。学生可以在《本科选题指南》中选择课题，也可以自选课题。自选课题也应与工商管理相关，须征得指导教师的同意，并报学院审核批准。

第 6 章 工商管理专业创新应用型人才培养
——课程体系建设

6.1 应用型工商管理人才培养课程体系建设的时代要求

进入 2000 年以来，我国教育事业飞速发展，培养了众多高素质优秀人才，为国家建设做出了重大贡献。但同时，人才培养在供求两个方面，还存在对接不顺、培养质量不平衡的现象，很多培养出的人才在就业市场上并不吃香。2017 年 12 月，国务院办公厅发布《关于深化产教融合的若干意见》要求"深化产教融合，促进教育链、人才链与产业链、创新链有机衔接"。由此可见，产教融合、校企合作是提高教育质量、提高人才素质的重要手段。高校应适应时代要求，构建产教融合、协同育人的应用型实践教学体系，培养具有创新创业能力的实践人才，提高人才培养质量，提升办学水平。

目前，我国高校工商管理专业有理论与实践结合不够、教师实践水平不足、校内校外实践教学流于形式、实践教学体系不够完善等问题。要加强高校工商管理专业的改革与发展，应把实践教学融入各门课程、各个环节，激发学生的学习兴趣，发挥学生主观能动性，建立产教融合、协同育人的应用型实践教学体系，把实践教学落到实处，提升教学的有效性。

6.2 应用型工商管理人才培养课程体系建设的基本理念及标准

体系构建的基本理念及标准课程是地方本科高校教育教学的基础，构建应用型课程体系是实现应用型办学定位与应用型人才培养相一致的关键。应用型人才是指具有扎实的学科知识素养并能高效地运用知识发现问题、解决问题的且有职业能力的人才。应用型本科高校工商管理专业应用型课程体系构建要以学生发展为基本理念，要将学生的职业需求、学生发展需求及学科课程系统融于一体。其构建基本标准如下。

（1）专业课程系统的设置必须与学生的知识体系相结合

工商管理是一个非常具有专业性的体系。在培养人才的过程中应当遵循相应的认知规律。这其中除了要发挥教师的引导作用，更要发挥学生学习的主体性，提高学生学习的积极性。在培养学生实践创新能力和自主学习能力的过程中，也要注意课程应当具有一定的系统性和深度性。只有系统、有深度的课程才能让学生构建属于自己的完善的专业知识体系，满足社会对于工商管理专业人才的需求。学生在大学期间能够学到足够有价值的知识，在进入社会后，才能够迅速适应工作岗位。

（2）专业课程知识体系的构建必须与学生未来就业的岗位需求相结合

社会需求是不断发展变化的，工商管理专业的学生在进入社会后会面临复杂多变的需求环境，因而高校应该根据社会发展需求，构建应用型课程体系。在调查用人岗位需求的基础上，应当加强校企合作，了解企业对于学生专业核心技术能力的要求，进而确定工商管理专业的培养目标，制定提高学生专业知识和素质的课程，让课程体系更具应用型。同时，积极开发新的课程资源，实现专业知识体系与职业岗位需求的吻合。

（3）可持续发展应当是培养专业应用能力的目标

学生获得的能力不是一时的。因此，在培养学生综合素质的过程中，应当以实现学生的可持续发展为目标。在这中间，学生的自主学习、独立学习的能力是非常重要的。高校应当不断整合优化课程内容，加强课程的实践性。在课堂上，也要积极引导学生自主学习，让提高学生应用能力成为培养的核心。

（4）注重人文素养提升

由于管理工作具有一定的特殊性，从事工商管理方面的人必须要具备良好的人文素养。因此，在建设应用型课程体系的过程中，人文素养教育是必不可少的。高校应当加强人文素养教育与专业教育的结合，将人文教育作为课程教学的重要部分，让工商管理专业的人才具备专业性和人文性的综合素质。

6.3 应用型工商管理人才培养课程体系建设的主要问题

6.3.1 专业课程内容与社会实践脱节

工商管理专业是一门实践性非常强的学科，其专业课程设置也应与社会实践紧密联系，在以应用性为基础的前提下进行设置。然而，目前的工商管理专业课程设置已跟不上社会进步、经济发展的脚步，与社会实践脱节。许多高校纷纷参考国外的课程设置经验及学科的前沿理论，并结合我国的工商管理专业发展环境设置了专业课程，同时重新编辑课程内容，这对中国工商管理专业的发展具有积极意义。但在中国社会国际化进程突飞猛进的前提下，在经济全球化和经济转型期，这些改革是远远不够的。

6.3.2 教材不符合中国国情

中国高校的工商管理专业课程教材，多数都是从国外引进，虽经编写，但大部分的主要内容还是和国外教材一致，甚至对某些案例和案例分析都是照搬。这些案例发生在国外，未必符合中国国情，也不一定能解释在中国同类情况中的管理问题。同时，课程的内容过于侧重理论分析，而对学生应用性知识的教育过少。此外，课程间关联性不强，即便是专业的核心课程，在课程的设置上也多是对课程的简单堆砌，没有考虑课程之间的关联。

6.3.3 实践教学环节薄弱

当前很多学校的工商管理专业在人才培养的过程中，对于理论知识十分重视，而对于实践教学却有所忽视。实践教学在整体教学安排中所占的比重不多，而且没有形成完整的课程体系，不能完全发挥它应有的效果。近些年，大部分高校已经认识到了这一问题，建立了工商管理实验室或校外实训基地。但从整体来说，实验室或实训基地的数量并不多，而且管理存在一定的缺失。很多实验室或实训基地建设之后使用频率不高，不能达到锻炼学生实践应用能力的目的。

以上这些工商管理课程体系中存在的问题，严重影响了我国高校工商管理专业培养的人才质量。在这种情况下，学生即使基础知识学得再好，也会在走向工作岗位的过程中出现不适应、上手慢的情况。很多学生在遇到问题时不懂得如何分析问题，更不懂得如何用专业知识解决问题。这些都是应用能力差、创新水平低的表现。由于高校工商管理课程体系的设置与社会用人单位的需求不符，培养的毕业生不能适应用人单位的要求，因而需要改革课程体系，增强课程的应用性，培养学生实践应用能力和自主创新能力，提高人才培养质量。

6.4　应用型工商管理人才培养课程体系建设路径与实施

6.4.1　高校工商企业管理专业创新创业教育体系的构建原则

（1）前瞻性

在当前时代，大学生创业逐渐变得十分流行，工商管理类专业作为当前经济社会发展联系最密切的学科之一，在进行工商管理专业创新创业教育课程体系构建时，一定要满足当前社会对人才的需求。因此，在创业课程教育设计上一定要具有前瞻性，使学生能够在课堂学习的过程中把握当前经济社会的发展方向和发展特征，重点对自身的管理素养进行提高。另外，在创新创业教育课程体系构建的过程中，除了要保证学生能够在课堂学习中学习到一些基础性的管理知识，还应当在课程安排上增加一些选修课，使学生能够灵活地将自身学习到的知识进行实地运用，满足当前对管理人才的需求和专业要求。

（2）实践性

理论与实践相结合是创新创业教育课程的重点，在构建课程体系时应当尤为注意。对于工商管理专业来说，学生的实践能力、对理论知识的应用能力，在工作当中是非常重要的。学生可以通过实践掌握企业在经营管理中的各种知识，提升他们的实践技能。所以，在创新创业教育课程体系构建的过程中，应当将创新理念融入其中。在学好专业知识和应用好专业知识的基础上发挥创新效能，提高学生的实践操作能力。同时，学生在实践过程中也能及时发现自身存在的不足，采取有针对性的学习来提高自己的综合素质。

6.4.2　高校工商企业管理专业创新创业课程体系构建的主要思路

（1）加强专业课程建设

在强化专业课程建设的过程中，应当考虑当前和未来不同的市场发展情况。当前市场上工商管理专业有其独特的发展需求和专业特征。因此，在进行专业课程优化的时候，应当结合当前特征，在考虑整个市场经济经营环境的基础上，动态调整各个专业所设置的课程。在课堂讲述的过程中，教师所述基本的课程内容也要结合最新的创业潮流。教师要让学生在课堂上了解足够的有关创新创业的思想，了解当前市场发展的最新动态，明确未来自身发展的方向。教师应当在创新创业课程开展之前，确定学生应当学习的主要目标和教学重点，准备好相应的 PPT 课件、教案、习题库等，让学生能够充分利用课堂时间，了解时代最前沿的工商管理知识。除此之外，讲座也是一个宣传创新创业课程的有效手段。高校可以在学校内开展形式多样的创新创业教学讲座，从创新创业的角度为学生解读工商管理专业的最新特征，让学生的学习更加具有层次性，让他们能够将专业基础知识与相关实践技能完美融合。

（2）优化理论课程结构

结合时代特点和教学规律对课程结构设计和安排进行优化，可以帮助学生在工商管理专业的学习中获得足够的创新精神和创新意识。应当安排足够的创新创业教育课程，提高学生的专业素质。这其中，教师需要起到足够的引导作用。除了基础性知识的教授外，教师还应当在课堂教学过程中引导学生主动学习，培养学生的自主学习能力。这样，学生才有可能在实践中结合学科发展的最新前沿知识，在实践中将工商管理专业知识和创新教育的思想进行融合。在当前的工商管理专业课程中，除了要开设一些如经济学、管理学之类的基础性课程，还应当开设一些创新创业公共课程，提高学生的领导能力、人际沟通能力等，进一步提高学生的创新创业意识和能力，提高学生的整体素质。

（3）增设实践课程教育

高校工商企业管理专业主要的实践课程包括实践教学和社会实践。在实践教学阶段，教师要在课堂讲述的过程中多为学生寻找一些企业管理的实例，让学生能够结合课本中的知识点，对一些事例进行全方位的解读。比如，教师在市场营销课程中，可以优秀企业为案例进行营销策略的介绍。在社会实践方面，教师要激发学生自主学习的欲望，让学生在探索的过程中不断提高自身的管理素养。教师可以让学生针对当前最热门的行业，如汽车、旅游行业开展创新创业实习，让学生深入每一个行业，了解每一个行业的主要管理思想和管理手段。在学生创新创业课程实习完成后，要让学生将实习中的感想写下来，要让学生在实践过程中不断学习有关企业经营和管理方面的知识，使学生的专业技能能够根据实际需求得到针对性的提高。

6.4.3　基于"岗位定位"的工商管理专业角色定位和职业技能框架

工商管理专业培养出来的学生，在进入工作岗位之后面对的是经济发展的一线。当前我国高校工商管理专业培养出来的人才出现了同质化的情况，与其他专业相比，在就业上并没有太大的优势。因此，我们对于新的工商管理专业的培养方案必须注重对专业岗位职业技能的培养，密切结合岗位需求合理定向地培养工商管理专业的人才。新的培养方案应当帮助学生合理定位其职业角色，引导工商管理专业的教学活动向职业标准靠拢，让工商管理专业的课程体系能够真正帮助学生获取知识、锻炼能力，适应市场经济的快速发展。

工商管理专业的毕业生在毕业后的就业方向通常有两种——第一是专门的管理工作；第二是企事业单位的综合管理工作。专门的管理工作包括企业人员的招聘、物流与供应链的管理、营销策划、财务管理等。综合管理工作主要包括办公室文字综合工作和一些文化管理工作。具体来说，主要有以下 5 种就业岗位：第一，生产运营岗位；第二，人力资源岗位；第三，财务管理岗位；第四，营销策划岗位；第五，其他岗位。

生产运营岗位要求相关人员能够正确运用生产运营的相关软件，了解产品的生产工艺，同时能够进行计划编制、质量管理和现场管理。相关人员需要编制合适的生产计划，协调现有的生产能力，保证生产任务能够按时完成，同时控制产品的成本。

人力资源岗位要求人员熟练掌握人力资源的相关技能，掌握人力资源管理的相关法律，如《中华人民共和国劳动法》。相关人员应当具备一定的信息化管理知识，在对公司人事工作进行管理的过程中，能正确使用人力资源管理系统。同时，应当能够进行公司人员的招聘和培训，能够有效进行薪酬管理和绩效考核、编制岗位说明书、制定公司人力管理资源的相关规定、建立人事档案，等等。

财务管理岗位要求相关人员具备专业的财务管理知识，能正确地对财务报表进行资产评估和成本管理，要求相关人员能进行财务预算和决算、管理资金、编制财务报表，同时为企业提供有效的财务分析，进行报税和审计工作。

市场营销岗位要求相关人员可以进行市场调研、市场营销策划和生产运作管理，同时具备客户管理、消费心理学等知识。相关人员应当在做好市场调研的基础上，用分析软件进行数据分析，确定项目是否可行，并据此制订营销计划，分析产品的渠道和品牌价值；能够制定产品价格，进行客户关系的维护；等等。

其他管理岗位是指进行一些综合管理工作，如文化活动、体育活动的策划与组织开展。

6.4.4　构建"以需定岗，以岗定责，以责定课"的专业课程体系

基于以上研究，高校工商管理专业应该审视自身的资源和能力特征，结合社会发展趋势，将岗位定位和职责技能框架及时反馈到课程体系的设置中，通过"内化于心、固化与性、泛化于行、优化于用"四步走，逐步以岗位看职责，以职责定课程，将课程体系流程化、标准化、自动化，同时在实践教学体系中夯实工作标准、突出实训课程，并将其优化应用于创新创业，逐步形成工商管理专业课程教学特色，最终实现增强学生的岗位胜任能力，以期培养出的学生能够达到人职匹配，真正实现专业与岗位的零距离对接，实现学生、学校、企业三方"三赢"的目标，如图6-1示。

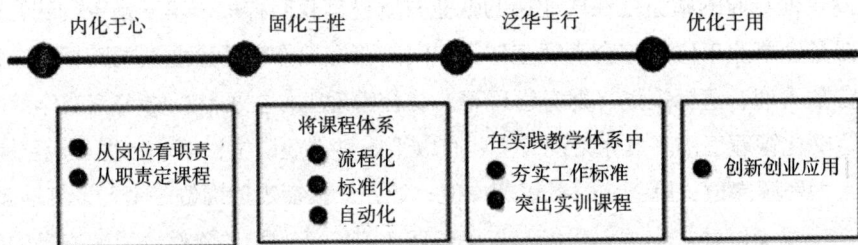

图6-1　工商管理专业人才培养目标定位设计

因此，高校工商管理专业应根据社会用人单位对于岗位职责的需求，打破原有的分段式教学模式，增加交叉融合课程学时比例，实现专业知识的有效整合。将课程分为基础、专业和拓展3个平台，将课程模块分为人文社科基础课、自然科学基础课、专业基础课、专业拓展课、能力拓展课5部分，在基础平台的基础上，主动对接经济社会发展需求、岗位需求和学生创新创业全面发展需求；考虑到未来社会对工商管理专业人才知识、能力、素质等方面的潜在要求，以"人力资源方向""生产运营方向""市场营销方向""财务管理方向"等工商管理专业学生主要就职行业方向为主要目标，根据其岗位职责所需必要的专业技能，科学合理地确定专业课程体系，使课程体系更具针对性与个性化，实现以需定课，如图6-2所示。

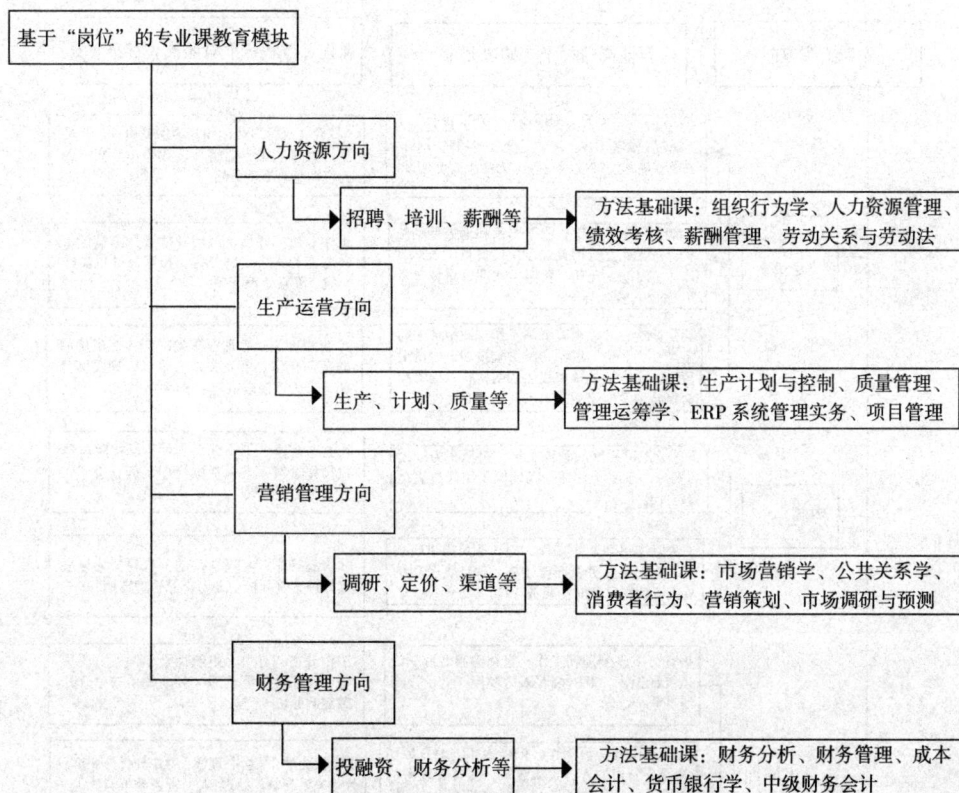

图 6-2　基于岗位方向的专业基础课教育模块设想

　　以"人力资源管理岗"中的"人力资源专员""招聘主管""员工培训与发展主管"3 个岗位为例，分别研究其岗位职责，明确岗位要求，选择与岗位需求密切相关的课程进入培养方案的课程体系，密切课程之间的联系与衔接，使课程的培养目标更加明确，增强学校适应就业市场的能力，如图 6-3 所示。

人力资源方向	行业岗位标准（职责要求）	课程（课程标准对照岗位标准）
	建立健全人力资源制度建设工作。进行人力资源规划体系建设、建立健全公司招聘、培训、工资、福利、绩效考核等人力资源制度建设	社会心理学、劳动和社会保障概论、人员测评技术实训、招聘与选拔操作全案、人力资源管理案例分析
人力资源专员	日常手续办理工作。依据国家和地方劳动法律、法规及公司相关规定，负责员工入职、试用、转正、升迁、轮岗、离职、退休等环节的手续办理	工作分析与评价、劳动和社会保障概论、人力资源管理案例分析、招聘与选拔操作全案、职业生涯管理
	岗位职责：社会保险缴纳工作。缴纳员工的各类社会保险，编制各类保险报表。为员工劳动保险方面的争议提供证明材料，确保社会保险的及时缴纳及报表数据的准确性	社会心理学、心理学基础、群体性事件的防范与化解、劳动关系与争议处理案例分析、人力资源政策与法规实务
招聘主管	新进员工试用期的管理工作，包括实力计划的安排、跟踪与评估，以确保录用人员满足岗位的要求。	社会心理学、工作分析与评价、招聘与选拔操作全案、人力资源管理案例分析、人力资源测评实训
	妥善安排离职职工工作，与离职员工进行面谈，并记录及分析面谈结果，保证为公司的员工流动提供及时的服务支持	社会心理学、心理学基础、劳动关系与争议处理案例分析、人力资源管理案例分析
	负责员工薪酬福利工作。定期编制劳资、认识统计报表，及时撰写人力利用、劳动报酬统计分析报告	工作分析与评价、组织社会学、人力评估实训、职业生涯管理、劳动关系与争议处理案例分析
员工培训与发展主管	与员工沟通交流工作。根据国家、地方劳动法规及公司的人力资源政策，妥善处理劳动纠纷工作。参与员工与公司的劳动纠纷或争议的调查、善后处理和补偿	组织社会学、社会心理学、工作分析与评价、劳动关系与争议处理、人力资源政策与法规、群体性时间的防范与化解
	组织员工的各种集体活动。以建立良好的员工关系，确保员工的工作满意度达到公司的要求	组织社会学、心理学基础、培训与发展、职业生涯管理、人力资源管理实战案例

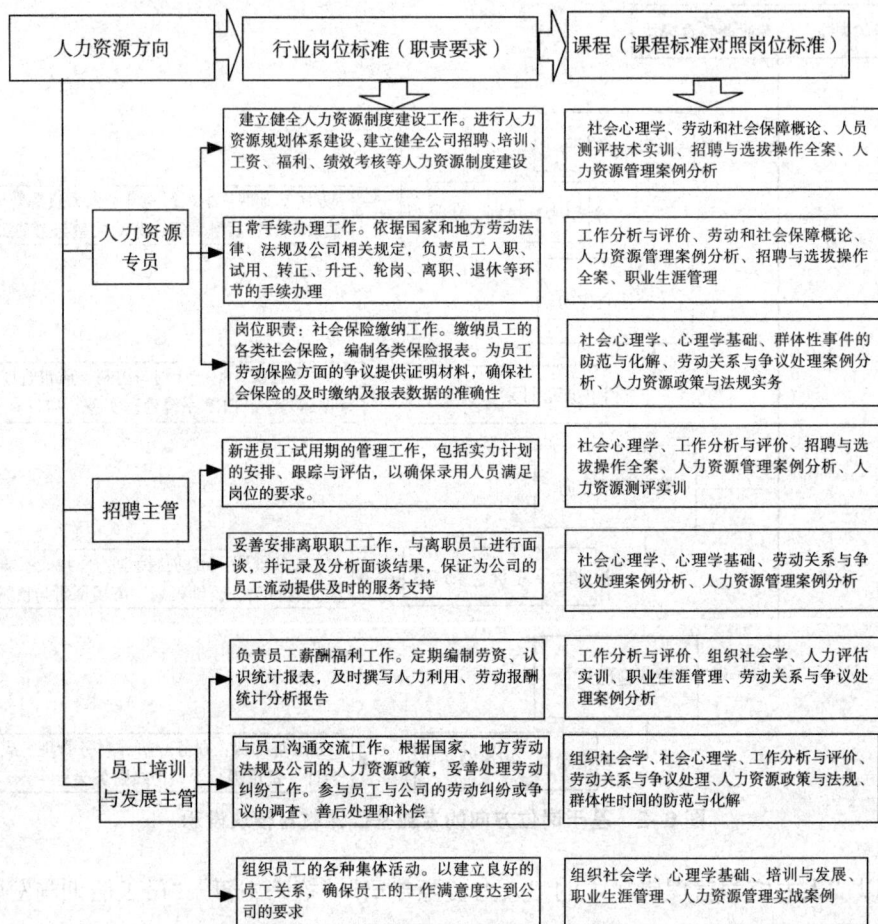

图 6-3　人力资源方向"岗位""职责"与课程设置的初步设想

第7章 工商管理专业创新应用型人才培养——教学内容改革

7.1 工商管理专业应用型人才培养课程体系建设调查分析——以凯里学院为例

7.1.1 项目的调研背景及意义

（1）项目的调研背景

凯里学院经济管理学院于2011年开设了工商管理专业，并在当年面向全国招收全日制普通本科学生，2011年招生61人，2012年招生80人。通过两年的教学和实践，2011年制定的专业人才培养方案和课程体系已经不能支撑专业发展的要求，尤其是我国的高等教育进入大众化阶段，给当前高等教育的办学理念、教育教学实践产生了巨大的冲击，特别是我院开设的工商管理专业是一个新建的本科专业，其人才培养应该突出时代特征，明确发展目标——适应经济社会发展进程和产业结构升级的需要，创新课程体系建设，培养应用型、创新型人才。增强学生的职业能力、社会适应能力和竞争能力。转变传统教育理念，转向应用型和综合型人才的培养模式，以适应社会发展的需要。

（2）项目的调研意义

第一，工商管理专业应用型人才的培养必须从社会的需求出发，不仅要培养学生掌握基本管理学科理论知识，更要注重培养学生理论指导实践并应用于实践的能力。

第二，通过对培养目标进行重新定位、课程体系改革和教学方法改革，培养学生掌握工商管理的基本原理方法与技能，以满足社会对学生的需求。

第三，通过建立健全工商管理专业应用型人才的体验式实践训练平台，在校内和校外合作建立更多的实践基地，为学生提高动手能力、应用能力奠定基础。

第四，通过广泛征求学生、企事业单位意见，使专业培养方案指向明确。坚持"以市场需求为导向"，避免人才培养的盲目性，做到有的放矢。

第五，通过建立人才培养方案反馈机制，加强与社会和用人单位的联系，根据其需求及时调整和完善培养方案。

7.1.2 凯里学院工商管理专业人才培养方案现状

（1）工商管理专业课程设置现状

通过本次对工商管理专业的在校学生做问卷调查的结果来看，凯里学院工商管理专业的课程设置在很大程度上适用性不强，教学内容与实际应用联系不大，没有根据学生毕业后的工作需要设置相应的课程。在课堂讲授上，由于课时太少，教师缺乏与学生的沟通，教师在课堂上的讲授时间太多，实践课程和机会太少。学生学习时理论难以与实践相结合，难以激发专业学习的兴趣，从而失去学习的信心。考试过于形式化，考试方式单一。许多学生只是为了考试而考试。教师不考虑学生知识的应用，没有把理论与实践应用二者有机结合起来，没有多方面考核学生课程学习的成果。

（2）工商管理专业课程教学现状

工商管理专业是一个近几年开设的新专业，无论是从学院领导层面还是从社会层面来看，对本专业重视力度不够，没有把工商管理专业的课程建设和教师建设当作重点来抓，导致工商管理专业的定位不合理，不能与社会经济的发展紧密联系起来，在学生培养的过程中与其他地方的高校专业定位趋同，难以找到专业的发展方向和竞争优势。就目前来看，工商管理专业在教学条件中存在突出问题，工商管理专业相应的实验室目前正在建设之中，不能为学生提供校内实习实训的机会，加之校外实习基地少，远远达不到学生实习的需要。

7.1.3 工商管理专业课程设置调查分析

（1）调研方法及调研范围

本次调研方法采取的是抽样调查的方法，调查内容涉及在校学生对工商管理专业课程设置的问卷调查和企业对工商管理专业人才需求问卷调查两部分，样本分别选取了在校的工商管理专业部分学生和凯里市范围内的26家企事业、政府单位。

（2）抽样调查分析

①在工商管理专业发展方向上，50％以上的学生希望将企业管理和人力资源管理作为专业发展方向。

②课程的实用性。57.3％的学生认为部分课程缺乏应用性，不适用；14.9％的学生认为大部分课程不适用，27.8％的学生认为课程适用性一般，能将就。这说明学院工商管理专业的课程设置在很大程度上适用性不强，教学内容与实际应用联系不大，没有根据学生毕业后的工作需要安排相应的课程。

③开设的课程总体评价。61.7％的学生认为我院的职业技能培养过少；63.8％的学生认为专业面过宽，没有针对性；74.4％的学生认为理论知识太多，实践课程太少。除此之外，还有学生认为课程冗杂，部分课程对专业工作能力帮助不大，许多学科间的联系程度不够紧密，在课程内容上内容陈旧，不能适应社会发展速度，而能适应时代发展需求的前沿课程则相对很少。

④专业选修课。21 名学生认为专业选修课应该一部分统一安排，一部分学生自主选择，占到了总人数的 44.7％；19 名学生认为专业选修课应该由专业教研组根据专业需要统一安排，占总人数的 40％；少数学生认为可以根据教师多年的教学经验来决定，或者由学生根据自身的发展定位自主选择，占总人数的 15.3％。

⑤课时安排。大部分学生认为在前 4 个学期中，课时安排适中，偏向较松，需要增加适量的课时，尤其是第四学期，更应该增加课时量。第五、第六学期课时较紧，第七学期课时较少。学生提出把第七学期的课集中到一起上完，以利于有时间考试复习和求职找工作。

⑥感兴趣的课程。前 5 位依次是：管理学原理，占 60％；管理技能训练，占55％；创业学概论和管理案例分析和项目管理，分别占 43％；公司组织与管理，占34％；企业战略管理，占 30％。从这里可以看出，学生感兴趣的课程往往是在今后企业中实用的课程，非常强调实践性和应用型。

⑦学生应具备的素质。大部分学生把团队合作沟通能力和系统思维能力放在首位，占到 68％；其次是实践能力，占到了 65％；第三位是计算机操作能力，占到了 57％；第四位是自学能力和专业技能，占到了 49％。有的学生认为除此之外还应该掌握一定的外语能力和崇高的道德科研能力，分别占到了 38％、30％和 13％。可以看出，工商管理专业的学生非常希望能够具有较强的沟通能力、思维能力和实践能力，这是在以后管理岗位上能否胜任工作的关键，学生也强烈地意识到了这一点。

⑧工商管理专业的教学条件。72.3％的学生首当其冲地把教学质量不高提到首位，63.8％的学生认为教学中缺乏案例教学，没有把理论与案例相结合，难以学以致用；61.7％的学生认为教学管理水平差；55.3％的学生认为学院的教学设备不能满足需要；55.3％的同学认为专业教师数量不足；25.5％的学生认为教学内容陈旧，知识太过理

论化，缺乏适用性；12.8％的学生认为学校的图书资料不能满足专业学习的需要，尤其是经济管理类的书籍，无论在种类和数量上都比较欠缺，没有专业的经济管理图书室。可以看出，这正是新专业、新分院之不足所在。

⑨在对工商管理专业的课程设置提出的建议和意见方面，主要集中在以下几点：

一是实践环节不足，难以做到理论与实践相结合。有的学生还提出了很好的建议：希望我院注重学生核心竞争力实践能力培养，将其作为学生专业发展的突破口，使学生获得专业竞争优势。

二是课时太少，内容太多。理论讲授得太多，实践操作得太少；教师的教学能力不足，上课方式单一，缺乏与学生的沟通，教师教授知识缺乏应用性和目的性，更多的是要教会学生怎么用知识。

三是考试过于形式化。注重课本理论知识考试，缺乏实践能力和实践技能方面的考核。

四是教材实用性不强。教材理论性太强，缺乏实践技能方面的教材。

7.1.4 调研结果分析

（1）从调查问卷中可以看出，工商管理专业70％以上的学生对专业课程体系的设置不怎么了解，认为专业课程安排的顺序一般，有待进一步改进，在开设的课程中，部分课程缺乏应用性，希望专业面不要过于宽泛，没有针对性。

（2）考试应该多样化，从多方面考核学生能力。增加实践课程教学，减少理论知识在课堂上的教授时间，真正重视学生职业技能的培养。

（3）在专业选修课上，希望一部分根据教学经验统一安排，一部分由学生自主选择。希望开设一些学生感兴趣的课程，如管理学原理、管理技能训练、创业学概论管理、案例分析和项目管理、公司组织与管理、企业战略管理等。学生认为，除了学好专业知识外，还要具有合作沟通能力和系统思维能力。

（4）提高课程的教学质量，提高教师教学水平，完善校内校外的实习实训的教学设施。通过丰富课堂的教学方式和方法，加强学生实践薄弱环节建设，提高学生的专业课程学习兴趣。

7.1.5 课程体系改革建议

（1）柔性课程体系的重新构建

在现有的课程体系上，构建"平台＋模块"专业培养模式，结合当前教学改革，减少理论课时，增加实践教学课时，对课程进行合理的取舍与分类。第一阶段应首先进行政治理论课的学习，如"法律基础与思想道德修养""马克思主义基本原理""毛泽东思想和中国特色社会主义理论体系概论""中国近现代史纲要""贵州省情"。通过这一阶段的学习，掌握方法论，端正政治方向，提高道德修养和法律观念，为专业课学习奠定思想政治基础。然后，可以安排应用基础课的学习，如"外语""形式逻辑"和"经济数学"，以培养和提高阅读外文资料的能力、撰写应用文及专业论文的能力、逻辑思维和定量分析能力。第二阶段应尽量安排专业基础课程，包括"产业经济学""计算机应用基础""基础会计学""管理学原理""统计学原理"等。专业基础课程的理论和知识对其他专业方向课程的学习具有支撑作用。通过学习，培养用经济原则评价经营管理活动和进行决策的思维模式，熟悉计算机应用和财务分析方法，为后继课程的学习创造基础条件。第三阶段可以安排专业方向课程学习。学生根据前两年的学习成绩、自身发展与兴趣，自主选择具体专业方向，进入各专业模块主干课程的学习（如企业管理模块、人力资源管理模块、市场营销模块）阶段，并通过核心专业课程、专业必修课、专业选修课、专业限选课学习，以及一系列课程设计、实习、社会调查与社会实践、技能实践、毕业论文等完成专业学习。柔性课程体系的构建，可以使学生充分掌握各专业信息后再选择专业，有效避免了盲目性，有利于学生的未来发展。

（2）课程与课程群的第三层面设计

目前，因为课程定位不明确，存在内容重复交叉的问题，还有一些课程对专业学习没有太多的帮助。因此，新的课程体系一旦确定，必须要对专业主干课程和后续课程群进行重新梳理，也就是课程与课程群的"第三层面设计"。也就是按照应用型人才培养规格，对课程和课程群进行重新设计和安排，包括对教学大纲进行修订、对教材进行建设、对教法进行探索等，更强调课程在整个专业课程体系中的地位、作用及其相互之间的关联，从而构成一个完整的专业知识体系。

（3）构建新型实践教学体系

工商管理专业是一个理论性、应用性、实践性很强的学科，实践教学也就成为学生实践能力提高的关键。为了提高学生在毕业时的竞争力，急需加强实践环节，使学生将所学的书本知识转变成实践的能力。目前，学生的实践主要存在时间短、多在校内、分散等问题，远远不能满足专业发展的需求。应该为学生创造多层次、多环节的实践教学环境，切实从社会对工商管理人才能力的要求出发，设计一套具有实效的实践教学体系。一是加强校内实习基地的建设。加大模拟实验室的建设（如 ERP 沙盘），引进实践教学和双师型人才，加大资金扶持力度。二是要联系校外资源，建立实践基地。使学生在企业参与生产制造活动，认知与掌握生产和产品成本、产品质量、工艺流程、生产布局，关注生产过程中的信息流，并最终能够学习产品创新、工艺流程再造、生产结构改进等思路和方法。三是利用好短学期。可以利用大三的下学期和大四的上学期，分成 4 个短学期，其中一、三或二、四为实践实训学期，有效地解决了教学课时较多而实践实训不足的问题。四是推行双证书制度。双证书制度是应用型人才培养特色的体现，是应用型人才培养与适应社会需求的切入点，也是工商管理专业毕业生就业竞争力的重要凭证。为此，学院要积极宣传双证制的好处，让学生取得计算机等级证书、会计从业资格证书、英语等级证书、内审员证书和注册会计师资格等。

（4）丰富课程的考试方式

考试应该多样化，能从多方面考核学生能力。根据综合设计、课程设计，采用口试、闭卷考试，撰写课程论文等方法，丰富专业课程的考试形式。

7.2　工商管理专业应用型人才综合改革的基本思路

7.2.1　构建思路

以培养企业需要的实用型、创新型工商管理专业人才为目标，以提升人才培养质量为宗旨来构建工商管理专业人才培养模式。人才培养模式沿两条路径展开：一是教师的"教"。在先进教育理念的指导下，通过教师深入企业实践，着力提升教师队伍素质，深化课堂教学改革，把现实问题纳入课堂教学，注重课堂教学效果提升，实行学校与企业的双轨教学机制。二是学生的"学"。倡导自主探索合作的学习方式，学生自主发现问题，教师帮助解决问题；或教师提出问题，让学生解决问题；以塑造学生的职业能力为着力点，加大学生的行为训练和文明习惯的养成，加强学生的企业实践，将"学校培养—企业锻炼—学生自我锤炼"相结合，着力培养学生理论与实践相结合解决现实问题的能力，形成以"实践导向、能力导向"为基础的实践型、创新型人才培养模式。

工商管理专业以加强学生企业实践能力为诉求，深入企业调研，紧密结合学校办学定位和当地现代经济社会发展对企业经营管理人才的现实需求，与企业共同研究课程计划，制订与企业发展需要紧密结合的、具有实践性、创新性的人才培养方案，积极探索并不断完善和创新人才培养模式，即"通过人才培养目标引领，围绕'教'与'学'两个层面展开，借助 ERP 实验模拟、管理案例大赛、营销策划大赛等培养路径，积极创新，拓宽发展新方法，以企业实验基地为基础，拓展和完善实践、实验、实训、实习的多元实践平台"的新型人才培养模式，形成以"学校培养—企业锻炼—学生自我锤炼"为内涵的工商管理专业"1+2+N"创新型、发展型、开放型人才培养模式，如图 7-1 所示。

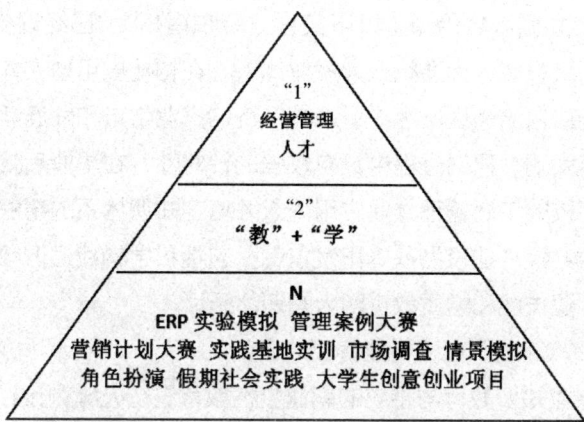

图 7-1　"1+2+N"人才培养模式架构

"1"，即围绕人才培养目标一个核心。工商管理专业致力于培养企业急需的实用型、创新型中层管理者，使之成为理论基础厚、实践运用能力强的企业经营管理人才。

"2"，即夯实"教"与"学"两个基本面。"教"就是打造一支坚持教学科研、理论与实践相辅相成、能不断提高教学质量、与实现人才培养目标相适应的教师队伍及以人为本、符合企业需要的人才培养方案和完整的课程体系，建立学校、企业双轨培养机制，积极进行课堂教学改革，逐步摸索"开始耳目一新，过程生动逼真，结果真实可信"的教学模式。"学"就是让学生学会自主学习、探索学习、合作学习，培养学生的"学习力"、科学精神、创造性思维和创新能力，使学生"会学"，能够将解决实际问题贯穿教与学及未来实际工作的全过程。

"N"，即为师生提供多元的实践平台支撑。该平台以 ERP 实验模拟、管理案例大赛、营销策划大赛和企业实验基地实训为基础，并不断拓展和完善。通过 ERP 沙盘综合实训，模拟现实中的企业运行，可以为将来实际从事企业经营管理奠定基础；通过举行一年一度的管理案例大赛与营销策划大赛，以问题为导向，有效地锻炼学生的组织管理能力、分析与解决实际问题的能力；通过到实践基地进行实训、参加创意与创业项目等，可以有效地检验学生所学知识与已有能力，并促使其在实训中进一步完善自我。

7.2.2 建立紧密对接当地产业链的应用型人才培养知识体系

（1）工商管理专业体系的构建

当前黔东南苗族侗族自治州（以下简称"黔东南州"）已经逐步形成了大健康、大数据、大旅游、大农业、大通航五大产业体系。在构建应用型人才体系时，要充分体现黔东南苗族侗族自治州区域经济、地方经济的产业特点和发展需要，便于后期组织学生在企业开展实习、顶岗过程中具有较强的针对性，在毕业后就业阶段更契合企业岗位的需求。高校的工商管理专业应用型人才培养知识体系的建立就是以适应区域经济发展、服务地方经济建设为基本出发点的，包括科学构建通识教育、学科基础教育、专业教育、职业技能和素质教育四大知识体系。

（2）专业知识教育与职业资格教育相结合

把工商管理专业知识教育与相应的职业资格教育进行无缝对接，在目前已经开展的专业知识教育的基础上，针对学生未来可能从事的行业和职业走向，从国家人力资源和社会保障部发布的最新《国家职业资格目录》中筛选与专业适合的1~2种职业资格证书推荐给学生参考，然后对相关的职业资格证进行宣传、培训和辅导。但在这个过程中，应积极引导学生按照"结合专业""结合发展"的原则进行报考，避免学生"逢证就考、越多越好"的扭曲思维。目前，工商管理专业正在开展的职业资格证考试主要有普通话、计算机、外语等级证书和证券（银行、保险）从业资格认证、人力资源管理师资格认证、物流师资格认证、营销师资格认证、注册会计师、会计职称考试、经济师等专业资格证书。

7.2.3 做好专业、特色课程建设与改革

（1）专业课程设置

在未来，高校的工商管理专业课程设置应坚持以需求为导向，以服务地方经济发展需求为主要教学研究内容，依托由行业、企业专家和专业骨干教师组成的专业教师团队，与企业共同开发以"实务—案例—问题—流程"为导向的专业课程，力争未来

实现工商管理专业学科核心课程、专业核心课程 100% 由校企合作共同制定；合理安排各类课程的结构和比例，鼓励行业和企业专家参与人才培养方案的制订，加大实践课程和选修课程的比重，形成学校教师讲理论、企业专家带实务的理论与职业实践相结合的课程教学模式，增强学生的实践动手能力。

（2）特色课程建设

未来 3 年，从贵州和黔东南的经济建设对人才的需求来看，应不断强化理论与实践相结合，不断改进教学方法和授课内容，争取将创业基础、会计学原理、人力资源管理等专业核心课程建设成为具有鲜明地方应用型特征的特色课程。

7.2.4　加快实践教育教学平台建设

按照校内实验室和实验中心、校内实验实训基地、校外企业实习实训基地、学校与企业合办公司、建立职业技能鉴定所等"五轴联动"的思路，在未来 3 年内，加大对工商管理专业校内实践实训设施设备建设，利用各种资源加大实践设施的投入，力争到 2021 年，建成能够满足工商管理专业实践教学需要的相关重点实验室"工商管理类综合实验室"（其中包含工商管理、财务管理、会计、经济学、农林经济管理、社会工作 6 个专业实验项目），提供计算机及配套教育科研仪器设备以满足师生的需要。同时，积极探索建立行业学院式培养人才模式，整合校企资源，打造集"教学—实训—实践—就业"于一体的教学综合平台。

7.2.5　加快专业人才队伍建设，构建合理人才结构队伍

根据应用型人才培养的需要，对教师的综合素质提出了更高的要求。要求教师不仅具有丰富的理论知识，还要具备实际的操作技能，不仅会讲课，还要懂得具体怎么做。未来有较强创新能力的复合型、双师型教师将更加受学生的欢迎。要建立一支合理的人才教师队伍，可以通过引进、认证、激励等"三个机制"（见图 7-2），通过校外引进、校内培养、校企联合培养等"五项措施"，建设一支"校企互通、专兼结合"的高素质"双师型"教学团队。

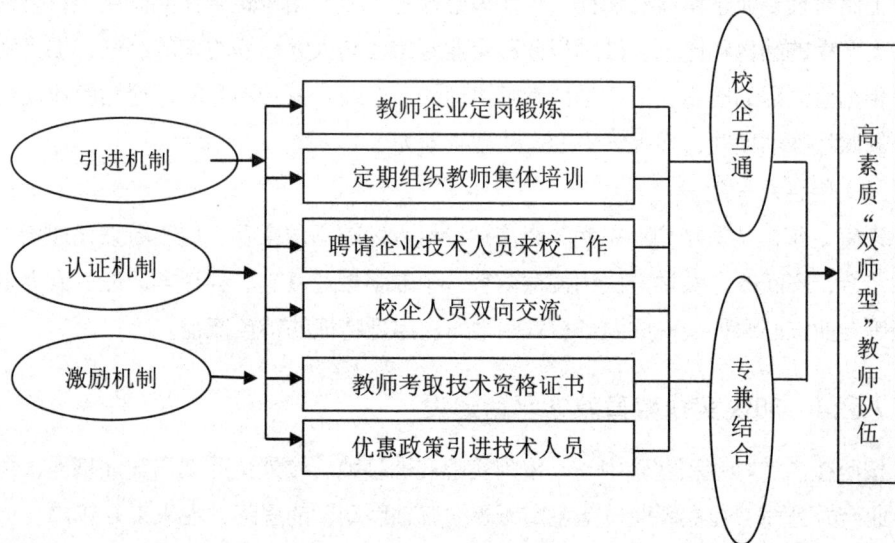

图 7-2　人才队伍建设机制

7.2.6　注重实践性教学环节的建设

应用型工商管理专业实践教学体系的构建，非常注重校内校外"两个实训平台、两种资源"的建设与利用，通过校内建设实训室，校外深入企业，逐步引导、训练、强化学生的综合职业技能。

（1）专业课程实训。在专业课程教学过程中，设置一定时间的实训环节，安排一定的课时，让学生走进企业进行现场观摩与调研，感知理论与实践之间的差距，以及在企业中的具体表现形式。一些课程可以采取"随教随学随练"的方式，让学生在校内课堂学习理论、在实训室实践模拟、在课后总结试错，从而更好地理解教学中的概念、原理、方法。

（2）第二课堂实训。在学生中实施"第二课堂"学分认定制度，通过参加各级专业竞赛和利用周末、寒暑假采取内容丰富、形式灵活的方式到校内、校外资源进行实习实践，打造学生政治锤炼、知识实践、技能拓展、素质养成的载体平台。

（3）实践教学课程。在人才培养方案中设置实践实训环节课程。该课程设置在校内集中实训周。课程实习可以在校内实训室通过沙盘、仿真系统、模拟软件、实操训练等方式进行，也可在寒暑假以假期作业、"校企合作"定岗实习的方式开展。

（4）企业顶岗、辅岗实习。主要是在每年的实习集中周、第七学期和第八学期通过校企合作企业、签约的实习单位，采取分散实习的方式在企业进行，完成人才培养方案中的实习环节。

（5）专业实习、毕业论文。主要在第七学期、第八学期到"校企合作"企业顶岗实习期间，结合所在企业的实际工作完成毕业实习、论文选题和写作，尽量做到真题真做，用理论知识解决实习工作中的问题。此过程由企业的现场实习指导老师和校内指导老师共同完成。

7.2.7　不断优化地方高校工商管理类专业人才培养方案

人才培养方案是一个专业培养人才的方向标，在已有的工商管理专业人才培养方案中，必修课和选修课已经是众所周知的重点优化对象。在人才培养方案中，选修课的主要目的是帮助学生扩充知识面，满足学生个性化发展，增强学生的全面素质。必修课包括：第一，公共基础课。学生可以通过公共基础课的学习掌握最基础的工商管理学知识，为学生后续学习打下坚实基础。第二，专业基础课。学生可以通过专业基础课的学习，掌握工商管理学科领域中的基本知识，获得基本的能力。第三，专业主干课。学生通过专业主干课的学习，可以掌握全面的专业知识，有效提升专业素质。

除此之外，人才培养方案还应当对教学内容和实践学习有一个合理统筹的安排，在注重已有理论的基础上，不断扩充实践教学范围，补充新的专业知识。同时，人才培养方案还应当注意与其他学科的交叉问题，更好地与其他学科融合。

7.2.8　采用多元化的教学方式

为了充分调动学生的学习积极性，让学生保持良好的学习状态，在教学过程中，应该充分尊重学生的个体差异性，注重学生个性化发展，采用多元化的教学手段。

在工商管理课程教学过程中，应采用现代化的教学手段，利用多媒体设备辅助教学，将大量的教学信息动态化、直观化地展示给学生，让学生获得真实的学习体验，提升学生的学习兴趣，促进整体教学质量与效率的提升。另外，在教学考核评价过程中也需要采用多元化的评价模式，采用开卷或闭卷考试、论文、课程设计、实习报告等多种方式，对学生的综合素质进行评价，促进学生学习创新能力的提高。

7.3 工商管理应用型人才培养专业群探索
——以凯里学院电子商务专业为例

鉴于工商管理专业在以往人才培养过程中存在的不足，这几年许多高校在工商管理专业人才培养模式方面进行了不同的探索。凯里学院经济管理学院对工商管理专业进行分专业方向培养（市场营销和企业管理）。为了进一步扩大工商管理专业群建设，深化课程改革，现对凯里学院是否具备开设电子商务专业的条件进行可行性研究。

7.3.1 电子商务专业开设背景

（1）我国电子商务的发展状况

我国近年来的电子商务交易额增长率一直保持快速增长的势头，并以 GDP 7%~9% 的 2~3 倍的速率在增长。国家及各地方政府纷纷出台政策措施，以促进电子商务持续健康发展为目标，着力完善发展环境，重点加快应用推广，电子商务得到蓬勃发展。中国经济发展"电商化"趋势日益明显，电商交易规模和创新应用再创历史新高，网络交易量直线上升。电子商务的大发展大繁荣，对中国经济无疑是一个新的增长点。同时，电子商务已在深刻影响传统 IT 市场和传统产业，业务模式和商业模式的变革已在进行，正在对零售、教育、医疗、汽车、农业、化工、环保、能源等行业产生深刻影响，对传统行业的升级换代起到了重要作用。

（2）黔东南电子商务发展现状

2015 年 8 月 26 日，淘宝大学黔东南电子商务人才培训基地揭牌仪式暨黔东南州百千万电子商务人才培训启动，标志着黔东南苗族侗族自治州电子商务扬帆起航！近年来，黔东南苗族侗族自治州电子商务领域的创业创新如火如荼，电子商务对于帮助黔东南苗族侗族自治州酒、茶、民族手工艺品等一批特色优势产品走向全国及促进城乡居民增收，起到了极大的促进作用。黔东南根据"北斗"计划"百千万"人才培训计划，力争用 3 年左右的时间，培养 100 名电子商务骨干管理人才，1000 名网站运维人才，10000 名物流、电商基层网点从业人员，初步实现配套体系基本健全，公共服务平台基本完备，农村电商覆盖率达 100%，形成全州电子商务行业健康有序发展格局。

7.3.2 开设电子商务专业对黔东南苗族侗族自治州的意义

（1）开设电子商务专业为黔东南苗族侗族自治州社会经济转型提供了有力支撑

加快发展电子商务，是企业降低成本、提高效率、拓展市场和创新经营模式的有效手段，是提升产业和资源的组织化程度、转变经济发展方式、提高经济运行质量和增强国际竞争力的重要途径，对于优化产业结构、支撑战略性新兴产业发展和形成新的经济增长点具有非常重要的作用，对于满足和提升消费需求、改善民生和带动就业具有十分重要的意义，对于经济和社会可持续发展具有深远的影响。

（2）开设电子商务专业为黔东南苗族侗族自治州电商产业发展提供人才保障

黔东南苗族侗族自治州电子商务产业近年来也得到了飞速发展，电子商务市场的快速发展带动了对电商人才的巨大需求。电商人才的匮乏成为制约黔东南苗族侗族自治州企业发展电子商务业务的主要障碍。因此，开设电子商务专业，培养具有高素质、高技能的电商专业人才乃顺势而为。

（3）满足专业化的人才需求，提升从业人员整体素质

由于黔东南苗族侗族自治州缺乏专业性培养电商人才的机构，目前本地从事电商行业的人员来源多元化，大量非专业化人才涌入电商产业，人员素质参差不齐，能力高低不一，高端的运营和管理人才尤其稀缺。人才的匮乏极大地制约企业做大做强，很多业务无法正常开展，影响电商行业的快速成长和发展，阻碍城市生产性服务业健康发展和产业结构的顺利调整。

7.3.3 电子商务专业需求分析

中国电子商务市场深度研究报告显示，截至 2017 年 6 月，电子商务服务企业直接从业人员超过 310 万人，2018 年中国电子商务从业人员达 4700 万人，2019 年电子商务行业从业人员突破 5000 万人。随着电子商务规模的不断扩大，各地政府大力推进电商发展，电子商务对于快递等上下游行业都有很强的带动作用，由此衍生出来的就业市场大幅增加。

（1）人才需求层次

电子商务专业人才的需求主要是企业单位，主要的电子商务人才有 3 类。

第一类是商务型电子商务人才。自信息化技术大量应用于企业后，在商务管理上呈现与一般企业不同的规律性。商务型电子商务人才则适应这类企业的需要，精通现代商务知识，掌握信息化后的企业管理规律，同时能够熟练应用信息化技术。

第二类是技术型电子商务人才。这类人才主要是在企业信息化过程中，对企业进行信息化改造并在企业信息化后，随着信息化技术的进步对企业进行信息化再改造。这就要求技术性电子商务人才不但要在技术上掌握最新的互联网信息技术，以便在实际情况中加以应用，同时要掌握国内外最新的电子商务知识，并根据社会行业、企业的需求情况，把所掌握的技术和知识结合起来，为电子商务的发展提供最可靠的技术支持，以提高我国电子交易的发展水平，缩短与国外发达国家电子商务发展的差距。

第三类是战略型电子商务人才。这是对电子商务人才最高的要求。主要是服务于经济体的电子商务决策。要求这类人才除了具备以上两种人才的能力外，还必须具有企业家的特质，能够掌握电子商务企业的全局发展趋势，在懂得技术的同时，分析电子商务的发展方向，并根据企业的发展现状制定发展策略，适应行业的最新变化。

（2）人才培养目标

坚持拥护党的基本路线，为社会培养能够在企业生产一线工作的，德、智、体、美等全面发展，掌握最新的电子商务知识，拥有电子商务技术与管理等专业知识，熟悉网络营销与策划、商务网站建设、运营与管理、商务流程规划与管理等业务的高素质技能型专门人才，见表7-1。

表7-1　电子商务专业定位分析表

服务领域	电子商务应用、网站管理、信息编辑等
就业去向	IT公司、电子商务公司、制造业企业信息部、其他商贸企业等
主要岗位	网络营销、商务网站设计、商务流程规划与管理能力、网络交易等
职业资格证书	助理电子商务师、助理物流师、网络编辑员、营销师等

7.4　创新创业教育与专业教育融合应用——以凯里学院为例

7.4.1　研究背景

2020年，全国普通高校毕业生预计达874万人，比2019年增加40万人，再创历史新高。大学生要想一毕业就能顺利就业显得越发困难，为了缓解这种局面，国家近年来非常重视大学生的创新创业教育，通过在大学开设创业基础通识必修课、SYB培训课程、创业大赛等方式，促进大学生创新、创业人才的培养。虽然在一些省级和发达地区的高校已经开展了形式多样的创新创业教育，并取得了可喜的成绩，但是对于许多地方高校而言，创新创业教育起步晚，加之所处地区经济欠发达，商业氛围不足，教师和学生缺乏创新创业意识，使得地方高校创新创业教育发展相对滞后。不同专业对创新创业教育的理解和重视程度不一致，加之创新创业教育缺乏实践性和针对性，使得创新创业教育与学生本身所受的专业教育之间的矛盾更加突出。本文以凯里学院为例，探索地方本科院校创新创业教育与专业教育相融合过程中存在的问题和具体做法，着力培养大学生创业、就业的综合能力。

7.4.2　当前地方本科院校创新创业教育存在的不足

近年自开设创新创业教育以来，经过分析，我们发现地方本科高校普遍存在创新创业教育内容缺失、专业特点不明显、服务地方经济发展能力不足等问题。"双创"教育的实效与社会的期望仍存在较大差距。

（1）创新创业教育重视不足，授课效果欠佳

长期以来，尽管教育部把创业基础课程作为高校人才培养方案的通识必修课程，但由于重视不足和创新创业师资不足，创新创业教育流于形式，长期处于只设不开的状态。虽然有的地方高校开设了创新创业课程，但授课教师在进行创新创业教育时，由于长期受传统惯性思维的影响及市场意识薄弱，很难将创新创业教育的科学理念融入专业教育中，在教学中重理论、轻实践，授课内容单一、狭隘，形式化与虚拟化比较严重，而关于"专创融合"和创新方式方法的内容极少，效果欠佳。

（2）学生理解创新创业教育观念片面，忽视其重要性

大多数学生在接受创新创业教育时，认为自己以后又不创业，只是就业找工作，不需要学习创新创业的相关知识和理念，认为学习创业是无奈之举，只是为了拿学分而已，从而缺乏学习主动性和积极性。殊不知，创新创业教育中"三创"思维、团队精神、整合资源、发现机会、价值实现等知识和理念的学习，无论学生是否创业，都将会对学生的人生质量产生重要影响。特别是许多地方高校，专业以师范为主，绝大部分学生认为毕业后就是考教师、考公务员，创业与他们无关，很难真正理解创业精神的重要性，未能系统、真正地培养创新创业意识和能力，这与开设创新创业教育的初衷背道而驰。

（3）创新创业教育针对对象的范围较窄，创业比例低

长期以来，许多地方本科高校的创新创业教育多是以讲座、模拟创业、创业大赛等形式进行的，往往只能由少数有创业梦想和创业能力的学生参加，难以吸引绝大部分毕业就业找工作的学生。特别是对于以师范为主的地方高校，商业氛围和市场意识本身就不足，想开公司的学生比例少之又少。这种情况下，大学生创新创业教育实施下来，大部分学生很难学到其中的内容，而毕业后真正走向创业之路的学生就更少了。凯里学院在全校范围内开设创业基础课程，让所有二年级的大学生接受创新创业教育，弥补了长期存在的不足。

（4）教师素质有待提高，授课缺乏专业针对性

目前，许多地方本科高校由于师资的缺乏，往往采取不同专业的大班制上课，教授的内容也往往是怎么开公司赚钱，教师利用经管知识授课，创新创业教育与专业教育严重脱节，加之许多教师在备课时缺乏对不同专业人才培养方案的了解，授课内容与专业培养目标不协同，这是当前创新创业教育中最大的问题，使得学生学习之后形成两个极端：要么认为专业课一无用处而潜心钻研创业知识；要么认为创新创业教育假、大、空而失去学习兴趣。

7.4.3 地方本科高校创新创业教育与专业教育融合的路径探究

创新创业教育与专业教育两者都存在先天缺陷和不足，二者分离会影响人才培养的整体效果。专创融合发展，才能真正对学生的创业及就业产生作用，才能为人才发展提供源动力。结合凯里学院近年来的实践，专创融合的主要路径探究如下。

（1）将创新创业教育融入专业教育的人才培养方案中

长期以来，高校日常专业教育在知识传授时，强调基础知识和前沿理论学习与训练，而忽视了学生现实人和社会人的创新技能培养，忽视了社会对人才的需求是多角度、多方面的，造成了学生离了专业后较难适应社会的需要，创新创业的意识和能力普遍偏弱，毕业后难以较快融入社会，导致普通高校的专业教育效果差强人意。如果能够在专业教育中较好地融入创新创业教育中的理念和方法，可以为学生的专业学习提供源动力。学生在接受专业教育的时候，可以利用创新创业教育中的"三创"思维，结合社会的需要发现专业领域的新机会、新方向，这样可以更好地促进专业知识的学习。所以，教育部规定，必须把创业基础课程列入高校的人才培养方案中，从而对专业教育的不足形成较好的补充，对提高学生创新品质、创新意识、创新技能、适应社会的需要具有积极的作用。

（2）把创新创业教育的理念融入专业教育的课堂中

对于一些非经管专业的学生来说，对创新创业的理念缺乏认同感，认为创新创业教育与自己的专业学习关系不大。在进行专业教育时，虽然专业课教师专业素质高、专业性很强，但许多专业知识过于理论化，只是纸上谈兵，对于如何让学生运用知识，发现专业存在机会却很是迷茫。所以，专业教师如果能加强自身创新创业思维的学习与训练，将创新创业知识与专业知识融合起来，告诉学生专业知识点在当前社会中的应用现状和存在机会，就能潜移默化地促进学生"三创"思维的训练和创业素质的提高，不至于让学生片面认为专业知识是毫无用处的。

（3）把创新创业教育的方法融入专业教育的学习中

在创新创业教育中注重学生创业意识、创业能力、创业精神等创业素质的培养，让学生不拘泥于当前资源的约束，整合资源，懂得寻求、发现、利用和评估机会，利用团队的力量，实现价值的创造。这些知识和方法，如果学生能够很好地运用到专业教育的学习中，学生将会更有目标地、主动地去学习。他们会围绕专业知识的学习、未来就业和发展方向，不断地利用学校现有的资源，甚至不被当前资源约束，不断寻求专业发展的方向，发现自己的机会，不断对专业进行探索，从而实现专业理想，实现个人价值。学生会不断利用各种机会参加各种实践，发现自身存在的不足，进而加强理论学习，达到理论与实践双促进的效果。

（4）要成功地把创新创业教育融入专业教育中，领导重视是关键

作为高校的领导层面，更应该具有创新和创业精神，这样全体教师和学生才有专业改革的动力。高校的领导应该是创新创业的先行者和践行者，带领全校师生推动各项事业前进发展。学校的职能部门应该为创新创业教育在专业教育中的推进创造条件，予以政策、资金、人才等资源保障，可以借鉴发达地区在创新创业教育方面做得好的高校，成立专门的创新创业教育学院，提升创新创业教育在专业教育中的地位和专业教师的认同度。建立校内外创新创业实践基地，让学生在实践中有更多机会利用专业知识解决问题。创新创业教育和专业教育都需要具有极高的实践性，应该把学生带出去，让学生在现场了解企业是如何创建、如何成功的，让学生总结共性和成功的经验，而不是学校一些部门为了避免外出实习中的安全责任，层层设障，斩断了学生外出实践的机会。所以，真正要把创新创业教育深度融合到专业教育中去，高校领导支持才是解决问题的关键。

7.4.4　结论

苹果公司的乔布斯、微软的比尔·盖茨、阿里巴巴的马云、小米的雷军，他们的

成功给自己毕业的大学带来了诸多荣誉和价值，这说明大学的教育对学生的成功、成才有着重要作用，而毕业学生的创业成功也能给母校带来无数荣誉，反哺自己的母校。创新创业教育与专业教育不是简单相加，而是二者相辅相成、不断融合、相互衔接、相互渗透，从而让学生在专业知识学习中懂得利用创新创业的理念和方法，在所学专业领域进行创新创业，实现自己的人生价值。

第8章 工商管理专业创新应用型人才培养 ——保障措施实施

8.1 应用型工商管理人才培养的含义

8.1.1 具体含义

工商管理专业人才培养模式是为了培养出具有专业知识和实践经验的优秀管理人才，它将应用型人才作为培养目标。因此，培养教育必须在普通基础教育的基础上，重点让学生掌握应用型专业知识，让学生提升其控制管理能力、沟通能力、应变能力、决策能力、创新能力等，同时增加实践技能的训练，以便学生更加适应社会的需求。因此，工商管理专业应用型人才培养必须将通识教育、专业教育和实践教育相结合，做到产、学、研一体化，以需求为导向，制订应用型人才培养方案。

8.1.2 工商管理专业人才培养目标

1.培养目标的定义

培养目标是依据国家的教育目的和学校的性质任务提出的。培养目标的制定是以教育目的为基础的，教育目的是针对受教育者提出的，因而培养目标也要针对特定的教育对象提出，并且将教育目的具体化，这样才能培养出适应社会需求的人才。另外，培养目标的制定也应当结合受教育者的实际情况，如年龄、受教育状况等。这样才能更好地满足社会不同层次对人才的需求，培养服从和服务于特定的社会领域和社会层次的专门人才。

制定培养目标应当结合受教育对象所处的学校类型和级别的实际情况。我国的普通高等教育分为3个层次，分别是专科教育、本科教育和研究生教育。其中，研究生教育包括硕士和博士两个层次。针对不同层次的学生，培养目标肯定是不一样的。例如，专科教育培养的是具有专业知识和能力的人才，专科生在毕业之后一般能迅速进入工作岗位。而本科教育的培养目标是培养具有从事本专业工作能力和初步科学研究能力的人才。本科教育培养出来的学生基本上能掌握相关专业的基础理论、专业知识和基本技能。对于硕士研究生来说，培养目标是具有从事科学研究和独立负担专业技术的能力、坚实的理论基础和系统专门知识的人才。而对于博士研究生在科学和专门技术上的要求就更加严格，他们需要掌握本学科坚实宽广的理论基础和系统深入的专门知识，同时能够独立从事科学研究进而获得创造性成果。针对不同学校类别、不同学科特点，必须制定合适的培养目标，否则就无法培养出适应市场需求的人才。

2. 工商管理专业人才培养目标

对于工商管理专业来说，本专业的知识应用性比较强，人才培养的目标是能够运用现代管理方法和手段进行企业管理和经营决策的人才。因此，在进行人才培养时，需要着重进行管理学、经济学理论培养并结合企业经营战略的培养。从现实情况来看，工商管理专业应用型的本科人才需要具备综合的人文和科学素质，拥有数学与英语基础，同时具有较好的工商管理专业素质，在工商管理知识思维能力方面有突出表现，能够在工作单位中承担相应的管理和科研方面的工作。

具体来讲，通过4年的学习，学生应当具备较高的数学应用能力、英语应用能力，较好地掌握计算机的基本技能；同时，深入掌握工商管理的专业知识理论和实践方法技巧，具备专业的综合素质，拥有创新精神和实践能力。在经济国际化发展愈来愈迅速的今天，工商管理专业的本科生也应当适应经济全球化的要求，能同时面向国内和国际进行工商管理方面的工作，能从事企业管理策划、咨询、教学、培训等工作。从时间上看，工商管理专业的学生在毕业之后，通常先从事基础性的管理工作，借助企业内部的培养体系和实践锻炼，依托自己大学4年所学的专业知识，一般5年便能成长为企业的中高级管理人员和决策者。

8.2 应用型工商管理人才培养的基本模式

8.2.1 专业知识是基础

在进行应用型工商管理人才的培养过程中，专业知识灌输是必不可少的。在培养时，必须要依托学科的专业性优化课程体系，以学科专业建设为支撑。应用型工商管理人才培养必须要在课程设置上有一定的系统性、完整性和前瞻性，因为工商管理人才所从事的工作是处在不断变化的环境中的。因此，他们必须具备较强的实践技能，以适应不断变化的市场环境。同时要注意相关学科的交叉。由于当前企业在经营中出现的问题越来越复杂，涉及的学科也越来越多，因此，多学科甚至跨学科培养，是培养工商管理专业应用型人才必不可少的手段。

8.2.2　实践技能应用是目的

应用型人才培养的重点在"应用"上。应用指的是学生具有足够的应用技能、专业技能，能把学到的理论知识应用在实践中。高校要做的就是把专业技能能力的指标转换成课程体系和内容。在进行工商管理专业应用型人才培养的过程中，必须依据某个方面的特殊需求来进行课程的设置，包括理论课和实践课，这样才能对培养学生专业人才应用能力起到集中作用。合理的选择课程内容和实践教学方法是培养工商管理专业应用能力的一个重要保障。高校必须培养能直接适应社会和岗位需求的专业人才，不应该单纯地注重学生在学习过程中获得了多少专业理论知识，而是应当重点关注学生如何将理论应用到实践中。

8.2.3　实践能力是核心

实践能力的获得，让学生可以更好地将学习的知识运用到某一活动中去。高校进行人才培养的目标，就是为了让学生获得实践能力。[1]对于工商管理专业的学生来说，实践能力包括专业基本技能能力和专业核心应用能力。专业基本技能是指把掌握的基础专门技能如何应用在专业工作中；专业核心应用能力是指综合运用所学知识完成专业工作任务。其中前者是后者的重要支撑。专业核心应用能力在工作中起主要作用。工商管理专业应用型人才培养要求学生能够通过自己的沟通能力、学习能力、组织协调能力等，结合自己所学知识，运用到实际工作中，解决工作中出现的各种问题。在经济全球化的今天，外语的应用与表达能力也属于专业核心能力中的一项，能够帮助学生更好地完成跨国工作任务。

---

[1]　徐丽敏．高校应用型人才培养目标的实现[J]．科教导刊（上旬刊），2013（12）：32-33.

8.2.4　工商管理专业应用型人才培养方案

（1）培养目标

本专业培养德、智、体、美全面发展，具有社会责任感、公共意识和创新精神，有现代人文素养和科学素养，具备管理、经济、法律等方面的知识和能力，系统掌握经济管理理论及现代工商管理的专业技能与管理技术，具备本土情怀、团队精神和沟通技能，适应新常态，适应地方经济社会建设发展需要，能在各类企业、事业单位及政府机构从事管理、策划及咨询等工作的高素质应用型人才。

（2）培养规格

本专业实施通才教育与专才教育相结合的培养方案，学生主要学习管理学、经济学的基本理论知识，接受企业和公共部门工商管理实践领域的方法与技术方面的基本训练，在管理思维、管理技能和管理研究方法等方面得到锻炼，具备分析、解决企业和公共部门相关问题的基本能力。

通过课程理论学习和实践训练，学生可以获得以下知识和能力。

①知识方面

基础性知识。学生须熟练掌握数学、统计学、经济学等基础学科的知识和方法。

专业性知识。学生须系统掌握管理学、组织行为学、会计学、财务管理学、市场营销学、创业学等核心专业理论知识与方法，掌握本学科的前沿理论及发展动态。

通识性知识。学生须选修哲学、社会学、心理学、法学、科学技术、语言文学、健康艺术、职业发展等方面的通识性知识。

②能力方面

知识获取能力。能够运用科学的方法，通过课堂、文献、网络、实习实践等渠道获取知识，善于学习和吸收他人知识，并构建自己的知识体系。

知识应用能力。能够运用管理理论和方法分析并解决理论与实践问题。

创新创业能力。具有较强的组织沟通能力与探索性、批判性思维能力，不断尝试理论或实践创新。

③素质方面

思想道德素质。努力学习掌握马克思主义、毛泽东思想、邓小平理论"三个代表"重要思想、科学发展观、科学发展观、习近平新时代中国特色社会主义思想，树立辩证唯物主义和历史唯物主义世界观；拥护党的领导和社会主义制度，具有较强的形势分析和判断能力；具有较好的道德修养和社会责任感，积极向上的人生理想、符合社会进步要求的价值观念和爱国主义的崇高情操。

专业素质。具有国际视野，系统掌握工商管理专业基础知识，具备发现组织管理问题的敏锐性和判断性，掌握创新创业技能，并能够运用管理学理论和方法，系统分析、解决组织的管理问题。

文化素质。具有较高的审美情趣、文化品位、人文素养；具有时代精神和较强的人际交往能力；积极乐观、充满责任感地生活。

身心素质。具有健康的体魄和心理素质，具备稳定、向上、坚强、恒久的情感、意志力和人格魅力。

（3）学制、学习年限与学位

学制：标准学制 4 年，实行弹性学制，学习期限可控制在 3~6 年。

授予学位：管理学学士。

（4）课程结构及学分、学时分配（见表 8-1）

表8-1 工商管理专业课程结构及学分、学时分配

课程性质	课程类别	总学时						总学分					
		理论学时	实验学时	其他实践	自主学习	小计	占总学时比例%	理论学分	实验学分	其他实践	自主学习	小计	占总学分比例%
必修课	通识教育必修课	416	32	148	92	688	34.96	26	1	7.25	5.75	40	25.08
	学科基础课	304	56		8	368	18.7	19	3.5		0.5	23	14.42
	专业核心课	224	146		14	384	19.51	14	9.13		0.87	24	15.05
	小计				1440		73.17			87			54.55
选修课	通识教育选修课	128				128	6.5	8				8	5.02
	专业方向课	80	102		10	192	9.76	5	6.38		0.62	12	7.52
	专业任选课	80	120		8	208	10.57	5	7.5		0.5	13	8.15
	小计				528		26.83			33			20.69
集中实践环节					\		\			39.5			24.76
第二课堂（课外实践活动）					\					7			\
毕业最低要求合计					1968					159.5+7			100
其中	课内教学（包括理论教学和课内实践、实验教学）				1792					110			\
	独立设置的实验、实训				176					10			\
	实践教学总计				\					49.5			31.03

（5）主干学科

主干学科有经济学、管理学。

（6）核心课程

核心课程有管理学、会计学、财务管理、组织行为学、市场营销学、人力资源管理、战略管理、生产与运作管理、公司治理等课程。

（7）主要实践性教学环节安排及基本要求

实践性教学课程包括入学教育、军事训练、社会实践、公益劳动、专业见习、专业实习、毕业论文、毕业鉴定、技能培训、综合素质教育（艺术鉴赏、体育选修等）、各种学科竞赛、等级水平考试、科研活动等。在部分课程中也安排有实践环节。主要实践课程设置和能力要求详见表8-2。

表8-2 工商管理专业实践课程设置和能力要求

序号	实践教育结构	实践教学项目	学分	周	学期	基本要求
1	通识教育实践（8学分）	军事理论与训练	2	2周	1	培养基本军事知识和技能
2		思政理论课实践	2	2周	4	培养理论联系实际的能力
3		公益劳动	2	2周		培养劳动观念和能力
4		创业与就业指导	2	2周		培养创业就业意识、能力
5	专业教育实践（31.5学分）	专业见习1~3	4.5	3周	2、4、6	分别开展企业管理沙盘模拟实训、会计实操、科学工作能力训练等见习活动，培养学生的工作技能和动手能力
6		企业认知实习	1	1周	1	培养学生对企业的直观认识能力
7		从业资格证培训（必须获得相关证书方可获得该学分）	1	1周	1	培养学生在会计、证券、银行、保险、经济师、人力资源、职业经理人、物流、营销等岗位上的从业能力，提高学生的就业能力

217

序号	实践教育结构	实践教学项目	学分	周	学期	基本要求
8	专业教育实践（31.5学分）	管理思维拓展训练	1	1周	2	拓展学生视野，促使学生进行创造性思考和建设性思考，培养学生解决问题的能力
9		电子商务实训	1	1周	3	提升学生的电商技能和实操能力
10		创业管理实训	1	1周	3	通过让学生模拟公司运作，提升学生的社会能力、办公能力、业务能力、参与市场竞争和驾驭市场的应变能力
11		市场营销课程沙盘模拟实训	1	1周	3	通过采取理论教学、真实企业营销实训、情境模拟相结合的形式，培养学生的市场营销综合职业能力。
12		企业团队管理技能实训	1	1周	4	使学生达到调整和树立管理者的正确沟通心态，强化管理意识，提高团队管理能力
13		财务管理沙盘模拟实训	1	1周	4	培养学生财务预算、融投资决策、资本营运管理、财务风险控制能力
14		市场调查理论与实践	1	1周	5	培养学生的企业市场调查和分析能力
15		企业管理问题与对策研究实训	1	1周	5	培养学生利用专业知识和前沿理论发现问题、解决问题的能力
16		就业应聘/考研辅导培训（2选1）	1	1周	5	培养学生的就业应聘技能和考研学习能力
17		商务谈判实训	1	1周	6	通过模拟演练，使学生掌握商务谈判所需的技能
18		企业生产经营管理专题调研	1	1周	6	培养学生在特定条件下如何对企业开展调研的工作能力

序号	实践教育结构	实践教学项目	学分	周	学期	基本要求
19	专业教育实践（31.5学分）	毕业实习	8		7、8	
20		毕业论文（设计、作品）	6		7、8	
21	实验课程（10学分）	计算机应用基础实验	1	32	2	培养基本实验技能及组织实验能力
22		人力资源管理	3	48	4	全面系统地提高学生的人力资源管理实践能力和应用能力
23		推销与谈判/中小企业创业实务	2	32	6	使学生掌握推销与谈判的原理、方法和技巧，培养学生的创业实战能力
24		经济应用文与毕业论文写作	2	32	6	培养学生的经济应用文写作能力和论文写作能力
25		ERP 理论与实践	2	32	6	通过理解 ERP 原理，熟悉业务流程，掌握表单应用能力，培养学生的综合能力和创新精神
26	第二课堂（课外实践）	学生在校期间须取得至少 7 个学分方能毕业，具体要求见（"第二课堂成绩单"学分认定有关规定）				
合　计			49.5			其中集中实践教学环节 39.5 学分

（8）职业技能证书

基本资格证书：普通话、计算机、外语等级证书。

专业资格证书：会计（证券、银行、保险）从业资格认证、人力资源管理资格认证、职业经理人资格认证、物流岗位资格认证、营销师资格认证、注册会计师、会计职称考试、经济师等。

（9）教学进程计划（见表8-3）

表8-3 工商管理专业教学进程计划表

课程模块	类别性质	课程代码	课程名称	学分数	总学时	学时数				考核方式	各学期周学时								备注
						理论学时	实验学时	其他实践	自主学习		一13周	二16周	三16周	四16周	五16周	六16周	七16周	八16周	
通识教育模块	通识必修课	480001	思想道德修养与法律基础	3	48	32			16	试	3								
		480002	马克思主义基本原理概论	3	48	32			16	试		3							
		480003	中国近现代史纲要	2	32	24			8	试				2					
		480004	毛泽东思想和中国特色社会主义理论体系概论	4	64	48			16	试			4						
		460001	计算机应用基础	2	32	32				查	理	文							
		460002	计算机应用基础实验	1	32		32			查	理	文							
		320001-4	大学英语1-4	12	192	192				试	3	3	3	3					
		320005-8	大学英语1-4	2	32				32			3							
		360001-4	大学体育1-4	4	128			128		查	2	2	2	2					
		340004	大学生心理健康教育	2	32	24		4	4	查	文	理							
		480006	省情介绍	1	16	16				查		1							

续表

课程模块	类别性质	课程代码	课程名称	学分数	总学时	理论学时	实验学时	其他实践	自主学习	考核方式	一 13周	二 16周	三 16周	四 16周	五 16周	六 16周	七 16周	八 16周	备注
通识教育模块	通识必修课	480007	形势与政策（民族理论与政策）	2						查									
		440001	创业基础	2	32	16		16		查									
			小计	40	688	416	32	148	92		10	13	文 11	理 7					
	通识选修课	980001	人文社科类	8	128	128				查									见"通识教育公共选修课设置一览表"；教务管理系统每学期更新一次；课程类型分为课堂教学和在线教育
			自然科学类																
			艺术体育类																
			民族特色类																
			小计	8	128	128													
专业教育模块	学科基础课（必修）	442101	工商管理专业导论	1	16	16				查	1								
		442102	微观经济学	3	48	48				试	3								
		442103	经济数学1-2	4	64	64				试	2	2							
		442104	宏观经济学	3	48	48				试		3							
		442105	管理学原理	2	32	16	14		2	试		2							

续 表

课程模块	类别性质	课程代码	课程名称	学分数	总学时	学时数				考核方式	各学期周学时								备注
						理论学时	实验学时	其他实践	自主学习		一 13周	二 16周	三 16周	四 16周	五 16周	六 16周	七 16周	八 16周	
	学科基础课（必修）	442106	会计学原理	3	48	32	14		2	试			3						
		442107	经济法	2	32	32				试			2						
		442108	管理心理学	2	32	16	14		2	查			2						
		442109	统计学原理	3	48	32	14		2	试				3					
			小　计	23	368	304	56		8		6	7	7	3					
专业教育模块	专业核心课（必修）	442201	市场营销学	3	48	32	14		2	试		7		3					
		442202	组织行为学	3	48	32	14		2	试				3					
		442203	财务管理	3	48	32	14		2	试					3				
		442204	人力资源管理	3	48		48			试					3				
		442205	公司治理	3	48	32	14		2	试					3				
		442206	企业战略管理	3	48	32	14		2	试						3			
		442207	物流与供应链管理	3	48	32	14		2	试						3			
		442208	生产与运作管理	3	48	32	14		2	试						3			
			小　计	24	384	224	146		14		6			6	9	9			

222

续 表

课程模块	类别性质	课程代码	课程名称	学分数	总学时	理论学时	实验学时	其他实践	自主学习	考核方式	一 13周	二 16周	三 16周	四 16周	五 16周	六 16周	七 16周	八 16周	备注
			市场营销方向																
专业教育模块	专业方向课（限选）	442301	品牌策划	2	32	16	14		2	查					2				
		442302	会展策划	2	32	16	14		2	查					2				
		442303	客户关系管理	2	32	16	14		2	查					2				
		442304	推销与谈判	2	32	16	32			查						2			
		442305	网络营销	2	32	16	14		2	查						2			
		442306	营销渠道管理	2	32	16	14		2	查						2			
			小　计	12	192	80	102		10						6	6			
			创业管理方向																
	专业方向课（限选）	442307	企业家精神与创业能力	2	32	16	14		2	查					2				
		442308	创业营销	2	32	16	14		2	查					2				
		442309	创业企业财务管理	2	32	16	14		2	查					2				
		442310	创业战略管理	2	32	16	32			查						2			
		442311	中小企业创业实务	2	32	16	14		2	查						2			
		442312	创业公司人力资源管理	2	32	16	14		2	查						2			
			小　计	12	192	80	102		10						6	6			

223

续表

课程模块	类别性质	课程代码	课程名称	学分数	总学时	理论学时	实验学时	其他实践	自主学习	考核方式	一 13周	二 16周	三 16周	四 16周	五 16周	六 16周	七 16周	八 16周	备注
						学时数					各学期周学时									
专业教育模块	专业任选课	442401	信息检索	2	32	16	14		2	查	2								
		442402	现代广告学（含文案写作）	2	32	16	14		2	查	2								
		442403	公共关系学	2	32	16	14		2	查				2					
		442404	商品学概论	2	32	16	14		2	查				2					
		442405	管理沟通	2	32	16	14		2	查				2					
		442406	电子商务理论	2	32	16	14		2	查					2				
		442407	项目管理	2	32	16	14		2	查					2				
		442408	企业文化	2	32	16	14		2	查					2				
		442409	形式逻辑	3	48	32	14		2	查					3				

续表

课程模块	类别性质	课程代码	课程名称	学分数	总学时	理论学时	实验学时	其他实践	自主学习	考核方式	一 13周	二 16周	三 16周	四 16周	五 16周	六 16周	七 16周	八 16周	备注
专业教育模块	专业任选课	442410	企业伦理学	2	32	16	14		2	查						2			
		442411	企业税收筹划	2	32	16	14		2	查					2				
		442412	公司投资与理财	2	32	16	14		2	查					2				
		442413	经济应用文与毕业论文写作	2	32		32			查						2			
		442414	商业环境	2	32	16	14		2	查						2			
		442415	ERP理论与实践	2	32		32			查						2			
		442416	风险管理	2	32	16	14		2	查						2			
			最低学分要求	13	208	80	120		8		2			2	5	4			
实践教育模块	集中实践环节	990004	军事理论与训练	2							2w								
		990005	公益劳动	2								1w	1w						
		480005	毛泽东思想和中国特色社会主义理论体系概论	2									1w	2w					通识教育实践

续表

课程模块	类别性质	课程代码	课程名称	学分数	总学时	理论学时	实验学时	其他实践	自主学习	考核方式	一13周	二16周	三16周	四16周	五16周	六16周	七16周	八16周	备注
		990006	职业生涯规划与就业指导	2															
			小计	8															
实践教育模块	集中实践环节	442501	专业见习1-3	4.5	3周		专业教育实践					1w		1w		1w			
		442502	企业认知实习	1	1周						1w								
		442503	从业资格证培训（必须获得相关证书方可获得该学分）	1	1周						1w								
		442504	管理思维拓展训练	1	1周							1w							
		442505	电子商务实训	1	1周								1w						
		442506	创业管理实训	1	1周								1w						

续表

课程模块	类别性质	课程代码	课程名称	学分数	总学时	理论学时	实验学时	其他实践	自主学习	考核方式	一 13周	二 16周	三 16周	四 16周	五 16周	六 16周	七 16周	八 16周	备注
实践教育模块	集中实践环节	442507	市场营销课程沙盘模拟实训	1	1周								1w						
		442508	企业团队管理技能实训	1	1周									1w					
		442509	财务管理沙盘模拟实训	1	1周									1w					
		442510	市场调查理论与实践	1	1周										1w				
		442511	企业管理问题与对策研究实践	1	1周										1w				
		442512	就业应聘/考研辅导培训（2选1）	1	1周										1w				
		442513	商务谈判实训	1	1周											1w			
		442514	企业生产经营管理专题调研	1	1周											1w			
实践教育模块	集中实践环节	442515	毕业实习（教育实习）	8															一学年
		442516	毕业论文（设计、作品）	6															一学年
			小计	31.5							2w	2w	3w	3w	3w	3w	3w	3w	
			第二课堂（课外实践）	7															学生在校期间须取得至少7个学分方能毕业，具体要求见"第二课堂成绩单"学分认定有关规定
			周学时								18	20	18	18	17	19			

227

续　表

课程模块	类别性质	课程代码	课程名称	学分数	总学时	理论学时	实验学时	其他实践	自主学习	考核方式	一	二	三	四	五	六	七	八	备注
						学时数					各学期周学时								
			毕业最低学分							159.5＋7	13周	16周	16周	16周	16周	16周	16周	16周	

备注: ①"文"或"理",即文史类专业或理工类专业开课学期,请根据所属科类转换为周学时数。

②"军事理论课"、"形势与政策课"和"职业生涯规划与就业指导"学时不入总学时。

③师范类专业教育实习一学期;非师范类专业毕业实习一学年。

④周学时控制在20～26学时(不含校级公选课学时)。

⑤期末集中考试周,考试科目控制在5门左右。

⑥教师教育课程必修课≥10学分,总学分≥14学分。

228

8.3　应用型工商管理人才培养保障措施实施的意义

8.3.1　培养应用型工商管理专业人才成为以本科教育为主的大学的发展趋势和必然选择

随着中国市场经济体制改革的不断深化和经济的快速发展，中国的产业经济结构发生了很大变革，对人才类型的需求也有了很大的变化。为了适应这种变化的需求，中国的高等教育事业正向多层次、多方向发展，高等教育正日益由精英化向大众化转变。培养应用型人才成为以本科教育为主的大学的发展趋势和必然选择，应用型工商管理专业人才培养问题正越来越多地受到广大地方高校的关注和重视。培养高级应用型人才以更好地服务于地方经济成为越来越多地方高校的必然选择。

8.3.2　培养应用型工商管理专业人才是解决当前就业困难的重要途径之一

近几年，随着高校大学生毕业人数的急剧增加，大学生就业难的问题日益突出，引起高校对"精英教育"培养模式的反思。大量"精英教育"模式培养出来的人才在社会实际工作中，往往表现出缺少实践应用知识和创新能力、理论与实践相脱节的现象。社会各行业急需一大批具有管理创新意识和能力，基础理论、实践动手能力强，并且能够直接参与生产、管理，解决企业实际问题的高素质应用型工商管理专业人才。因此，培养应用型工商管理专业人才是解决当前就业困难的重要途径之一。

8.4　应用型工商管理人才培养保障措施实施的办法

8.4.1　改革教育培养模式，尊重学生个性发展

在理论实践教学活动的组织上，应针对每个学生在知识结构、个性心理特征、兴趣和爱好等方面的差异来进行设计，重视学生个性的发展，强调知识、能力、素质的协调发展。在实践实施中，一是推行以全面选课制为核心的学分制培养模式，给学生

提供更多的选择，包括专业方向、课程层次、学习进度等方面，突出以培养创新型人才为目标的个性化教学，通过学生的自我设计和跨专业、跨系选课，提升学生知识结构的交叉互补性、多学科交叉复合性。二是根据学生意愿组建专业方向，加强不同学科、专业的交叉，促进复合型、创新型人才培养。

8.4.2 加强实践技能培养，积极推进创造教育和创业教育实践课程

要加强实践技能培养，工商管理专业应当构建以实践技能能力主导型课程为基础的创新课程体系，改革原有教学模式，以建设重点精品实践课程为依托，根据学生应当获得的管理知识、技能素质来不断优化课程体系，积极推进创造教育和创业教育实践课程，在工商管理专业课程体系上注重实践技能的训练。

对于工商管理系列课程的教材来说，应当安排合适的课程内容，结合工商管理专业教师团队的优势来编写适合学科发展和社会需求的工商管理专业核心教材，让学生获得应用型工商管理专业的应用性、创造性的教学指导。同时，应当结合当前国内外工商管理理论发展的最新研究成果，使用整体水平高、实践应用性强、有创新性质的教材。

高校可以通过采取以下措施推动学生创造和创业实践。

第一，配备职业导师。职业导师的职责是了解学生的个人状况，包括其学习情况、知识的掌握情况和个性特点等，在此基础上帮助学生制定符合自身特点的个人发展规划。此类规划包括在校期间的发展规划和毕业后的职业生涯规划。在指导期间，职业导师应当全面了解学生的求职意向，向学生传达最新的人才市场需求，帮助和指导学生参加社会实践。同时，应当指导学生如何在工作中与上下级、同级进行沟通交流，提高语言表达能力。

第二，加大实践教学安排。高校可以将学生在学校期间的社会实践情况纳入教学计划，并记入学期课程测评成绩。对于专业基础和核心课程的实践，高校要做进一步更严格的要求。通过对学生社会实践情况的分析，高校可以获得最全面的学生的学习和实践状况，同时进一步指导学生根据自身情况主动参与到社会实践中。

第三，成立科研、创业方面的实践平台。高校可以与相关企业合作，建立科研、创业平台，积极创造实践条件，成立相应的专业兴趣小组，有针对性地开展实践指导工作。对于创业中出现的问题，高校应当帮助学生联系相关专家进行指导，帮助学生正确应用所学知识。

8.4.3　加强学生实践应用能力培养的评价体系

推进变革传统的教育评价体系，加强学生创新能力培养的评价体系。一是要从注重教学结果评价转变为注重实践技能的过程评价，加强关注学生的心理历程、情感交流与理解沟通而不是基础知识的增减，加大关注教学的互动过程而不是教学的知识讲授结果，加强关注师生在教学中参与的程度而不是知识的灌输。二是要由单一的评价标准转化为多元化评价体系，在学习评价上采取包括课堂回答、测试与练习、学生实践评价、学生体验与反思等多元化评价标准。三是变革考试方法，学校应逐步改革对学生课程学习的评价方式。

8.4.4　建设应用型工商管理专业教学质量的保障体系

结合工商管理专业人才培养的目标，在构建应用型工商管理专业教学质量的保障体系时，可以着重从以下两个方面建设。

（1）加强建立多渠道的监控体系

第一，教师要明确所授课程在工商管理专业中的特点和教学目的，根据教学计划和培养目标组织授课计划。

第二，学生是教学的直接参与者和受益者。学生评教一直是工商管理类专业的重要监控手段，可以进一步提高学生评估教学问卷的质量，强化评估的指标体系。

第三，加强用人单位和指导教师的观察反馈，可以推进对应届毕业生实习和毕业生就业后情况的监控。通过对毕业生素质的跟踪调查，可以深入了解工商管理专业人才培养的效果，发现质量监控中存在的问题，以便及时改进。

（2）推进协调各种教育资源

第一，加强与相关高校开展企业应用型教学研究与合作。

第二，加强校外企业实习基地的建设，增加企业实习锻炼机会，加强与企业家、重点商业企业的合作和联系。

第三，充分利用管理咨询公司、职业资格鉴定中心、行业协会力量，开展应用型教学研究、教学方法培训、实践教学开发与课程建设。加强与毕业生的沟通和联络，加强与政府管理机构的联系互访。

未来社会对工商管理专业人才的需求决定了高校必须不断进行教育创新和教育培养模式的变革，必须动员社会方面的力量积极参与实践、推进系统研究才能取得成效。

8.4.5 制定"双师型"教师队伍建设保障措施

通过建立激励制度，鼓励更多专业教师多渠道、分层次加强自己"双师型"素质的培养和塑成，为其创造成才环境。学校同时从政策、经费、实践等方面对青年教师给予保证和要求，鼓励更多教师主动走出学校，到企业、校外实习基地运用自己的专业知识，掌握实际操作技能，熟悉企业的相关业务流程。多渠道有效促进教师"双师型"素质提高，积极鼓励青年教师进修、学习或到企事业单位进行实践，并在经费上给予一定资助；同时在岗位津贴、绩效考核、职务（职称）评聘、加薪晋级等方面，对"双师型"教师给予政策扶持，每年发放专项津贴和给予应用型人才培养经费等。

8.4.6 建立高校服务地方的互动机制

（1）利用现有的资源，与黔东南州发改委、各县发改委紧密合作，采取项目合作的方式，加强与专业相关项目的对接，吸纳相关教师带领部分学生参与其中，使校内的教与学紧跟黔东南州经济发展需要，充实日常教学活动。

（2）利用目前现有的教学科研平台，广泛调研本地企业所遇到的难题，并协助解决。

（3）对接地方企业在员工、技术、管理等方面的培训需求，组织对口专业教师深入企业、服务企业，开展咨询、培训服务。

（4）针对地方企业员工招聘难和毕业生就业难的结构性矛盾，积极引导毕业学生到本地企业中就业，服务地方经济的建设。

第 9 章　工商管理专业创新应用型人才培养 ——实施效果分析

凯里学院经济与管理学院于 2011 年开设了工商管理专业，并在当年面向全国招收全日制普通本科学生。通过 3 年的教学和实践，2010 年制定的专业人才培养方案和课程体系已经不能支撑专业发展的要求，也不能满足学生专业学习和社会发展的需要。于是 2013 年对工商管理进行了"3 + 1"人才培养方案的修订，2014 年获得了贵州省教育厅教改项目立项，围绕工商管理专业"3 + 1"应用型人才培养模式进行了课程体系建设和内涵建设。工商管理专业人才培养应该突出时代特征，明确发展目标：适应经济社会发展进程和产业结构升级的需要，创新课程体系建设，培养应用型、创新型人才，增强学生的职业能力、社会适应能力和竞争能力。转变传统教育理念，转向应用型和综合型人才的培养模式，以适应社会发展的需要。

9.1　专业基本情况

9.1.1　专业概况

凯里学院工商管理本科专业设立于 2011 年，紧密结合贵州经济结构调整、产业升级和社会发展的需要，致力于培养工商管理及其他社会紧缺或急需的专业相关的强能力、实用型人才。在教学过程中，学院注重从贵州实际出发，设置贵州特色课程，加大实践力度，注重校企互动，使学校、学生、企业三方受益等。成效明显，毕业的学生迅速适应岗位，发挥才干，被用人单位称为"无缝对接"。

从 2013 年开始，我们推出了每学年一次的全真实训活动——商业计划设计大赛和模拟面试大赛。这是一个让学生在课余时间自办公司、自主经营、自担风险的商业实践。它让参与者在教师指导下，综合实践各门专业课程，实现了经济学、管理学、企业策划、企业管理、市场营销、公司理财、税务实收、经济法规、人力资源管理、公共关系、广告实务、电子商务等各门学科知识的有效整合。公司创办人在全过程中将经历企业人员组合、市场调查、企业注册、摊位招投标、资金筹集、采购进货、摊位策划、装饰布置、营销方案制订、广告宣传、公司开业商品经营、企业管理、财务核算和照章纳税、总结完善等环节。

整个实践教学体系结构，分为课程教学实验、科研结合和产学研结合三大平台，支持三个类型的实践教学方式。

9.1.2 办学思路与定位

以〔2012〕国发2号《关于进一步促进贵州经济社会又好又快发展的若干意见》文件确定的发展目标为以方向，新一轮西部大开发和实施"工业强省"发展为契机，用科学发展观统领专业建设，坚持为地方经济社会发展服务的方向，紧紧围绕学校的办学定位、办学思路和战略目标，以提高毕业生就业竞争力为导向，进一步明确专业发展定位，形成服务地方经济、促进社会发展的学科专业支撑和人才支持体系。

根据我院培养"真才实学、品学兼优、热爱民族文化具有创新精神和实践能力的应用型人才"的总体目标，结合工商管理专业本科专业培养目标要求，确定工商管理专业应用型人才培养目标：培养具有现代人文素养和专业素养，掌握现代管理理论和现代信息技术，具备管理、经济、法律等方面的综合知识，系统接受企业管理方法与技巧的基本训练，具有操作层所需的执行能力和中层所需的沟通能力，适应经济和社会发展需要的应用型、创新型管理人才。

9.2 师资与教学条件

9.2.1 师资情况

经济与管理学院的师资水平不断得到加强和提升，积极引进高层次人才，广纳国内外优秀人才。教师毕业于国内的武汉大学、四川大学、南京理工大学、河南大学等，以及国外的全北国立大学（韩国）、格拉斯哥大学（英国）和桑德兰大学（英国）等20余所大学的政治经济、国民经济、农业经济管理、土地资源管理、产业经济学、金融学、经济法学、工商管理、行政管理等专业，形成以中年教师为骨干，老、中、青相结合的教学科研队伍，年龄结构、职称结构、学缘结构合理。我院始终把教学工作放在首位，在注重对学生基础理论教育和基本专业技能培养的同时，加强学生的素质教育，把提高学生实践和创新能力作为培养高素质高应用型人才的关键条件来制定教学大纲和教学内容。

经过多年的建设与发展，经济与管理学院已建立一支学历和职称结构合理、素质高、教学科研能力强的教学团队，形成了管理制度完善、保障措施得力的教学与学生管理体制。在未来的工作中，经济与管理学院将一如既往地为社会培养更多的优秀的高素质应用型人才。

9.2.2 教学条件

2012年，工商管理专业还没有实训室，以后相继建成了模拟沙盘实训室、会计实训室、会计手工实训室和财务管理实训室等校内实训室，实训条件大为改善，较好地满足了学生校内实习实训教学的需要。

为了提高学生的专业技能和实际动手能力，使学生可以理论联系实际，学院还建设了校内外实习实训基地。校内建有工商管理沙盘实训室、会计实训室，配置ERP、人力资源管理沙盘模拟训练系统、财务管理沙盘模拟训练系统、营销管理与战略沙盘模拟训练系统、企业全面运营沙盘模拟训练系统等相关专业软件。校外建有黄平县寨碧村基地、娃哈哈集团黔东南州分公司、雪花啤酒集团凯里销售公司、创维集团凯里销售公司、建设银行黔东南分行等实践教学基地，并在上海、杭州、深圳等地建立了多家专业对口校企合作实践基地。

9.2.3 体制建设

（1）初步建立以"应用型"为核心专业的人才培养方案

为进一步提升人才培养方案与社会需求的契合度，各专业在制订人才培养方案的工作中坚持"走出去，请进来"。一方面，加强对相关行业企业的调研，明确培养规格以及用人单位对知识和能力的需求，形成专业人才需求报告，为人才培养方案的制订提供重要依据；另一方面，主动邀请行业技术人员、企业管理人员和高校专家参与人才培养方案的制订工作中，虚心听取他们对课程设置等方面的意见和建议，把行业、企业对人才的素质、知识、能力的要求融入课程体系，共同研讨论证，重新编制了2018年人才培养方案。工商管理专业加快应用型人才的改革力度和内涵建设，初步建立与应用型人才培养相适应的校内、校外实践教学体系，形成了课程教学实验、科研结合和产学研结合三大平台构成的实践教学环境，建立了ERP实训平台、会计实训平台、模拟实训平台、电子商务实训平台、企业经营管理沙盘。主要的实践教学环节分通识教育、学科基础、专业教育、技能训练与素质拓展四大模块，分别设置相应课程，实践教学达到49.5学分，确保实践教学与职业技能教学占总学分的31.03%。

（2）建立健全政策引导机制，打造高质量"双师型"教师队伍

一方面，凯里学院制定了人才引进办法、教师进修管理办法、教师挂职锻炼管理办法等政策，大力引进高层次人才和具有实践经验的"双师型"教师。另一方面，鼓励和引导教师按照适应高素质应用型人才培养目标的要求转型，主动通过挂职等形式参与到企业具体工作中去，不断增强培养应用型人才的素质和能力。

（3）通过教师交流培训，不断提高教师实践能力和水平

针对部分教师学历层次高、实践经验缺乏的情况，学校有计划地选派相关教师到国外相关高校学习交流，选派相关教师到企事业单位挂职锻炼，通过交流、访问、合作研究、参与实践等方式，积累实践经验。

9.3　教学建设与改革

一是在每学期开学前下达教学任务，让每位教师做到心中有数，提前做好教学准备工作。二是教研室主任认真履行教研室岗位职责，每学期认真做好期初、期中、期末的教学进度及教案的检查工作。按时制订教研室活动计划，认真做好教研室工作总结及活动记录。三是分院领导、教学督导适时听课、评课，以促进教师教学水平的不断提高。四是认真落实学校制定的学生教学信息员工作制度，由学生信息员负责基层教学监督，认真填写期初、期中、期末教学检查表，由分院不定期召开教学信息员会议，并根据信息员反馈的意见通知责任教师进行整改。各班纪律委员每天负责填写当天的课堂教学日志。五是专职教师严格按照凯里学院教学管理制度和教学大纲的要求，做好每学期的教学计划、教案编写、教案更新等工作。六是加强试卷管理，试卷制作核查严格规范，试卷保存及试卷的批改、登分、装订等都有严格的要求，同时加强对学生的考风考纪教育。

在注重课堂理论教学的同时，以"提高学生实践能力，增加学生就业实力"为出发点，制订了学生实践教学方案，开展了一系列的学生实践活动，如校外实践周、企业观摩、专业实习等，不断提高学生的实践能力。

9.4　教学质量保障体系

9.4.1　教学管理

工商管理专业领导分工明确，专业建设管理机制运行良好；专业带头人曾梦宇教授认真组织本学科教师开展专业建设工作，工商管理专业教研室每年召开专业建设专题研讨会，并提出相应的建设意见。教学管理制度规范完备，严格执行各项教学管理制度，教学运行良好；专业教学档案齐全，管理规范，并明确专人负责。

9.4.2　质量监控

经济与管理学院制定了《经济与管理学院教师行为规范》《经济与管理学院教师教学质量评估办法》《经济与管理学院听课制度》《经济与管理学院教学督导制度》，有健全的教学质量监控和保障体系，每学期的期初、期中、期末教学检查工作正常开展，每学期分院领导、教研室主任听课达 6 次。分院教学督导组工作正常开展，每学期开展教学督导工作达 6 次；按学校规定进行评教、评学活动；学生教学信息员、班级教学日志等常规监控健全。

9.4.3　社会服务与人才调查

本专业人才要具有较强的社会服务意识及能力。学院每年都开展工商管理专业人才社会需求市场调研和毕业生质量跟踪调查，并对调查有较为深入的讨论与分析，以此作为次年招生和教学改进的依据。

9.5　人才培养质量

在未来 3 年中，工商管理专业将进一步完善和落实纵向评价与横向评价相结合的评价体系，通过建立与应用型技术大学转型相适应的评价指标体系，促进教师教育教学质量的提升。同时，进一步巩固第三方评价机制，积极引进企业参与。在企业参与的过程中，引入行业、企业标准，通过制定教学各环节的质量评价标准、质量保障实施办法与反馈办法等制度，将教学质量的形成过程评价与结果评价相结合、单项评价与综合性评价相结合，学校评价与企业评价相结合，评价内容更加动态化，真正契合企业对人才职业能力的需求。在转型发展进程中，工商管理专业将进一步提升"第三方"教学质量评价的地位，将逐步推行职业技能课程考试由企业命题和改卷，让用人单位参与人才培养质量的评价与监控工作，构建符合工学结合人才培养模式的、具有职业教育特色的教学质量评价标准体系。

9.6　特色发展

本专业经过 9 年的发展，已具备较好的特色。

9.6.1　形成多层次人才培养模式

工商管理专业理论学习相对比较空洞，专业技能的获得和巩固需要一个较长时间的现场适应过程。如何将空洞的理论知识与企业的运用实践有机地结合起来，将抽象的理论教学转化为学生可以实际感知的运用实践，在两者的反复互动中，强化学生对理论知识的理解和在具体工作中的运用，从而达到企业（社会）对工商管理专业学生的职业要求，这应该是制订人才培养方案的立足点。

（1）设置人才培养模块

自 2013 年开始，本专业设置工商企业管理、市场营销管理两个模块方向，形成模块化方向的课程群和教师团队。让学生在进入大三后选择一个方向进行专业课程学习，实现横向分流培养模式；通过鼓励和选拔学生参加专业竞赛、企业项目运营、创新人才计划、考研训练，实现分层次人才培养。

（2）人才培养方案按照"1+0.5+1.5+1"的学制构成

第一学年集中开设基础课程，主要涉及数学、英语、政治、计算机、专业基础课等课程，课程密度可以适度加大。第三学期，将学生分散在合作企业中，让学生在岗位的辅助中感受工商管理专业在实际工作中的具体使用，以及需要掌握的技能要点，可以将一些职业技能课程安排在这一阶段。本阶段主要让学生切身感受工商管理专业在实际工作中的运用情况，感知需要掌握的专业知识、专业技能、职业素养等方面的知识，为第四至第六学期的专业课程集中学习树立明确的目标，领悟并养成主动学习、针对性钻研的良性学习习惯，从而更好地掌握专业课程知识。第七至第八学期为就业前的专业实习阶段。按照双向选择原则，学生在合意的企业中开展专业实习并完成毕业论文撰写。其间，还可以开设一些技能型课程，利用企业和学校的"双师型"指导教师进行指导、考核。企业可以在这一阶段，根据学生的专业技能和表现，挑选合适的人才留下发展。这样既可以解决学生的就业难题，也可以解决企业的"招合适人才难"的问题，增强人才的稳定性，从而实现"校企生"三赢的局面，真正达到围绕企业办学、为地方经济建设服务的办学目的。

工商管理专业学分总数为166.5学分，分通识教育、学科基础、专业教育、实践与职业技能教学四大模块，分别设置相应课程，确保实践教学与职业技能教学占到总学分的近31.03%。通识教育中公共基础课在第一、第二学期完成，公共选修课在第四、第五、第六学期内完成；学科基础课在第一、第二、第四学期内完成；专业核心课、专业选修课主要集中在第四、第五、第六学期内完成。实践与职业技能课程主要在第七、第八学期和寒暑假期开展，主要在校合作企业进行，其他为辅。

9.6.2　加强实践教学改革与研究

通过对应用型人才的探索和实践，改变传统的办学模式，采用"3+1"模式是学校转变教育思想教育观念，认真实施教育教学改革的尝试。"3+1"模式的实践带来了一种全新的教育理念。

第一，改革普通本科人才培养模式的创新尝试，提出确立和建设校企两个育人主体、两个育人资源、两个育人环境协调合作、共同育人的新模式。

第二，改革普通本科学科教育课程体系，根据应用型本科的特点构建"3+1"人才培养模式和课程体系。

第三，以校企合作为载体，强化学生的应用能力。"3+1"人才培养模式要求学生在企业进行一年企业实践活动，参与企业的生产过程，使学生得到真实的企业环境锻炼，直接培养了学生的管理能力，使学生的管理素养和职业能力大大提高，有效地促进了校企合作，提升了学生的就业率和就业质量。

第四，以校企合作为载体，提高师资队伍建设水平。"3+1"人才培养模式的实现同样要求学院要有一支与之相适应的教师队伍。逐渐构建由专业导师、职业导师和企业导师组成的"三导师"队伍，联合培养学生的工程能力，做到理论与实践结合、学校与企业结合，共同建设一支具有扎实的专业知识和工程实践经验，并能胜任学生工程能力培养的高素质师资队伍。

9.7 存在的不足与方向

9.7.1 存在的不足

目前工商管理专业的应用型人才培养体系整体落实还不够充分，存在以下不足。

第一，缺乏对学生创新能力的培养。从当前工商管理本科专业的教学体系来看，课程教学体系整体仍是传统的知识传授的课程教学模式。这种教学模式的特征表现为，培养出的学生基础知识扎实，但知识面相对较窄，缺乏创新精神。

第二，培养的学生"专业不专"。工商管理专业是按照一级学科设置的本科专业，在培养上必然要求学生有较宽的知识面，但这容易使学生的知识学习不够深入，产生对每个方向的知识都有所了解但又都不精的问题，很容易导致专业学习没有侧重，从而造成"专业不专"的问题，对学生今后的就业产生一定影响。

第三，学生动手应用能力比较差。重要原因在于实践课程不足且质量不高。现有的工商管理本科专业人才培养方案中虽有专业实习、课内实践、毕业实习等实践环节，但由于时间短、资源少，难免使课程流于形式。尤其是实训太少，多数学生未接触过真实案例，未参与过实际管理工作的操作与策划，对企业实际流程与系统运行的理解不够。为了适应现代化社会对人才多方面能力的要求，工商管理专业培养的应该是基础知识扎实、适应面宽、动手能力强的管理人才。

9.7.2 努力的方向

今后专业建设的方向：根据学校办学思想和服务宗旨，明确专业办学特色和发展方向，紧密结合地方本科院校应用型人才培养目标，坚持以创新人才培养模式为中心，以师资队伍建设为根本、课程建设为核心、教学改革为重点、教学管理为保障、以对接贵州特需为特色，培养适应工作快、实操能力强、创新精神旺、符合地方经济社会发展需要的工商管理人才，经过 3~5 年的努力，加上后来的持续积累，将本专业建设成省内地方本科院校中具有一定影响力的专业。

第一，集成、深化已有质量工程成果，进一步优化人才培养方案，反映学科理论技术前沿与产业发展需求，根据专业发展和经济社会对工商管理人才技能要求的变化，结合教育部工商管理人才的培养目标，借鉴国内外高校教学改革成果，贯彻"因材施教"的人才培养思想，优化人才培养方案，深化人才培养模式改革，优化课程体系，建立以创新能力为核心的人才培养模式，反映学科理论技术前沿，突出多规格、多类型人才培养特征，强调实践能力和就业竞争力的培养，更好地满足地方产业对多类型工商管理人才的需求。

第二，建立结构合理、掌握现代教学理念与先进教学方法的高水平教学团队，按照"培养、引进，重在培养"的思路进行师资队伍建设。健全教师培训机制和激励机制，以全面提高师资队伍素质为中心，以优化结构为重点，以科研、调研促进教学，以优秀教师为带头人，通过进修学习、外出培训、教学研讨、实岗兼职等多种方式提高师资理论技术水平、实践经验与实操能力，使科学型、应用型师资达到合理比例，建设一支爱岗敬业、教学水平高、结构合理、教学理念先进、勇于探索教学改革的优秀教学团队。

第三，建立反映先进教学理念、功能强大的网络课程管理平台，建设丰富的优质教学课件、教学资源与教学案例库，提高专业教学质量。基于 Moodle 等教学理念，建立集成课件发布、教学资源、课程作业、师生互动、在线学习、学习评价、教学反馈、教学过程跟踪、教学管理等功能于一体的网络课程管理平台。创建覆盖课堂教学、实验教学、自主学习、在线问答（测试）、研究讨论的教学课件、教学资源库、作业习题库、教学案例库，建设支持课程教习、专业实训、综合实践所需的项目案例，建立丰富的优质教学课件库和项目案例库，为实施启发式教学、讨论式教学、项目案例双驱动教学、课外教学创造条件。

第四，建立包含多类型多层次的实践教学体系，强化实践动手能力，根据人才培养目标建设稳定优良的核心课程实践平台、综合实训平台，以满足专业实践教学需求，包括专业课程实践、综合实训、企业项目运营、创业竞赛和职业认证在内的多层次实践教学体系，提高学生的实践动手能力。制订校企联合人才培养计划，通过课程置换、专业实训、项目合作等方式实施联合人才培养，提高学生项目运营能力和就业竞争能力。

第五，从教学内容、过程、管理与评价等方面进行研究与改革，实行因材施教、人才分流，提高学生的经营管理实操能力，形成一批有特色的教学成果。从教学内容、教学过程、教学管理与教学评价等多方面进行研究与改革，探索在地方院校工商管理专业课程教学中综合启发式、讨论式、案例驱动式、类比式等教学手段和方法的应用；探讨学生直接参加科研、参与企业项目、进行创业实践的教学方式，实现因材施教、人才分流培养，产生一批有鲜明地方特色的教学成果。

第六，建立一套高效先进的教学管理规范，为实现项目建设总目标创造保障条件，引入先进的教学管理理念，制定完备的专业教学管理文件和规章制度，规范教学过程管理，建立严格的教学过程质量监控体系，形成有效的内部机制，为教师静心教书、学生个性发展创造良好的保障条件。

参考文献

[1] 赵纯均.工商管理研究备要——现状、趋势和发展思路[M].北京：清华大学出版社，2003.

[2] AACSB.Faculty position filled, vacant, and planned growth[J].Newline, 1998, 28（3）：27.

[3] Trieschmann J S, Dennis A R, Northcraft G B. Serving multiple constituencies in business schools: M.B.A. program versus research performance[J].Academy of Management Journal, 2000, 43（6）：1305-1312.

[4] Schendel D E, Hofer C W.Strategic Management: A new view of business policy and Planning[M].Boston: Little Brown, 1979.

[5] 克拉维尔·J.孙子兵法[M].纽约：德拉科特出版社，1983.

[6] 哈恩，沃特豪斯.孔子论人与组织[J].管理学院杂志，1972, 15（3）：358.

[7] 皮特里.古埃及的社会生活[M].伦敦：康斯特布尔有限公司，1924.

[8] 克莱姆索·F.西方技术史[M].纽约：查尔斯·斯克里布纳父子公司，1959.

[9] 加里·德斯勒.人力资源管理[M].北京：中国人民大学出版社，2012.

[10] 加斯·塞隆纳，安德里·谢帕德，乔埃尔·波多尼.战略管理[M].北京：机械工业出版社，2004.

[11] 彼得·德鲁克.管理的实践[M].北京：机械工业出版社，2009.

[12] 陈春花.大学的意义[M].北京：机械工业出版社，2016.

[13] 陶长琪.决策理论与方法[M].北京：高等教育出版社，2016.

[14] 马连福.公司治理[M].北京：中国人民大学出版社，2017.

[15] 邹昭晞.企业战略管理[M].北京：中国人民大学出版社，2012.

[16] 纳雷希·K.马尔霍特拉.市场营销研究：应用导向[M].涂平，译.北京：电子工业出版社，2010.

[17] 王凤彬，李东.管理学[M].4版.北京：中国人民大学出版社，2011.

[18] 王海兵，纪海文，贺妮馨.研究性学习和案例教学在管理类本科专业教学中的综合应用研究[J].会计教学，2017（19）：104-107.

[19] 蒋团标,曾鹏.工商管理应用型人才培养模式新构建 [J].贺州学院学报,2007,23
（3）:19-22.

[20] 闫亮.探究工商管理应用型人才培养模式新构建 [J].现代国企研究,2014（10）:
88-88.

[21] 王义龙.基于应用型人才培养的工商管理教学改革 [J].现代经济信息,2017（05）:
455.

[22] 严佳琪.工商管理应用型人才培养存在的问题与对策研究 [J].成才之路,2015（3）:
70.

[23] 刘戈.探究工商管理应用型人才培养模式新构建 [J].经营管理者,2017（21）:
206.

[24] 侯娟.工商管理应用型人才培养模式的创设与思考 [J].才智,2017（09）:37.

[25] 衣起辉.工商管理应用型人才培养存在的问题与对策研究 [J].现代经济信息,2018
（15）:122.

[26] 唐时俊.探索工商管理专业新型应用型人才培养模式 [J].物流工程与管理,2009
（01）:102-104.

[27] 刘中艳,胡平,刘晓霞.我国工商管理专业应用型人才培养的问题及对策研究 [J].
兰州教育学院学报,2013（06）:96-98.

[28] 朱柏青.应用型本科工商管理类专业实践教学体系构建 [J].黑龙江高教研究,2009
（01）:169-171.

[29] 赵祥笄.探索工商管理专业新型应用型人才培养模式 [J].商业文化,2015（30）:
81-81.

[30] 洪燕云,谢忠秋.应用型本科院校工商管理类专业实践教学体系的构建与实施 [J].
江苏技术师范学院学报,2006（5）:31-36.

[31] 蒋团标,曾鹏.工商管理应用型人才培养模式新构建 [J].贺州学院学报,2007,23
（3）:19-22.

[32] 张红专.一般院校工商管理类专业培养模式的分析与选择 [J].商场现代化,2008
（19）:195-198.

[33] 李生校.探索工商管理应用型人才培养的新路 [J].中国大学教学,2003（11）:27-28.

[34] 史润玲.构建工商管理专业应用型本科人才培养体系 [J].忻州师范学院学报,
2006,22（2）:97-99.

[35] 吴志兴,陆荣清,郭璐,等.工商管理专业应用型人才培养课程体系建设调查分析——
以凯里学院为例 [J].民营科技,2016（02）:123、256.

[36] 吴志兴. 应用型本科工商管理专业人才培养体系构建——以凯里学院为例 [J]. 教书育人（高教论坛），2018（30）：24-26.

[37] 吴志兴. 工商管理专业应用型人才培养存在的问题及对策研究——以凯里学院为例 [J]. 经营管理者，2015（30）：468-469.

[38] 吴志兴. 凯里学院开设电子商务本科专业可行性研究——工商管理应用型人才培养专业群探索 [J]. 商，2015（44）：291-292.

[39] 吴志兴. 参与式教学方法在创业基础课程教学中的实施策略及成效——以凯里学院为例 [J]. 西部素质教育，2019，5（15）：202-203.

[40] 吴志兴. 地方本科院校创新创业教育与专业教育融合应用研究——以凯里学院为例 [J]. 教书育人（高教论坛），2019（33）：4-5.